明治大正史

上

中村隆英——［著］

原　朗
阿部武司——［編］

東京大学出版会

A History of Meiji-Taishō Japan, Volume I
Takafusa NAKAMURA, Author
Akira HARA and Takeshi ABE, Editors
University of Tokyo Press, 2015
ISBN978-4-13-023069-8

はしがき

統計学、日本経済論、そして歴史学にわたる幅広い分野で活躍され、約二年前に逝去された中村隆英先生の歴史分野での仕事のうち、『昭和史』という作品は独特な位置を占めている名著である。政治・経済・社会・文化を通観して時代の動きを総合的にとらえつつ、その時代とともに生きて歩んできた臨場感にあふれる叙述が、その筆致のここかしこに滲みでて、広い幅をもった読者の心にさまざまな感懐をもたらしたように思われる。『昭和史』をお書きになったのち、先生は「明治大正史」についても同じように総合的な歴史をまとめるご意向をもたれていたことは編者二人も承知はしていたものの、それは実現せずに終わったものと思っていた。ところが、先生はそのお原稿を残されていたのであった。

昭和が一九八九年で終わり、二〇世紀から二一世紀へ移るころ、具体的には二〇〇〇年九月から二〇〇二年七月にかけて、全四部各一〇章の構想で四〇回の講義をされた記録が本書『明治大正史』上・下二巻である。幕末・明治維新から明治国家の成立へ、日清・日露戦争から大正時代へ、時とともに移り行く政治・経済や社会・文化の動きと、それを動かす人びとの営みを、独特の語り口でくっきりと描き出し、明治大正から昭和にかけての歴史の大筋について、中村先生がどう捉えようとされていたかが示されている。

上巻は幕末から明治維新にかけての政局に即して語りだされ、明治政府の内情にも立ち入って描写が進められるが、政治のみの話に終始するのではなく、経済にも、そして文化にも話が及んでいく。先生のご専門からすれば経済の分野に詳しくなるのが当然とも思われようが、本書での経済や経営についての話はやや控えめで、むしろ文化や思想について膨らみをもった語りが多いのが一つの特徴かと思われる。

第Ⅰ部の「明治維新」は、江戸時代のしくみから説き起こして黒船来航以降の幕末の動乱を描き、大政奉還、戊辰戦争と進んで王政「復古」の名のもとに明治「維新」が展開される過程を述べ、転じて福沢諭吉と中江兆民がはたした役割にふれつつ、河竹黙阿弥や三遊亭円朝に代表される庶民の娯楽と芸術の一体化に目を配り、再び政治過程に戻って廃藩置県と近代化政策を叙述し、幕末の大インフレーションに始まる明治初年の経済を簡潔にまとめて、西郷と大久保の対立から西南戦争と大久保の死をもって明治維新の終わりとする。

第Ⅱ部「明治国家の成立」は自由民権運動に始まり、西南戦争後の大インフレーションから明治一四年の政変と松方デフレ、内閣制度の成立から藩閥政府と自由党の関係へと進み、黙阿弥の劇作と円朝の話芸を再説して、「団菊左」と讃えられた歌舞伎の団十郎・菊五郎・左団次の名舞台におよび、さらには坪内逍遥・二葉亭四迷・徳富蘇峰・森鷗外・幸田露伴などの新文学、美術や音楽にも一瞥を与える。転じて明治前期の経済につき農業と在来産業の役割や近代産業としての日本鉄道・大阪紡績と企業勃興について述べ、政治に戻って憲法制定と帝国議会開設、初期議会に進んで最後に明治を支えた個性的な人物群像を描き出す。

下巻に入って第Ⅲ部の「日清・日露戦争」は、初めに明治二〇年代の日本を概説したのち、日清戦争とその戦後経営、列強のアジア進出、明治中期の経済と産業革命、政治リーダーの伊藤・山県から桂・西園寺への交代、日露戦争へと大きな流れをおさえ、日露戦後の思想と芸術について平民新聞などの社会主義、北一輝の国体論、平塚らいてうの婦人運動、多士済々の新文学、演劇における新派と新劇の台頭を一覧し、ついで都市と農村の貧富の格差の実態と実業家たちの群像を描写し、改めて日露戦争期の日韓関係から韓国併合と大逆事件を述べたあと、伊藤博文の暗殺と明治天皇の崩御をもって「明治の終わり」とする。

第Ⅳ部の「大正時代」は、桂園時代の終りと大正政変から始まり、第一次世界大戦とブームに湧く経済界、辛亥革命への対応をめぐる日本の中国政策と、日中関係悪化の一要因としての二十一カ条要求、満蒙独立運動を跡づけ、ついで大正デモクラシー、民本主義の全盛期、労働運動の本格化、左翼政党の出現、政友会原敬内閣の成立と内政・外交両面への原の配慮、第一次世界大戦の終結、ワシントン体制の成立、関東大震災、政党内閣時代の到来へと話は進み、文化・芸術・思想面でも白樺派など新しい大正世代が登場し、文学・演劇・言論の各分野で多彩に花開くありさまが描写され、最後の「大正の終わり」では、まとめとして「明治大正期のスケッチ」が簡潔に記され、この時代を支えた政治家や実業家の人々の姿をふりかえって講義は終わる。

以上はこの『明治大正史』上・下二巻の内容をごく短く紹介したものであるが、このかぎりでも先生の視野の広さが示されていると思われる。先生に教えを受けた編者両名は、この講義から起された原稿を通読し、若干あった重複部分を整理し、事実関係についての確認を必要な個所について行ったが、先生の講義全体の構成と内容には変更を加えていない。先生がお亡くなりになってからはや二年近い月日が経ったが、この講義がすべて話し言葉で表現されていることもあって、編集のために読み進めていくうちに、あたかも先生ご自身が目の前でお話しておられるような感想を持つこともしばしばであった。

読者諸兄姉がこの本文それ自体に即して先生の簡潔な描写力と的確な概括力を味読されることを心から願うものである。

二〇一五年六月一四日

編者

原　朗

阿部武司

明治大正史（上）●目次

II　明治国家の成立

下巻目次

I

明治維新

はじめに

日本の近代は明治維新にはじまります。嘉永六年（一八五三年）に、アメリカのペリーが艦隊を率いて浦賀に来航し、翌年日米和親条約が締結されたのを発端として、明治一〇年（一八七七年）の西南戦争までを明治維新期とするのが通常の時代区分ですが、本書もこれに従うことにしましょう。

ペリー来航から五年後に通商条約というものが結ばれて外国貿易が本格的に始まる、そういう時代になったわけです。そして、この時期の最大の転機は、慶應三年一〇月（一八六七年一一月）の徳川慶喜の大政奉還と同年一二月（一八六八年一月）の王政復古でした。その結果、二六〇余年の幕府の政治権力は倒壊し、天皇をいただく明治新政府が誕生したのです。やかましくいえば、近代がはじまったのは王政復古の大号令からだということもできましょう。しかし、黒船来航以降の波瀾を通じて明治政府が生まれてくる歴史は、そのまま明治の歴史につながっています。本書もまず幕末の時期を概観するところからはじめたいと思います。

そういう話をすると、とかく政治とか軍事とかいう話にだけ集中するわけで、実際、政治の話が非常に重要ですから、それがかなり多くなると思いますが、それ以外に日本の対外関係、外交の問題、あるいはその間の経済の問題、それからできれば文化とか思想とか、そういうものにまで触れながらお話をしてみたい、つまり、明治維新期の政治、外交、経済、文化を統合して、この時代がどんな時代だったのかを理解することをねらいにしたいと思います。

1　開国と開港

一　江戸時代のしくみ

最初に徳川時代、江戸時代というものがどういうもので、どういうしくみで政治が行われていたかということを説明しないと、話が全然わからなくなってしまいますので、その話から入ろうと思います。徳川幕府は、将軍を頂点とする政府であって、日本国内全体を統治していた。京都に皇室があったけれども、石高でみれば一〇万石程度でした。徳川時代の経済の基本は米であり、全国で三〇〇〇万石といわれていました。一〇万石というのはごくわずかなもので、中程度の大名にすぎない。

皇室の機能は何であったか。皇室も幕府の支配下におかれ、幕府の禁中並公家諸法度に従わなければならなかった。しかし、奈良、平安の昔から官位を授けるということが皇室の特権でした。各省の卿とか大輔とか、地方の官では播磨守とか上野介とかいうのは官であり、従一位とか、正二位とかいうのは位です。それらを与えるのは、形式だけにせよ皇室の特権でした。幕府の方から皇室に上申して、官位があたえられる。諸大名であろうとも、将軍家であろうとも官位は皇室から授けられることになっていました。

諸大名と幕府、徳川家との関係はどうであったか。全国で三〇〇〇万石という米が収穫されます。その領地のうち大体四分の一が徳川幕府のものである。将軍家八〇〇万石。残る二二〇〇万石ぐらいのものが諸大名の領土とされていたわけです。

幕府というものは二重の意味があるわけで、徳川家自体も一つの大名であり、全国あちこちに所領を持っていた。諸大名も各地に領土を持っている。加賀の前田家の一〇〇万石をはじめ、一万石以上の所領を持つものが大名である。その意味では諸大名も徳川家も同じことでした。

同時に、諸大名は徳川家の家臣でした。徳川家は国全体を代表し、国政を取りしきる。外国語に「タイクン」という言葉があったのですが、外国から見れば国王だと考えられていたわけです。

徳川家は日本を代表する政府をつくっており、形式上は皇室から一切の政治を委任されたという形をとっていたので、大政御委任という言葉がありました。その幕府の政治の原型は徳川家康によってつくられた。

家康は非常に有能でしたが、血統によって決められる将軍がすべて有能とは限らない。そこで老中、大老、若年寄などの役職があり、これらの人びとが政府を構成していたのです。閣議に相当する御用部屋の寄合も行われていた。

徳川家の中枢にあって、全体の政治にかかわる者というのは特定の大名に限られていました。大名には三種類があって、親藩、譜代、外様といいます。親藩とは、徳川家の一門、広い意味での親族であって、その筆頭が御三家、尾張の徳川家、紀伊の徳川家、水戸の徳川家です。

御三家以外でも徳川家の門流の松平という名前を持つものなどが親藩です。幕末の福井藩主松平慶永《よしなが》は有能で、しばしば政治に関係を持ちました。ただし、一般に親藩は原則として老中や若年寄になることはなく、政治の中枢にはかかわらないということになっていました。

老中や若年寄、および臨時に置かれる老中よりも格上の大老、それになれるのは譜代大名に限られる。譜代とは、徳川家がその昔、三河の国にいて、その時分からの家来ということで、戦いに出て軍功があって、徳川家康、あるいは秀忠という人たちが大名にとりたてた、そういう家臣団なのです。その家臣団でなければいけないということになっていました。だから、親藩は偉いのですけれども、あまり権力が大きくはない。

もう一つが外様大名。これは関ヶ原の戦いがあって、その後に徳川家に服属したという大名たちです。ですから、織田、豊臣の時代には徳川家と同僚だったような諸大名の子孫ということになるわけです。これは安心ができない、信用ならないということになっていました。明治維新の中心になったのは薩摩の島津家、長州の毛利家です。そのほかに土佐の山内家だとか、そういう外様大名たちが結果として明治維新を引っ張ったのです。

だから、外様大名の領地というものは、江戸や京都から見てずっと遠いところに配置されている。徳川家はその周りや重要な場所に譜代大名、あるいは親藩を配置することにより、謀叛などが起こらないようにしていた。

最後に陪臣について説明します。普通の諸大名の家臣のことを陪臣と言います。大名は将軍の家来であって、そのまた家来が普通の大名の家臣ということになる。徳川家に直属する家臣が旗本あるいは御家人と言われるものでしたが、これは格からいえば諸大名と同じようなものだということで大変威張っていたというのが事実だったようです。

例を一つ申し上げます。河竹黙阿弥《もくあみ》という人がおりまして、たくさん有名な作品があり、今も歌舞伎座などでしょっちゅう演じられるわけですけれども、その中で河内山宗俊といった悪党を描いた『天衣《くもに》紛上野初花《まごううえののはつはな》』という芝居があります。河内山というのは江戸城のお坊主、つまりボーイの偉いもののような人ですけれども、頭を剃っていてお坊主という。このお坊主であった河内山がゆすりに行って失敗し、たんかを切るのですが、その中で「国持だろうが大名風情におれの首が切れるものなら切ってみろ」という台詞があるのです。

国持大名というのは、例えば加賀の国だとか、薩摩の国だとかいうものを一国そっくり支配している大きい大名ですけれども、その国持大名といえども、将軍に直属しているお坊主の自分には手を触れることができまいと言ってたんかを切るところがあります。そういうわけで、実際に徳川時代に全国を支配していたのは徳川家であり、その徳川家の家臣団は譜代大名あるいは旗本のグループだったのです。

ところが、徳川時代の後半、八代将軍徳川吉宗のころ、あるいはそれより後になってきたときに、尊皇思想、皇室を尊ぶという考え方が生まれた。これは一言でいえば、儒教です。孔子の教えです。その中に宋学、あるいは朱子学というものがあります。

宋の国の時代に発達した儒教の考え方で、朱子という有名な学者が、孔子がつくった儒教の体系を自分なりに解釈し直して、新しい体系をつくった。この時代は学問が盛んで、朱子学のほかに、王陽明という人の学問、陽明学も大変有名になり、広く知られていた。

朱子学の特色は、大義名分を明らかにすることです。中国の王朝というものは時々交代しますが、それでも先祖代々順番に直系でつながってくる系統というものが大事であって、それを横から出てきたものが位を奪うというようなことはいけないという思想が非常に強い。ですから、朱子学者は「正統の天子」というような言い方をする。

そうなると、日本の国で「正統の天子」は皇室であるという考え方が出てくるわけです。徳川家は現在日本を支配しているけれども、天子からのご委任があって支配ができている。だから、徳川家の支配が悪いとは言わないが、一番もとになるものは、やはり皇室が委任したから徳川家が支配していくことができる、そういう考え方が出てくる。そうなると、皇室を尊ぶという考え方がだんだん強くなってくる。

有名な水戸学というのが出てきます。あの黄門様、水戸光圀の時代に、明の国から朱舜水という学者が日本に渡ってきて朱子学を伝える。正統の天皇を尊ぶべきことを非常に強く教えます。「正統の天子」のために働いて、ついに討ち死にをした楠木正成という人が非常に偉いという考え方がこの時代に展開されるようになります。

そして、水戸の徳川家は自分で資料を集め、学者を集めて『大日本史』というものを編纂した。その基本的な考え方は朱子学の考え方だった。

その考え方は水戸の徳川家にずっと伝わっており、幕末のころに、藤田東湖《とうこ》という人が出てきて、そうした思想を強く述べた。水戸学の思想は当時のインテリたち、若い侍などに強く伝えられた。

もう一つ国学という考え方が出てきます。中国の古典ではなく、日本の古典の勉強をしようというのが国学です。契沖《けいちゅう》というお坊さんが万葉集を解釈する。その後、国学の四大人という人たちが順番に出てくる。荷田春満《かだのあずままろ》、賀茂真淵《かものまぶち》、本居宣長《もとおりのりなが》、平田篤胤《あつたね》というような人たちが日本の古典の解釈をやり、中国あたりの思想はみんな無理に理屈をつけたような、よこしまなものだという考え方が出てきた。

そして、幕末のころになると、特に本居宣長や平田篤胤というような人たちの思想が全国に普及する。それも武士だけではなく、農村のリーダーたち、庄屋だとか本陣だとか、そういうような豪農にまで普及することになっていった。

島崎藤村の『夜明け前』という有名な長編小説があります。これは藤村の父親をモデルにして、地方の庄屋だとか本陣、問屋というような仕事に携わりながら、一方で平田篤胤の学問に傾倒していくその過程を書いた。実際には明治維新というものは主人公が期待したようなものではなく、違うものになってしまったと絶望し、とうとう狂気に至るという小説ですが、国学がいかに当時の日本で広まったかということを示しています。

二　西欧諸国の跫音《あしおと》

日本は徳川時代には鎖国していたとされますが、厳密に言えば、限定された外国としか交渉がなかっただけの話で、外国との関係がまったく断ち切られていたわけではない。長崎には毎年中国とオランダの船が来航していました。外国船は、貴重な珍しい物品を積んでくる。

一七世紀には、日本の貿易は一八世紀以後よりも盛んでした。一七世紀には日本では養蚕がそう盛んではなく、生糸を輸入して絹織物の材料にしていました。それから、漢方薬や中国の書籍も入ってくる。日本からの輸出品の主なものは金銀銅などの金属だった。秀吉や家康の時代には日本は金銀の産出が多く、その金銀で輸入品の支払いに当て、貿易も活発でした。しかし幕府成立後約百年、元禄のころからは金銀の生産が減ってきて、外国への支払手段が乏しくなり、長崎貿易が衰えたといわれています。

長崎ばかりでなく、対馬の大名の宗氏を通じて、朝鮮との間に国交もあり、貿易が行われていました。朝鮮の使節は将軍の代替わりのたびに日本を訪れて、九州から江戸まで旅行し、しばしば興味深い旅行記を残しました。

もう一つの日本の窓口は薩摩の島津家による琉球貿易でした。今の沖縄、琉球は、島津家の属国のようになっており、また清国にも朝貢する両属の国であって、各国の船舶が活発に来航し、貿易が行われていました。薩摩藩は琉球を通じて各種の外国品を輸入していたのです。

したがって、徳川時代には、中国、オランダ、朝鮮、琉球を通じてさらにその他の地域との貿易が展開されていました。一六三九年の「鎖国」以前には、イギリス、スペイン、ポルトガル等の船舶も長崎に来ており、それらの国々との関係もあったわけで、鎖国とはこれら諸国との関係を断ったことを意味しました。

それはキリスト教、特にカトリック教―キリシタンの教えを日本に広めることによって日本の国を奪おうとするものだという危惧が秀吉の当時から強かったからで、一六三七―三八年に天草の乱が起こってから、カトリックの国との交際は一切断絶し、プロテスタントのオランダとの国交と貿易が認められたのです。

ところが、世界の状況を考えれば、一五〇〇年前後、日本で言う戦国時代のころからスペイン、ポルトガルが世界の海に乗り出した。スペインは西から、ポルトガルは東から。スペインはアメリカ大陸に進出して、メキシコや南アメリカを、さらにはフィリピンを植民地にしました。ポルトガルはアフリカ大陸を回り、インドからマレー半島の先端を回って中国や日本にまで到達した。そして、最後にマゼランが南アメリカの一番先を回り太平洋に出て、とうとう世界一周を達成した。マゼランは途中で殺されてしまいますけれども、その船はスペインに帰ってくる。地球は丸いということが実証されたのは、日本では戦国時代の一五二二年でした。

こうして、江戸時代の初めにはスペイン、ポルトガルとともに、イギリス、オランダの船舶がアジアに姿をあらわし、貿易が始まる。中国でも、現在の広州にイギリス船が入ってきて貿易が行われました。

ただし、ヨーロッパからの航海は帆船の時代には容易ではありませんでしたが、一九世紀に入ると蒸気船が発明され航海術も発達して、多くの船がアジアに向ってくるようになったのです。

松平定信《さだのぶ》が老中だった一八世紀末から、一九世紀初めになると、日本の近海でロシア人を捕らえるとか、その報復として商人高田屋嘉兵衛《かへえ》もロシアの捕虜になる、ロシア人と日本人の捕虜を交換するとかいうような事件が発生する。明治維新より八〇年ぐらいも前の時代に、すでにこの事件が起こっている。日本の海域に外国船が増加しはじめたのはこのころからです。

当時は鯨油を利用するために、欧米でも捕鯨が盛んでした。日本の近海はクジラの漁場ですから、捕鯨船が集まり、外国船が出没するようになる。

ナポレオン戦争は一八〇〇年代の初めですから、寛政の末、文化文政期の直前で、十一代将軍徳川家《いえ》斉《なり》の時代です。オランダとイギリスが戦争になり、長崎にオランダ船がいるのではないかとイギリスの軍艦フェートン号が入ってきて、長崎で捜索し、オランダ人二人を捕えて引き上げていった。長崎奉行松平康英はその申しわけに切腹し、長崎警衛の佐賀藩主鍋島斉直《なりなお》は職務怠慢で蟄居を命じられた。この前後から、ロシア船が樺太、千島、函館などに来航し、イギリス船が浦賀に来て貿易を求めるなど、外国関連の仕事は、ようやく多事になってきたわけです。

そこで、幕府は一八二五年、異国船打払令、通称無二念打払令を発布する。外国の船が来たらとにかく即刻打ち払え。打ち払う力があったかどうかは別ですが、当時は外国も武力を用いてでも真剣に貿易を求めるという態度ではなかったから、強そうなことを言うこともできたわけです。

日本の天保末期、一八四〇年から、清国で阿片戦争が発生しました。イギリスの船が広東、今の広州に麻薬阿片を持ちこんで売り込む。中国側は阿片を没収して焼却してしまった。イギリス側は貿易の自由を盾にして抗議し、ついに武力に訴えて阿片戦争が勃発した。その結果、中国は敗れ一八四二年の南京条約で香港を割譲し、広州、厦門、上海、寧波、福州を開港しました。眠れる獅子と言われた大国、中国に実力がないことがわかってくる。やがて上海に各国の租界が成立し、中国人労働者を奴隷として海外に送ることも行われるようになる。後のことになりますが、一八五六年にはアロー号事件を契機に英仏との戦争が発生し、英仏軍は広州を占領し、ついで北京に入城して、多くの利権を奪うことになったのです。ロシアがシベリアを東進し、黒竜江を国境として、沿海州を領有したのも一八六〇年のことでした。

こうした情報を日本はオランダを通じてつかんでいました。オランダ船が毎年長崎に来航します。そのときオランダ商館長が作成した、「風説書」によって重要な情報は全部伝えてきている。オランダの書物もたくさん入ってくる。オランダ語を学ぶことは徳川吉宗の時代に解禁されて、蘭学が普及するようになっていたし、その翻訳も普及していた。

さらに英語をはじめ各国語の書籍の漢訳が入ってくる。当時の知識人なら漢文であればだれでも読めます。蘭学者をはじめ、知識人たちは警告の書をあらわします。幕府はそういう事実が世間一般に知れわたることを恐れて、その本が出版されると、あるいは出版されようとすると発売を禁止し、あるいは著者に処罰を加えた。その対象にされたものに、林子平《はやししへい》の『海国兵談』（一七九一年）だとか、高野長《ちょう》英《えい》の『夢物語』、渡辺崋山《かざん》の『慎機論』（ともに一八三八年）などがあります。事情は一般にも知れわたっていたし、幕府としても重々承知していましたが、そっと「事なかれ主義」をとる他の策はなかった。東アジアにおいても、鎖国を原則としていたのは日本のほかには朝鮮だけだったのです。

三 「黒船」来たる

ところがこのころ、アメリカは日本の近海で捕鯨を行うほか、快速帆船（クリッパー）で中国から茶を輸入していた。そのために、日本に開港させて水や食糧などの物資を補給したいという要求が強くなっていました。

米国東インド艦隊司令官ペリーが軍艦四隻を率いて来日したのは、日本に要求して開国を迫るためだったからです。ペリー来航は嘉永六年（一八五三年）でしたが、それには前からの計画があって、その前年、一八五二年にニューヨークを出て、アフリカ大陸の南端を回って、アジアにやってきた。中国へ行き、琉球に停泊し、情報を集めた上で浦賀に入ったのが嘉永六年六月三日。このとき日本との国交を開始させようと強い態度をとり、長崎への回航を拒否して、大砲を撃ちかけまじき剣幕で、大統領フィルモアの国書を久里浜で手交し、明年まで回答を延期することを承諾して、六月一二日、退去しました。ペリーはまた、琉球王朝を脅して、石炭貯蔵庫の設置を認めさせています。七月一八日、ロシアの使節プチャーチンも軍艦四隻を率いて長崎に来航、開国を迫り、ついで樺太に回航し上陸して兵営を建設しました。

阿片戦争以来、幕府も態度を改め、無二念打払令も事実上緩和していたけれども、ペリーの強談判にいかに対応すべきかは、非常な難題であったわけです。当時の筆頭老中で幕政の中心、首相ともいうべき人物は備後福山藩主阿部正弘でした。この人は知識も非常に深く、常識も豊かな立派な政治家だったと思われますが、鎖国を廃して海外諸国との国交を開くことは、二〇〇年来の祖法―基本政策を変えるということになるので、悩みも格別に大きかったと思われます。この件ばかりは、政治の外側に置かれていた皇室にも報告すべきこととして、幕府は直ちに京都の孝明天皇に報告しました。

皇室も公卿も京都にあって、皇室の典礼、式典だけを扱っていただけで、国際情勢とか外国のことかは一切知らない。昔から外国人とはつき合わないのが国是である、夷狄《いてき》が来たら打ち払えという徹底した攘夷論です。孝明天皇は聡明であったにしても、徹底した攘夷論者でした。攘夷は先祖の法、祖法であるから、変えてはならぬという考えが非常に強い方でした。

その翌年、嘉永七年（一八五四年）にペリーは九隻の黒船を率いて、再び浦賀にやってきた。幕府もやむを得ないとして、日米和親条約を結ぶことになりました。和親条約とは、入港船に対して必要な石炭、水、食料品などを供給し、外交官を派遣し、国交を結ぶことを定めたもので、まだ貿易の規定はありません。孝明天皇も、やむを得ずこれを認めたのでした。

前年のペリー来航のとき、幕府は黒船来航を諸大名に通知し、意見があれば申し出よ、と通知した。これは幕府の政策の重大な変更だったのです。それまで幕府は老中、若年寄以下の政府で政策を決定し、諸大名に意見を聞くことはなかったわけです。諸大名の方も当初は反応が鈍かったのですが、しばらくして意見書が上申されると、攘夷断行を主張する強硬論が多かった。戦争をやって勝てる自信があるはずはないが、弱気な意見は出せないと虚勢を張っていたのでしょう。

在野の儒者、国学者、地方の有力者や知識人、例えば金持ちの商人、村役人、医師、豪農の主人なども黒船に興奮して攘夷を説くものが増加しました。家業を放り出して上京し、公卿を訪ねて意見を述べ、集まって攘夷論をたたかわせたり論文を書いたりする、いわゆる処士横議が盛んになった。安政の大獄の犠牲になった梅田雲浜《うんぴん》は、「妻は病床に臥し、児は飢えに泣く」という有名な詩を作っていますが、福井では有力な儒学者でした。先ほど『夜明け前』の例で申しました主人公、青山半蔵のモデル、島崎正樹は島崎藤村の父で、平田篤胤の国学に傾倒し、京都に赴きたかったが父母への配慮からついに出奔を思いとどまった。現に、正樹の美濃中津川の二人の友人は、家業を番頭に任せて京都に行った。そのころの京都では、皇室と公卿とそれを取巻く有志たちが攘夷の熱をあげていたのです。

安政三年（一八五六年）八月、アメリカからハリスが下田に総領事として着任してきました。そのハリスは江戸に行くことを求め、今度は幕府に、貿易を行うための日米修好通商条約の締結を要求しました。日本は早晩世界貿易に参加することになるだろうが、最初にアメリカが通商条約を結びたいというのがハリスの野心でした。ハリスは幕府に説いて、世界の大勢からみて通商条約を拒否することはできない、西欧の列強は皆これを望んでいる、最初に和親条約を結んだアメリカと有利な通商条約を結び、それを先例とし他国との関係を開いていくのが日本のためにも一番よい、と述べて、日米修好通商条約を締結したのです。

後に不平等条約として条約改正の対象となったのがこれです。日本だけが輸入品に関税をかける権利を制限されて、関税自主権がないということは大きな問題でした。ただし、当時の西欧諸国とアジア諸国との条約としてみれば、比較的公平なものであったというのも事実だったようです。

ところが、この時期には幕府の中で今一つの問題がくすぶっていました。当時の一三代将軍の後継者問題です。時の将軍徳川家定《いえさだ》は体が弱く、しばしば体が震えたり、引きつったりして身体不自由な人だったようです。御台所は薩摩の島津家の姫君でした。子供がない、後継ぎを早く決めておかなければならないという問題があって、二つの意見が対立しました。候補者の一人は紀州徳川家の徳川慶福《よしとみ》と、いま一人は一橋家を継いでいた水戸の徳川家出身の一橋慶喜《よしのぶ》の二人です。徳川慶福は当時まだ一三歳ぐらいでしたが、徳川家との血縁がもっとも近い。一橋慶喜という人は二〇歳を過ぎていて、分別もあり、しかも非常に優秀な人として知られていました。

幕臣のうち、特に旗本の中で幕府の役職に就いている者は、非常の時であるから、慶喜を望む者が多い。これに対し、徳川家の大奥の女性たちは慶喜を嫌う。徳川の大奥の女性たちは水戸家が大嫌いなのです。慶喜の父親である水戸の徳川斉昭《なりあき》、この人はおくり名に烈公と、「烈」という字が用いられたことから見てもわかるように、非常に気性が激しい人で、海防に熱心で、領内のお寺の鐘を鋳潰して大砲を造ろうとしたことさえあった。その人の息子が将軍になって江戸城に乗り込んでくるならば、その父親の勢力も強くなるだろうというので、多くの女性たちはもちろん、徳川家の譜代の大名もこれを嫌った。これに対して外様大名の中でも時勢を憂いている人たちは一橋慶喜を強く推した。その代表が薩摩藩主の島津斉彬《なりあきら》でした。

通商条約を承認するか、認めずに攘夷を続けるか、という問題と、将軍の後継者の問題とが組み合わされて意見の対立になった。簡単にまとめれば、将軍として紀州の慶福を立てようというグループには、通商条約もやむを得ないという考え方が多かったし、それから、一橋慶喜をいただこうという人たちの間には、皇室との関係で攘夷論を強調するものが多い。両方が連動してしまったのです。

この対立が表面化したのが安政五年（一八五八年）です。その前年に阿部正弘が病死した。これは徳川幕府にとっては非常な痛手であったと思われます。一番優秀な政治家が、現代でいえば首相になっていたのに、難局の処理に苦慮して病んで斃れた。これに代る首相を選ぶに当り、井伊直弼《なおすけ》が大老に任命されたわけです。

井伊直弼は井伊家の一四男に生れ、一生捨扶持を貰って生活する運命であって、国学の勉強を続けてきた人物でした。それが兄の急死のために、家督を継いでまもなく大老職を命ぜられ、幕政の中心に座ることになりました。井伊は幕閣内部の事情を聞き、条約の調印を決断し、また後継将軍には紀州の慶福を迎えることとしました。井伊は水戸の烈公と不和だったといいますが、それも一つの理由だったかもしれません。

井伊の政策に対しては、水戸の烈公をはじめ、一橋慶喜、福井の松平慶永が反対する。かれらは井伊が独断で日米修好通商条約を結んだと聞き、押しかけ登城と言って、きまった登城日でないのに江戸城に登り、井伊直弼をなじるにいたった。井伊はそのとき「恐れ入り奉る」とあいさつしただけで何の弁明もしなかったそうです。

しかし、斉昭、慶喜、慶永らは全員、謹慎あるいは隠居という処分を受けた。と同時に、京都において皇室関係者に攘夷思想を遊説していた諸藩士や志士を捕らえて裁判にかけるということになった。それが有名な安政の大獄です。そのときに捕まった一番有名な人が吉田松陰で、そのほか松平慶永の腹心の家来であった橋本左内《さない》、あるいは頼山陽の息子の頼三樹三郎、それから一種の志士で、儒者であった梅田雲浜などが相次いで捕らえられてしまった。

井伊がそういう独断の政治をやったことに対する反発があり、当時の薩摩藩主島津斉彬が軍隊を率いて、幕府の政治の改革を要求しようという動きがあった。しかし、鹿児島を出発しないうちに島津斉彬は病気で死んでしまいました。薩摩藩士で斉彬の意を受けて活躍していた西郷吉之助（隆盛）が清水寺の僧月照《げっしょう》を薩摩に伴い、絶望して海に身を投げ、月照は死に、吉之助ひとりが生き残ったのはこの頃のことです。そういうことで、井伊直弼の支配が非常に強くなっていった。それが安政の終わり、安政五年（一八五八年）から安政六年頃のことでした。

その結果として、烈公をはじめ、一橋慶喜などが井伊直弼に弾圧されたことに憤慨した水戸の武士たちが藩を離れ、井伊直弼を襲撃したのが桜田門外の変です。万延元年、一八六〇年三月三日のお節句の日のことでした。

この時期になりますと、幕府の支配力がかなり弱くなり、諸大名や、あるいは天下におります民間の志士、浪士だとかいう者の発言力がだんだん強くなってきていた。そういうものをがんと押さえつけたのが井伊直弼だった。井伊直弼が殺されたことは、幕府の力がさらに弱まるきっかけになったと言っていいでしょう。

ですから、明治維新史を三つの時期に区切ってみますと、黒船が来てから桜田門外の変が起こって、井伊直弼が殺されたというところまでが第一の時期ということになるだろうと思います。

これまでの話につけ加えておかなければいけないのは、吉田松陰のことです。この人は非常に有名で、子供のときから学問に精進し、漢学、兵法のこともよく勉強し、一二〜一三歳のとき、殿様の前で講義をしてご褒美をもらうという天下の秀才でした。

ただ、彼は二〇歳を過ぎてから日本じゅうを遊歴し、そしていろいろな人に会い、いろいろな勉強を教わった。その中で彼の師として有名な人は、佐久間象山です。象山は漢学はもちろんできましたけれども、当時とすれば蘭学、ヨーロッパのことを実によく知っている人でした。

そして、黒船が来たとき、松陰は象山を訪ねて、日本のために将来どうすればいいかという質問をした。そうしたら、とにかくアメリカへ行って様子を見てこい、アメリカがどうなっているかを見るということがまず大事だ、と言われ、彼は下田へ行きました。

これは有名な話ですが、小舟に乗ってアメリカの軍艦に乗りつけ、ぜひ連れていってくれという懇願をしたわけですが、アメリカ側は日本の政府が許さないことを自分たちがするわけにはいかない、と言って追い返してしまった。そのため、彼は毛利家の家臣ですから、長州へ送り返され、しばらく牢屋に入れられる。

その後、一時許されて、松下村塾という、有名な塾で教育をしました。そのときの教育は、寺子屋に近いようなもので、当時の身分の低い武士の子供たちに入門的なことを教える。これが松下村塾の仕事でした。そのとき松陰が偉かったと言われるのは、弟子たちの一人ひとりの性質を見抜いて、いいところをほめ上げたからです。

つまり、吉田松陰という人は、政治的な活動をしたというよりも、先覚者であって、また教育者だった。そして、その門下から非常に優秀な人物が出た。松下村塾での弟子として有名なのは木戸孝允、高杉晋作、伊藤博文、山県有朋という人たちでした。そういう意味で、松陰という人は、自分が大きな政治的な事業をやったわけではないが、その下から大変な人が育ったということになると思います。

そして、もう一つ、松陰は非常に真面目であり正直な人でした。自分は萩にいながら、間部詮勝《あきかつ》という老中が京都に上って、開港のことを皇室に了承してもらおうとしたとき、これを伏見あたりで襲撃して、場合によったら斬ってしまおうというようなことを考えた。しかし、それは考えただけでして、弟子に言ったかもしれませんけれども、ほかはだれも知らない。でも、安政の大獄で捕えられ、江戸に送られたとき、その話を全部、幕府の連中にしたわけです。ただ、それは計画を立てただけで、何かしたわけでも何でもないのですから、首を斬られるほどの悪いことであったかといえば、そうではないかもしれない。ですが、その話を正直にしたために、松陰の罪は重くなり、とうとう首を斬られてしまいました。

吉田松陰は非常におもしろい人ですけれども、その事業は、どちらかといえば思想家であり、教育者であったと言った方がいいと思います。

弟子たちも、松陰の考えることがあまり乱暴なものですから、かなり批判をする。手紙などで先生の考えを批判するのですが、そうすると怒るわけです。高杉晋作に出した有名な手紙があります。「僕は忠義をするつもり。君らは功業をするつもり」というものです。君らは手柄を立てたいわけだ、そこが違うんだ、と言って松陰が怒るわけです。

それから、もう一人、橋本左内のこともお話ししておかなければいけない。橋本は本当の秀才だったようでして、福井藩主の松平慶永の「懐刀」と言われた人物です。彼は京都にいて、公家たちを通じて皇室に意見を述べました。橋本はもちろん開国派、国を開くという考えはあるのですけれど、同時に、一橋慶喜を将軍にするという運動を展開しました。そのために、とうとう捕らえられ、首を斬られてしまった。

安政の大獄というのは、まことに重大な事件でした。特に、いったん動揺してきた幕府の権威をもう一遍立て直そうとする、井伊直弼とそのグループの激しい運動でした。しかし、それがあまりにも行き過ぎたために、逆に桜田門外の変にまでいってしまったということになるのだろうと思います。

2　幕末の動乱

一　公武合体論と攘夷の実行

桜田門外の変があって、幕府の権力はまた一段と揺らぎました。そのとき中心になったのは、老中の安藤信正という人でした。この人は井伊の後、幕府の老中の中で一番しっかりしていたと言われます。井伊の時代から、皇室と幕府との間の関係を良好に保つ、そして、皇室が幕府に政治を委任するという関係は前と変わらないにしても、両者の関係がうまくいくようにしたいという考え方があったわけです。

その中で、井伊の時代から考えられていたのが、新しい将軍である、紀州から入ってきた徳川慶福と皇族との婚礼です。慶福は家茂《いえもち》と改名いたしました。家茂はまだ若く、当然のことながら独身でした。その独身の家茂のところに、孝明天皇の妹君であるところの和宮親子《ちかこ》内親王をお嫁さんにもらえないだろうかと幕府の方から繰り返し申し出たのです。

和宮様はすでに有栖川宮様とご婚約がありまして、もともと宮中の人で京都にいるわけですから、江戸などに行くことは喜ばないわけです。それを側近の人びとを口説き、何とか江戸へ来てくれないか、そして将軍の奥さんになってくれないかと繰り返し頼んだのです。そうすることは幕府と宮中との間の関係を密接にし、将来、国のためになるのだからと言われ、和宮様はとうとうそれを承諾されました。これが和宮様の降嫁という一件です。

そのとき、孝明天皇は、やむを得ないから承諾するけれども、そのかわり必ず攘夷を行うという約束を幕府にさせることになりました。結婚の条件と言うとおかしいのですけれども、攘夷を行うことを確約することになったのです。

幕府の方とすると、すでに海外と条約を結んでしまって、今さら条約を全部否定して鎖国に戻るというようなことができるとは思えないわけですが、とにかく一時の急をしのぐということで、その約束をした。

そういう中で、水戸藩出身の浪士が安藤老中を襲撃するという事件がまた起こりました。このときは、前の桜田門外の変で懲りていますから、周りに警備の者が油断なくついていて、逆に襲撃した者の方が全部斬られてしまう。一人だけ、その場にいないで、状況を天下に伝える役目を引き受けていた者が長州藩に駆け込み、斬奸状といいますが、人を斬った理由を書いた書類を出し、自分は腹を切って死んだという事件がありました。

襲撃されたとき、安藤老中は大けがはしなかったのですが、背中を少し切られて、そのため、長く老中を務めることはできないという状態になりました。

このころから幕府の権威がますます落ちていく。そうして、今度は外国人を襲撃することが、当時の浪士の常套手段になりました。幕府を弱めるには外国人を襲撃することが一番簡単である。外国人を襲撃すると、外国の方は幕府に対して激しい抗議をする。場合によったら、賠償金を出せと言うだろう。それもかなりたくさんのものを出せと言うかもしれない。

しかし、すでに外国との外交関係はできたのですから、公使館を置かなければいけない。その公使館として、高輪あたりに東禅寺という寺があって、そこを襲撃するという事件が二回も起こっています。そういうことがあると、幕府は困るのです。

例えば高杉晋作や、後に総理大臣になった伊藤博文などという連中まで御殿山に建設中の英国公使館の襲撃をやっている。こうして外国人の殺傷が繰り返されることになりました。

京都においても、草莽とか志士とか言われるような連中が公家たちを動かして、攘夷論を盛んに唱え、幕府に対して強硬な態度をとるようになりました。

一八六一年から一八六三年ぐらいまでが文久と言われる時代ですが、井伊大老が殺された後、そういう状況がますますひどくなっていき、さまざまな騒ぎが起こる。一部の者が藩を離れて、事実上、浪人の身分になってそういう活動をしている者が非常に多かったのです。

その一方、宮中に対していろいろな運動をする志士がいました。そういう志士たちの考えで、各藩に直接天皇のご趣旨を伝えて攘夷に協力をさせるという運動が行われるようになりました。

一部の志士の間では、単に攘夷だけではなく、幕府を倒して天皇の政治を回復させることが大切だという考え方が強くなってきます。桜田門外の変のときにも薩摩藩の一部の者が参加していましたし、水戸藩でも薩摩藩の一部の若い侍の中でもそうした動きが非常に強くなっていった。

しかし、全体として見ますと、当時の諸大名は、幕府を倒そうというような考えは決してなかったと言ってよいと思います。薩摩の島津家にしても、長州の毛利家にしても、土佐の山内家にしても、有力な外様大名たちは幕府を倒そうというような考えはなく、むしろ皇室と幕府との関係を改善していこうとしていた。つまり、和宮様が降嫁されたというようなことをもっと推し進めて、皇室と幕府が一体になって難局を乗り切ることが大事だという考え方を共通して持っていました。

そういう中、長州藩に長井雅楽《うた》という家老がいました。彼は当時の長州藩の重役の中で一番頭がいいと言われた人だったようでして、航海遠略策というものを考えました。

航海遠略策とは、すでに開国したのだから、むしろ日本は対外関係をもっと発展させ、こちらから進んで外国に出ていって貿易もやり、国際的に有力な国家になることが大事だという考え方です。この長井の考え方によりますと、まず皇室の考え方を開国の方にどんどん変えていく、そして幕府と組んで対外関係を改善していくというものだったのです。これは当時の幕府ではもちろん歓迎されましたけれども、公家たちの中にもこの考え方に同調する人が多かった。だから、決して尊皇攘夷、倒幕という連中だけではなく、有力な開国論者が例えば長州藩の中にいました。そして、長井は、殿様の命令でまず京都に行き、さらに江戸に行き、また京都に行き、自分の考えを説いて回って説得に努めた。一概に尊皇攘夷、倒幕ということで話が一括されていたわけではない。しかし、孝明天皇は攘夷という考え方を捨てないで、徳川家に対して、攘夷の期限をいつにするか決めろということをやかましくおっしゃった。

そこで幕府は、文久三年（一八六三年）五月一〇日をもって攘夷の期限とする、という返事をとうとうさせられてしまいました。できっこないと思いながら返事をしたのです。

それとほぼ同時に、家茂将軍が、今度は江戸から京都までやってきて、宮中に出て、そのご命令を孝明天皇から聞くというようなことになっていった。

実はその前年、孝明天皇は勅使を江戸に送られました。勅使を江戸に送るというとき、島津家の島津久光が自分の部下を率い、まず京都にやってきて、それから勅使を送って江戸まで行ったということがありました。

その場合、重要なのは、島津家というのは、島津久光の息子であった島津忠義が藩主になっていたことです。島津家の前藩主は斉彬《なりあきら》という人でした。この斉彬という人は聡明で立派な殿様だったと言われており、江戸時代を通じて一番の名君であったと言う人もいます。とにかく優秀な人だったことには違いない。

島津斉彬には腹違いの弟、久光がいましたが、久光の息子が忠義であった。斉彬は遺言で、自分の後継者は忠義である、忠義が成長するまでは久光が後見をしろと言っておりました。

島津久光という人は、兄さんの跡継ぎになったわけではなく、跡継ぎになった自分の息子の後見をした。だから、位が何にもない。何とかの守とか、従何位とか、そういう位が一切ないのですが、忠義が小さいうちは島津家の殿様同様という立場であった。

この久光が軍隊を率い、文久二年（一八六二年）に京都に出てきました。ところが、そのとき京都ではすでに大騒ぎが起こっていて、暗殺事件や浪士の暴動計画がありました。

そういうときに、薩摩藩の一部の若侍が京都に集まって、伏見の寺田屋に集まり、事件を起こす計画を立てている。島津久光はこれを聞いて、寺田屋へ行き、彼らを抑えてつれて帰ってこい、言うことを聞かなければ殺しても構わない、と部下に命じました。寺田屋に参りました久光の使いは、若侍たちがどうしても言うことを聞かないものですから、殿様に言われたとおり、自分の仲間を斬り殺してしまった。このとき寺田屋に集まっていたのは、薩摩の若い者だけではなく、公家の家来などもいましたが、そういう人たちもやがて薩摩藩の手で殺されてしまった。これが寺田屋騒動と言われるものです。

孝明天皇から勅使が江戸に送られるとき、島津久光は、勅使に付いて江戸まで行きました。久光という人はとても変な立場で、殿様でもないし、位もないわけですから、江戸城に上がって将軍に閲するというようなことが難しいのです。それで、おもしろくなかったらしい。久光は、とにかく攘夷を行えと言いに行った大原重徳という人を守って江戸に行き、大原勅使は強硬に攘夷を幕府に申し入れるということをやった。

そして、恐れ入りましたということで一応幕府が承諾をしたので、今度は島津久光が大原を守って、江戸からまた京都に帰ってくる。その途中、生麦事件が起こりました。これはちょうど横浜にいたイギリス人の商人が、女性も一人加わり馬に乗って遊びに出ていたのですが、それが久光の行列にぶつかった。その時分は大名行列を勝手に横切ったりすると無礼討ちにしてもよろしい、無礼であるから斬ってよろしいということでした。そこで、薩摩の若い者が外国人に切りつけた。一人は完全に殺してしまいましたし、女性を含めて切られた人は、馬に乗って居留地に駆け帰ったわけです。居留地では薩摩の行列が自分たちの仲間を斬り殺したということで大事件になりました。これが生麦事件と言われるものです。今、横浜市鶴見区に生麦というところがありますが、そこで起こった事件です。

島津久光は、その場に足をとめろという要求がイギリス側からあったけれども、行列をそのまま進めて帰ってしまいました。そこで、事件は面倒なことになり、イギリスの公使から厳しい抗議が出てくる。幕府に一〇万ポンド、島津家に対しても二万五〇〇〇ポンドの慰謝料を払えという要求が出てきました。もちろん島津の方は知らん顔です。そうなってくると、ここでイギリス側は、嫌でも軍艦を仕立てて鹿児島に乗り込まなければならないということになります。

長州藩の方は、いったんは航海遠略策を江戸や京都で盛んに説いたわけですが、攘夷の勢いがますます強くなってくると、ころっと方針を変更しました。この方針変更は、木戸孝允あたりが中心になり、いつまでも公武合体、航海遠略論なんていうのをやっていると自分たちの地位が悪くなると言って長州藩の藩論を一変させた。そして、長井雅楽は直ちにお国の方に呼び返され、ひどい話ですが、すぐに謹慎。やがて、けしからんことを言ったということで切腹させられてしまった。つまり、長州藩は開国政策を一変して、今度はまた鎖国、攘夷という方向に変わったわけです。

そういう転換の中心になったのが、先ほど述べた吉田松陰の弟子たちでした。その松陰の弟子として有名だったのは、高杉、伊藤、山県というような人たちでしたが、そのほか寺島忠三郎だとか久坂玄瑞《くさかげんずい》だとかいう、有名な維新のときの志士だった連中がいます。

ですから、吉田松陰の弟子には、まだ若い二〇代前半ぐらいの者が多かったのですが、こういうときに長州藩の意見を一変させるような大きな役割をしたと言えるでしょう。

長州藩は、幕府が皇室に対して、五月一〇日に攘夷をいたしますと答えたというので、五月一〇日からは下関に外国船が入ってきたら全部打ち払ってしまってよい、大砲を撃ちかけていいというので、実際に攘夷を実行したのです。

どこまで成功すると思っていたかということは問題ですが、少なくとも長州の若侍たちは大いに気勢を上げて、これを実行しました。船が下関の沖あたりに来ますと、予告もなしに大砲を撃ちかけてくるのですから、外国の船はびっくりして引き返します。

最初のうちは長州藩の若侍たちは大いに喜んでいましたが、やがて外国船の方もその状況に気がつき、今度は最初から準備をしてそこへやってきて、長州藩の小さい汽船を全部沈めてしまうとか、あるいは砲台に向かって大砲を撃ちかけてくるとかいうような事件が起こるようになりました。

一方、薩摩に対しては、イギリスの軍艦が鹿児島湾に乗り込み、薩摩藩に対して賠償を払えという要求をした。もちろん薩摩藩の方はこれを受け入れない。当然そこでも戦争になりました。

兵器はイギリスの方がずっといいのですけれども、まぐれ当たりということもありますから、薩摩藩の砲台で撃ち出した大砲の弾が、イギリスの軍艦のブリッジに立っていた艦長、指揮官などをなぎ倒して、彼らが戦死してしまうというようなことも起こりました。

イギリスの軍艦は、突然大砲を撃たれたものですから、錨を上げる暇がなく、それを切り捨てて湾を離れた。もちろん、鹿児島の町は大砲でさんざん撃たれ、火事になりました。当時の記録によりますと、戦争は、薩摩藩が負けたのではなく五分五分だったとも言われています。

一方、下関に対しても、イギリスをはじめ、フランス、アメリカ、オランダというようなところの軍艦が攻め寄せてきましたが、これは、文久三年（一八六三年）に攘夷をやって一年経った元治元年（一八六四年）になってからのことでした。

二　長州征伐

長州藩は航海遠略論を捨て、攘夷に方針を転換した後、一番過激な攘夷論者になりました。京都において、皇室に対して次々に激しい意見を申し上げ、それが採用されるようになっていきます。

当時、長州藩の実質的なリーダーは、松下村塾の若手でしたが、もう一人、九州の久留米の神主だった真木和泉《いずみ》という人がおりました。この真木がいろいろな計画を立て、これらを長州藩の連中が公家の若い者に吹き込む。そうすると、公家がまたそれを宮中で主張して、その政策になっていく、そういう状況があったようです。

元治元年（一八六四年）になると、考え方が、攘夷と一緒に、倒幕という方向に決まっていきます。

まず、当時の天皇は、京都の御所の中におられ、御所を一歩も出ない、そういう生活をしておられたようです。門外不出なのですけれども、賀茂神社にお参りをされる。そのときに攘夷の祈願をなさる。

もう少し遠くに、石清水八幡宮というのがあります。そこにまた行幸されて攘夷を祈願される。そのとき将軍がお供をして、将軍に攘夷を命ぜられるという計画を立てて、一回目の賀茂神社の行幸のときは将軍がお供をして賀茂神社まで行きました。二回目の石清水八幡宮のときは、危ないということだったのでしょう、将軍は病気です、ということでお供をお断りしたということがありました。

さらに、元治元年八月、橿原というところに神武天皇の陵がありますが、今度はそこにお参りをして、そのときに軍議を開き、さらに伊勢神宮にお参りをして倒幕の計画を立てる。倒幕を実行するというところまで真木和泉の計画が進んだわけです。

真木は、天皇を担いで幕府を倒すという方向に政策をどんどん推し進めようとしたのだと思います。当時、実際にそういうことが可能であったのかどうかは別問題ですが、少なくも勢いに乗ればそういうことができると考える若い侍もいたわけです。また、真木は神主です。いわゆる志士なのですけれども、そういう志士たちが天下を動かせるような雰囲気になっていたと思われます。

そういうとき、諸大名の間では公武合体論が依然として強いわけで、薩摩の島津家がそうですし、幕府と格別縁の深い会津藩、あるいは桑名藩、さらに土佐藩といったようなところは、乱暴なアイデアにとてもついていけないということになり、長州藩に引きずられている宮中の様子を一変させなければいけないという考え方になっていったと思われます。

真木のような考え方が実行されようとする直前の文久三年（一八六三年）八月一七日の夜のうちにそういう方針が決まり、一転して長州藩を宮中から追い出してしまいました。そして、宮中をお守りする者は薩摩の侍、それから会津藩の侍、及び桑名藩の侍ということになり、長州藩は宮中の護衛をすることはまかりならんということになりました。

これが八月一八日の政変と言われるもので、長州藩は京都で大変な勢力を振るっていたのが、一転して京都を追い出されてしまう結果になりました。

ところが、この時分、天皇がまず大和の国に行幸され、さらに伊勢に行幸されて、幕府を撃つという方針を決定されるという話がすでに方々に伝わっていて、それを聞いて、先んじて兵を挙げるという動きが出てきた。

その代表的なものは、天誅組と言われる浪人グループの動きでした。吉村寅太郎とか藤本鉄石とかいう浪人、あるいは庄屋などの出身で、正確に言えば武士ではない連中、こういう人たちに率いられたグループが、まず大和の国に入りました。そこにあった幕府の陣屋（城ではなく、幕府が直轄している領分の支配をする代官所）を襲撃し、そこにいた代官以下を殺すというような事件が起こりました。それから、兵庫県の生野銀山あたりで、これと似たような暴動が起こりました。

そういうような幕府反対の暴動が、天皇の大和行幸を想定して、それに先駆けるという形で国内に相次いで起こったわけです。

天誅組も、あるいは生野の暴動も、いずれも平定されましたし、その首謀者たちは全部死んでしまったのですが、そういう事件があちこちで起こるというのが、王政復古の四、五年前の状況でした。

さて、長州藩は、それまで自分たちが天皇をいただいて、反幕府的な動きをし、また攘夷を決行するということで動いていたのに、それが一転して否定されてしまうことになり、藩の中で大騒ぎが起こりました。

当然のことながら、先ほど述べた長井雅楽という人たちのグループは、乱暴な若い者の考え方で京都を動かそうとしたからそういう事件が起こったのだということになり、保守グループの動きが強くなってくる。非常に過激な尊皇攘夷組は一時抑えつけられそうな形になりました。

そういうとき、長州藩の中を動かしたのは高杉晋作のグループでした。高杉という人は松下村塾の関係者ではありましたが、かなり身分の高い家の息子で、剣術も非常に上手であったし読書の力も十分にあり、二〇歳ぐらいまでは割合おとなしく、尊皇攘夷などと言って飛びはねるような人物ではなかったらしい。高杉は本当はそういうことをやりたいのだけれども、お祖父さんや父親が非常に保守的な人物で、おまえは何か事を起こしてはならんぞと言ってぎゅうぎゅうと抑えられていて大変おとなしかったと言われています。

ところが、その高杉が江戸に出て、江戸の空気に触れ、その後、急に乱暴な意見を述べるようになったので、藩の重役が心配して、ちょうど上海へ行く船があったので、上海を見てこいということで、船に乗せられて三カ月ばかりかかって上海まで行きました。ふた月ぐらい上海に滞在して、そこの情勢を勉強してきた。そのとき高杉は、当時の中国はイギリスあたりに完全にコントロールされ、惨めな状態になっていることを見て帰ってきて、思い切って日本の改革をやらなければいけないと考えた。

その辺から先がよくわからないのですが、開国をして外国との関係を結んで、航海遠略論のように、外国との関係を発展させるべきだというように直接的開国論にはいかない。一遍、攘夷をやらなければいけない。攘夷をやって、負けるかもしれないけれども国内の団結を強めて、それから開国に持っていくべきだ、というような考え方を高杉は持っていたらしい。高杉だけではなく、当時の志士たちにもそういう考え方が多かったようです。そこで、高杉は、上海から帰ってきてから、先ほど言いましたイギリスの公使館を襲撃するというような事件を起こしています。

そんなことをするとお尋ね者になってしまいますから、江戸には長くいられないので、また国に帰ったのですけれども、国に帰ったところで今度は長州藩の勢力が弱くなる状態になっていました。攘夷をやって、外国の軍艦に下関が砲撃されるという状態が続いているときだったわけです。そのとき、高杉が、有名な奇兵隊というものを組織します。これは一種の軍隊ですけれども、その軍隊は昔からの侍を中心にするものではなく、だれでもいいから、入りたい者は入ってこいというものでした。平等に扱って、新しい軍隊をつくろうという考え方を高杉は主張し、奇兵隊をつくったのです。これは藩から認められて、下関の近くに奇兵隊を組織しました。

その一方、そういう組織を作っている時分に、京都から追い出されたことに対する長州藩の不平不満が非常に強くなり、元治元年（一八六四年）七月に長州藩の軍隊がもう一遍京都に向けて押し寄せてきました。そのときは三人の家老が大将になって、京都に向かって長州藩の軍隊が押し寄せていった。

そして、宮中に対して、自分たちの忠誠を認めてほしいという要求をしようとしたわけですが、すでに長州藩は宮中の護衛をやめさせられているので、このとき宮中を守っていたのは薩摩藩であり、あるいは会津藩、桑名藩というような諸藩の軍隊でした。それに対して長州藩が攻めかかったわけですから、形の上では長州藩が京都の御所を攻めたという形になってしまった。蛤御門という有名な門がありますが、その蛤御門あたりで激しい戦闘が展開されました。

結果的に、このとき長州藩は敗北して、京都からまた追い出されてしまった。そして、先ほど名前を挙げた久坂玄瑞とか寺島忠三郎とかいう長州藩の若手のリーダーたちはそこで戦死しました。それから、真木和泉も、結局、おめおめ帰れないということで自殺しました。

そういうことで、長州藩と勤皇派のグループはこの禁門の変の際に全滅してしまいました。奇兵隊、その他が長州には残っている。しかし、保守派のグループの力が非常に強くなっていくという状況になりました。

同時に、幕府の方は、その勝ちに乗じて、今度は長州藩を征伐するということになった。長州藩の方では、家老、副将になっていた武士たちの首を斬り、その首を捧げることで幕府に勘弁してもらった。これが第一次長州征伐です。

当然のことですが、ますます保守グループの力が強くなっていく。そのとき長州藩の中の勢いを一変させたのが、高杉晋作率いる奇兵隊、それから、高杉のグループが次々につくり出す、農民だったり、場合によっては商人だったり、そういう連中による長州の諸隊の勢力であった。山口県の地図を見ると、下関というのは瀬戸内海に面していますが、萩は日本海に近い。下関のところにいた諸隊がずっと北の方へ押していき、萩の町を攻めるという、内乱に近い状態がこのとき起こりました。結局、高杉のグループが勝ち、長州藩の政治権力を事実上、握ってしまった。

特に長州藩と水戸藩の場合、藩の中でグループの対立が生じて、殺し合いを展開するという状態になった。相手のグループのリーダーの首を斬ってしまうというような激しい殺し合いが一つの藩の中で展開されたわけです。

この場合もまさにそうで、高杉たちが最終的に勝ったその段階で、長州の保守派のリーダーたちのかなりの者が殺された。そして、長州藩は高杉一派の諸隊の力が非常に強くなった。

それと一緒に今度は薩摩藩の若い連中と長州藩との関係が非常に濃くなってきました。薩摩藩は表向き公武合体論で、この時分は幕府との関係が良好ですから、江戸に意見を申し出ることも自由ですし、長崎あたりにいる外国商人との関係もうまくいっていました。長州藩が、もう一遍幕府と戦わなければならないと考えたとき、薩摩藩が間に立って、例えば鉄砲、大砲、小型の軍艦をどんどん買い込むというのが可能になっていった。

おもしろいもので、薩摩と長州というのは、両方とも攘夷は一生懸命やっている。ところが、なぜかよくわからないのですけれども、薩摩藩は鹿児島で戦争をやった後、イギリスとの関係が大変よくなって、そして、内緒でイギリスに留学生まで派遣する。同時に、長崎あたりの外国商人から、兵器あるいは軍艦等を買い込むというようなことが行われていた。

長州藩の方はといえば、先ほどの禁門の変の後で四国艦隊が下関にやってきて、長州藩の砲台を片っ端から砲撃して破壊する。一部の外国軍隊が上陸して、砲台を破壊するという事件になっています。

長州藩はさんざんな目に遭ったと言っていいわけですが、その中で薩長の間の関係がだんだん改善されてくる。そういうときに長州と薩摩の間の話し合いの中心になったのが、西郷隆盛と坂本竜馬だったのです。

当時、イギリスの政府、あるいは公使館は、薩摩、長州との関係をむしろよくすることに努めた。一番激しく争って、攻撃までしたイギリスが、逆に薩摩、長州との関係を改善する方に持っていく。それは、恐らく薩摩、長州の政治力、あるいは軍事力というものが非常に大きい、将来日本をリードするのはここだろうと考えたせいだと思われます。

これに対して、フランスの公使は幕府との関係を重視して、幕府に金を貸す、あるいは軍事援助をするという姿勢を示していました。

三　幕末の政治と経済

慶應元年（一八六五年）になると、以前に諸外国と幕府との間で結んだ約束、つまり、外国との貿易を行う、港を開く、という前々からある約束の実行を延び延びにしてきたわけですが、もう待てないということになって、英、米、仏、蘭の四国艦隊が兵庫（神戸）にやってきました。それで、いざとなったら上陸するぞ、という姿勢を示すことによって京都に圧力をかけたのです。

京都というところは、何といっても山の中ですから、直接には見えないのですが、神戸まで四国艦隊が来て、場合によったら砲撃するぞ、という姿勢を示したことによって震え上がります。そして、とうとう宮廷が徳川慶喜の説得に負けて、条約を勅許する、それによって開港が行われる、そういう段取りになっていきました。

整理してみますと、通商条約は安政五年（一八五八年）、井伊直弼が最初はアメリカのハリスとの間で条約を結んだ。その後、イギリス、フランス、オランダ、ロシアというような国々との間で条約が結ばれた。それらは調印はしたのですが、実際に開港をすることになると、天皇の許しが得られないので、横浜とか函館とか、昔から開いている長崎は別として、それ以外の港の開港は許されない。したがって、延び延びにしてきていた。そのため、日本は外交交渉を随分やらざるを得なくなって、兵庫や新潟の開港を遅らせるかわりに、日本の輸入税、関税を安くするという約束をさせられ、不平等条約がますます不平等になっていった。

最終的に開港もやむを得ないということになったのが、慶應元年（一八六五年）のことです。ですから、最初に条約が結ばれてから七年ぐらいたって港が開かれる。それが兵庫、あるいは新潟というところの港が開かれるきっかけになった。

このとき、長州藩は高杉グループの権力のもとにあり、幕府の言うことを聞かない。そこで、第二次長州征伐が行われる。

ちょうどこのときは高杉の率いる諸隊の力が強くなって、しかも長州藩はすでに最新式の兵器をそろえていましたから、長州の国境における各方面の戦闘が全部幕府側の敗北に終わる、そして長州が藩の外側に出て占領するという状況が起こりました。一例を挙げると、下関の向こう側には九州の小倉藩があったのですけれども、その小倉の城まで長州の軍隊が押し出して、これを占領してしまう状況になり、長州藩の勝利、幕府の敗北ということは、もう争われない状態になった。

その状況の中で、当時の一四代将軍徳川家茂は大坂で亡くなりました。まことに気の毒な人だったと思います。自分の思うことは何にもできないで、二一歳の若さで病死してしまった。そうなると、今度の将軍こそ一橋慶喜以外にはないということで、慶喜が一五代の将軍を継ぐということになったわけです。それから間もなくして孝明天皇も亡くなられました。

孝明天皇が亡くなられたということについては、毒殺ではないかというような意見が昔からあって、そう唱える歴史家も多かったのですが、恐らく病死、天然痘であったと言われております。

その後、明治天皇が位につかれました。当時、まだ一六歳という、若い天皇です。

そのような状況の中で、インフレーションがだんだんひどくなってきました。幕末、特に開港した安政五年（一八五八年）から後、一〇年ぐらいの間はもの凄いインフレーションの時代だった。そうなると、一般の人は生活が非常に苦しくなりますから、あちこちで一揆や打ち壊しが起こりました。特に都会では一般の日雇い労働者や職人がいるのですが、物価だけ上がって賃金が上がらない状態が続きますと、当然のことながら生活が苦しくなって、それで一揆が起こるとか、都市の場合ですと、金持ちを襲撃したり、米屋を襲撃するという打ち壊しという事件が相次いで起こってきました。

幕末には、それがだんだんひどくなっていく状況にあったと言っていいと思います。

3 大政奉還と戊辰戦争

一 討幕計画と大政奉還計画

二度目の長州征伐のとき、長州の方は幕府が攻めてくるのを逆に押し返し、征伐に出掛けた方がみな敗北する、その状況の中で、一四代将軍家茂が病没し徳川慶喜が一五代将軍を継ぐ、そうなってきたときに、薩摩藩、長州藩はもちろん、前から幕府に対して反感を抱いていた諸藩が連合して幕府を討つという計画を立てるようになってきた。

ただし、表向きには長州藩は幕府の敵であり、また皇室もこれを敵と見なしているという状態でしたから、長州藩は表に立って何か活動をすることはできない。その中で活動していいのは薩摩藩だということになり、薩摩藩と連合して幕府を討とうという考え方が、薩長以外の外様の諸藩の間にも強くなってきたわけです。広島の芸州藩との間で倒幕の密約ができました。

薩摩藩全体も倒幕になったとは言えません。薩摩藩では実際は島津久光が実権を握っていて、息子の忠義が薩摩藩の藩主ですけれども、殿様をはじめとする上層部には、依然として幕府を立てて公武合体という考え方が生き残っていたのです。

それから、土佐の山内容堂という有名な殿様がおりましたが、彼も公武合体という考え方が非常にはっきりしていて、幕府を倒そうなどという考えはない。

それ以外の諸藩、例えば松平慶永にしても、あるいは宇和島藩の伊達宗城《むねなり》にしても、こういう殿様たちは全部、自分たちの大名としての特権を非常に強く意識しているわけですから、幕府を倒して、ついでに大名も倒そうなどという考え方は毛頭ない。幕府を守り立てておいて、自分たちがその下でもっと権限を拡張しようという考え方になっていたというのが実情だろうと思います。

そういう状態でしたから、倒幕と言いますけれども、これは各藩の有力な藩士、侍の間での動きだったと言っていいと思います。その中で一番代表的なものとして、薩摩、長州、芸州の藩士の間で、倒幕のために兵を挙げようという話し合いができ上がってきたのが慶應三年（一八六七年）だったのです。

こういう動きがだんだん強くなっていく一方で、これまであまり触れませんでしたけれども、坂本竜馬を中心とする浪人たちの動きが強くなっていった。

坂本竜馬、中岡慎太郎とも土佐の出身ですが、彼らはいずれも郷士という立場で正規の侍ではない。田舎の地主さんみたいな豪農の家に生まれた人です。彼らはいずれも土佐を早く離れて、いろいろな経験をし、さまざまな修行をした。

坂本などは、若いときは剣術も学問もしたのでしょうけれども、一番重要なことは、長崎につくられ、後に神戸に移された海軍操練所で船乗りになる稽古をした。そして海援隊というものをつくって、若い者たちのリーダーになって長崎を本拠地にして、主に国内で船を使った貿易をやっていた。その一方で、志士活動をしていた。

それから、坂本の兄弟分のような人物であった中岡慎太郎は、同じような活動をするのですが、海援隊とは違い陸援隊というのをつくって活動をしていた。これも一種の志士であると言っていい。この坂本らがやがて土佐に帰ったり、諸国の様子を見て、そういう中で、国内の改革についての意見を書くようになってくるわけです。

坂本は有名な船中八策という改革計画を船の中で口述しました。そのポイントは、「上下議政局を設け」諸大名が集まって一種の議会のようなものをつくり「議員を置きて万機を参賛せしめ」それが政治をやっていく。諸大名の会議を設けるということで、「万機宜しく公議に決すべきこと」と述べた。こういう政治改革のことを考えている。

ただし、この場合でも、幕府を潰してしまう考えはありません。その会議の議長となるべき者は、やはり将軍であった。そういう考え方はこのときも生きていました。こういう考え方は、諸大名の間で広く受け入れられたに違いないと思います。それは無理もないでしょう。例えば土佐の殿様である山内容堂のような人の立場になれば、自分の地位は確保されて、国内政治に対する権限が広くなるのだからいいじゃないかということになりますし、島津の殿様、毛利の殿様と、みんな同じような考え方があったと見ていいと思います。だから、幕府を倒すというような考え方はまだそう強くはない。

そういうような状況の中で、いっそのこと改革をやろうというのなら、将軍が皇室から政治について全部任せる大政御委任というものを受けているということがあるのだが、それを一遍天皇にお返しした方がいいのではないか。それをお返しした上で、改めて今の会議のような形で政治をやっていくというのが一番合理的ではないかという考え方が生まれてきました。そういう状態になってくるのが慶應二年（一八六六年）から慶應三年のところです。

坂本竜馬が薩摩と長州との間をあっせんして、幕府に反対する同盟をつくるという密約が、西郷と木戸の間に慶應二年に結ばれている。これは第二次長州征伐の前のことです。

ただし、このときに長州藩と薩摩藩の間では物の考え方に随分違いがありました。薩摩藩は、いわばいい子になっていて、幕府からも大事にされる、それからイギリスとの関係も非常にいい、外国貿易も事実上自由にやっている。ところが、長州藩の方は、元治元年（一八六四年）の禁門の変以来、朝廷の敵ということになり、幕府からも敵扱いにされており、いじめ抜かれている。

その意味では、薩摩と長州というのはかたき同士であったわけで、そのかたき同士の関係を承知の上で結びつけにかかったのが坂本竜馬という人物だった。坂本竜馬だけではないと思いますけれども、彼が一番大きな役割をしたということは言えると思います。坂本竜馬という人は、その時分とすればちょっとけた違いにモダンな進んだ人物であったのではないでしょうか。竜馬は明治維新のときに暗殺されるわけですけれども、生きていても明治政府に仕える意思はなかったと思われます。そういう意味では非常に変わった人物でした。

慶應三年になって、幕府の勢いがどんどん弱くなって、大藩の力が強くなってくるという状況がはっきりしてきました。

その中で、先ほど言いました、徳川慶喜に納得させて大政奉還を行い、政治体制を変えるという考え方が生まれてくる。慶應三年（一八六七年）五月二一日、土佐藩の板垣退助、中岡らが、薩摩の小松帯《たて》刀《わき》、西郷らと大政奉還など薩土密約を結ぶわけです。同じく慶應三年九月一八日には、薩摩、長州、芸州三藩が兵を挙げて倒幕をすることも密約する。

そこで土佐藩が大きく動くことになります。この藩に後藤象二郎という人物がおりました。彼が山内容堂にそういう考えを伝え、容堂を承知させた上、幕府の老中に対して大政奉還、政治を皇室に一遍お返ししますということにした方がいいですよという建白書を差し出したのが一〇月三日でした。

ところが、その三日後の一〇月六日に、薩摩藩の大久保利通、長州藩の品川弥二郎が、王政復古をするにはどうすればいいかという相談を公家の岩倉具視と行ったという記録があります。

岩倉という人は、公家の中で一番頭の切れる有能な人物であったに違いないわけですが、それより六〜七年前には、例えば和宮様を将軍の夫人として江戸に下らせたらどうかという運動があり、これは公武合体運動の中心ですが、そのときにはまだ和宮の降嫁という話に大いに働いていました。

その後、倒幕の意見が公家たちの間で強くなったとき、岩倉は勅勘（天皇のお叱り）を受けて、京都の町の外に岩倉というところがありますが、そこに蟄居させられていた。何年も京都の町の中に入れないという状態になったわけです。

ところが、孝明天皇没後の慶應三年三月、岩倉が勅勘を許されて、京都の町の中に出入りをしてもいいというふうに変わってきた。しかも、岩倉は倒幕論者として、薩摩藩や長州藩と組んで倒幕をやろうという動きに乗ってくるのです。

そこで、慶應三年一〇月、大政奉還をやるという考え方と、幕府を討ち倒そうという動きが一度に盛り上がってくるという状態になりました。

これは一切内緒話で、表には出ない形で進行していきます。当時は新聞など何にもないときですから、そういう話は全部陰で密かに会って話をする、あるいは手紙のやりとりをするというような形でだけ進んでいったのです。

この年の一〇月一三日、岩倉が陰で働いて、薩摩藩に対しては、幕府を討つべしという詔が内緒で渡されました。長州藩に対しては、藩主の官位をもとに戻す、つまり、天皇から叱られて官位を剝奪されていたのをもとに戻すという天皇の宣旨が渡された。その一四日には長州に対しても倒幕の密勅が下されたというわけで、このとき岩倉が画策して、まさに幕府討つべしという方針に薩長が一定しようとしていた。

その一方同じ一〇月一四日、将軍徳川慶喜が大政奉還をする。つまり、政治を全部天皇にお返し申し上げるという文書をつくって、これを天皇に差し出したわけです。

この両方が一遍に起こったのです。片方は密勅が下ったというだけの話ですから、これから薩長両藩のそれぞれ殿様のところまで詔がわたって初めて倒幕ということになるんでしょうが、大政奉還については、徳川慶喜みずから明治天皇に書類を差し上げたのですから、その明くる日、一〇月一五日には、天皇が大政奉還を許されるというお沙汰が下りました。

これで話が非常に難しくなったわけでして、薩摩、長州の方は幕府を討つべしということで、いったんその詔を天皇からいただくというところまで行ったのに、話が逆転して、慶喜の大政奉還を天皇が許されるという形になった。

そうすると、密勅の方はしばらく実行を中止するということになって、一〇月二一日にそういうお言葉が薩長に対して下され、同時に、その翌日、いろいろな政治はしばらく徳川慶喜に委ねることになった。

つまり、倒幕の方は、大政奉還の上表というものによって事実上流れてしまったと言っていいと思います。倒幕を延期といったところで、いまさら延期するわけにもいきませんから、このままでいけば徳川家が形を変えてずっと政治の中心にあるという形になっていくはずであったと思われます。

実際、一〇月から一一月にかけての動きはそういうふうになり、徳川慶喜を中心にして政治が動いていく。薩摩と長州はやや後ろに退いた形になりました。

その間に坂本竜馬と中岡慎太郎の二人は、自分たちが隠れ住んでいた京都の町中の一軒の家で話をしていたときに、見廻組にねらわれ、討たれてしまったわけです。討ったのは佐々木只三郎《ただサぶろう》であったと言われています。坂本竜馬がそれから先、生きていたらどうなったかというのは大変おもしろいと思いますが、坂本はこうして暗殺されてしまいました。

ここまでが第一ラウンドです。大政奉還ということは、いったんこうして行われたのです。

二　討幕クーデターと開戦

ところが、薩摩、長州、公家の中で中心になった岩倉のグループは、当然それで話が済んでしまうことでは納得できないわけです。岩倉と薩摩の中心であった大久保利通の二人が密かに陰謀を企てました。これは陰謀だったと言っていいと思います。

それが一二月九日に行われた一連の事件です。慶應三年（一八六七年）一二月九日、天皇が出られて、公家たちを中心にする宮中の会議がありました。そこで正式に徳川慶喜から出された大政奉還の上表を受け入れて、王政復古の大号令が出たのです。

ここで王政復古ということの意味を考えてみます。何を王政復古と言うのかということですけれども、日本の古い歴史を振り返りますと、大化の改新のとき蘇我入鹿を討って中大兄皇子が政権を握った。その後、宮中でいろいろ争いがありましたけれども、とにかく政治は全部天皇を中心にして行う。太政官というものをつくって、天皇の下に大臣を置き、天皇が万機を親裁するという体制がつくられた。それが大化の改新です。

そのときにできた制度がその後いろいろ変化するけれども、ずっと形の上では引き継がれて、少なくとも源平の戦いの前まではそういう体制が続いてきていた。

源平の戦いで源氏が勝って源頼朝が鎌倉に幕府を開くことになっても、形の上ではそういう制度は生き残り、前にも述べましたが、官位を授けるということだけは朝廷の仕事として、生き残っていた。

王政復古というのは、幕府のようなものを全廃して、天皇が昔の制度に戻って政治を行うということです。だから、王政復古でいにしえに帰るということになるわけです。

王政復古という言葉と明治維新という言葉が同じ意味のように使われているわけですが、これは考えてみると変な話で、一方はいにしえに帰るんだし、一方は何事も新しくするということです。しかし、王政復古というのは、建前の上でいえば、そういう昔の制度に帰るという考えでした。

その大号令が発せられた。しかし、それだけなら徳川家も別にどうということはないわけで、王政復古をした上でも、先ほど述べたように、諸大名を集め、徳川慶喜を議長にして政治をやっていく体制をつくることは可能であったし、多くの人はそうなるものだと信じていた。

ところが、その日の夜中、小御所会議というものが開かれました。これが非常に大きな事件です。公家だけではなく、有力な諸大名、その他も宮中に参入して、これからどうするかという、もっと実質的な方針の会議が行われた。

その会議の席上で、岩倉具視と大久保一蔵（後の利通）、この二人が爆弾提議を行いました。それは、内大臣という位を徳川慶喜は持っていたが、これを辞任させるべきである。それから、全国に持っている徳川家の用地を全部朝廷にお返しすべきである。これを慶喜に要求すべきだと、そういう意見が強く出された。これはとんでもない話で、徳川家は全国の四分の一の領土を持っています。諸大名は残り四分の三です。その四分の一の領土をそっくり朝廷にお返ししろと、こういう要求です。

要するに、そこまでしなければ誠意をあらわしたものとは認められないという理屈を岩倉と大久保がつけた。これはどう考えても乱暴な話で、到底納得できない要求であったと思わざるを得ない。そのとき、諸大名がその席に詰めていて、そこで激しい議論を展開したのが、土佐の殿様であった山内容堂でした。このほかに松平慶永も反対して大議論になった。

山内容堂は酒飲みで、恐らくそのとき酒を飲んでいたと言われるのですけれども、相当に酒を飲んだ勢いで「幼沖の天子を擁し」と言って自分の意見を述べたのです。明治天皇はそのときまだ一六歳だった。そのお若い天子を自分の方で勝手に抱え込んでしまって、徳川家のこれまでの働き、役割というものを一つも考えないというのはまことにけしからんという演説をぶったというのです。そしたら「幼沖の天子とは何だ」と言って怒鳴りつけたのが岩倉で、結局、そのやりとりの中で辞官納地が決まった。これが小御所会議と言われる明治維新のクライマックスになる。そういうことで徳川慶喜に辞官納地を命ずるという話がその場で決まってしまった。そして、王政復古で本当に天皇が政治を担当するということがこの場で決められてしまったということです。

この辞官納地の内容というのは、途方もない重大な事柄であったと言っていいと思います。司馬遼太郎という有名な作家がいますが、彼の作品の中でかなり有名なものとして、『竜馬がゆく』という坂本竜馬のことを書いた長い小説があります。そのほか、あまり有名ではないのですが、この話に直接かかわるものとして、短編を四つ集めた『酔って候』という本があります。これは大変よくできた短編をそろえたものです。その中に容堂を書いたものや伊達宗城を書いたもの、島津久光を書いたものもありました。とにかく『酔って候』という短編集は、明治維新の殿様たちを非常にうまく書いている。

さて、こういう事件を起こしたのは薩長の侍たちですが、西郷にしても、大久保にしても、彼らの身分は、侍の身分としては中くらい、ないしそれ以下でした。

当時、薩摩藩の事実上の藩主であった島津久光は西郷が嫌いでした。西郷は維新の過程で二度島流しを受けています。そのたびに西郷のグループだったほかの侍たちが、久光に、こういう時世のときに西郷に仕事をさせなければだめですと要求し、西郷は結局呼び戻される。島津久光は不満で仕方がなかったということでした。久光も、幕府を倒すことに賛成ではなかったのですが、こういうふうに家来たちの力でもって事柄がどんどん進行してしまう。

久光についてのエピソードを一つ紹介しておきましょう。大分たって明治になり、西郷隆盛が今度は征韓論で自分の意見が容れられないからと鹿児島に引っ込んでしまって、絶対に政府の仕事を手伝わない。明治政府は困って、久光がまだ生きていますので、この久光を左大臣に任命した。当時の臣下の中で言えば二番目です。一番偉いのが太政大臣で、それが三条実美《さねとみ》という人ですが、二番目に偉いのが左大臣です。この左大臣に島津久光を任命した。それによって、鹿児島を味方につけようという考え方があったのだろうと思われます。

島津久光はその任命を受けて、鹿児島から東京に出てまいりました。そこで意見書を出したんですが、その内容は、明治以後に行った改革を全部やめた方がいいというものでした。だから、服装でも昔どおりに裃を着てちょんまげを付け、刀ももちろん差して、そういう制度に全部戻すべきである。そのほかの諸改革も全部よろしくないから、そっくり昔に戻せと、そういう意見書を出しました。これは明治八年（一八七五年）のことです。

もちろん世の中は急激に変わってきているのですから、今さらそんな復古なんかできるわけはないので、久光の意見は容れられませんでした。ところが、その時分のほかの有力な諸大名と言われていた松平慶永や伊達宗城、そういう人たちが久光の意見書に賛成しているのです。ただし、彼らは位は高いけれども、政府の中でほとんど実権がありませんから、こういう連中が久光に賛成したからといって、それで政治がひっくり返るわけでもないのですけれども、とにかく当時の旧大名は、明治以後の改革に対して非常に不満であったことがよくわかります。

話をもとに戻しましょう。辞官納地の決定のあと、事柄はどんどん進んでいってしまった。この時期になると、日本じゅうが騒然としてきます。西郷隆盛あたりが恐らく命令したのだと言われていますけれども、事ははっきりしませんが、江戸の町の中に薩摩屋敷を本拠地とする浪人の一団があって、これが強盗を働いたり、辻斬りをしたり、いろいろなことをやって、要するに、江戸の治安が非常に乱れた。これは嘘ではないらしいのです。少なくとも薩摩藩がバックにあって、そういうことをした。

それで、幕府の方は、とうとう耐えられないということになり、兵を送って、江戸の薩摩屋敷を打ち壊したわけです。薩摩屋敷にいた連中は、もちろんそういうことがあるだろうと覚悟しておりましたから、屋敷を離れて、沖合にとめてあった軍艦に乗って引き揚げてしまった。そうした事件が起こったくらいですから、この時期には日本じゅう物情騒然とした状況でありました。

もちろん当時、徳川慶喜は京都におりましたが、大坂城は徳川家の城ですから、そこに江戸から来ている旗本、その他がいっぱい集まって、辞官納地を命ぜられたということで大変憤慨し、京都に押し出してくるという状況でした。慶應三年一二月二三日には江戸城二の丸が燃えてしまう。そして、一二月二五日が薩摩屋敷の焼き討ちと、当時騒然とした状況があったというのは事実です。

年がかわって慶應四年（一八六八年）、陰暦一月三日から四日にかけて、鳥羽伏見の戦いが展開されました。大坂から押し出して京都の方に上ってくる徳川家の軍隊が、薩摩を中心にする京都方の軍隊とぶつかったのです。この戦争は、兵力の大きさでいえば明らかに幕府の方が大きかった。ただし、兵器、その他は薩摩の方が強かった。そういう状態で、薩摩の方が幕府の軍隊を追い払ったことになったわけで、幕府側はいったん大坂に引き揚げた。

徳川慶喜も大坂城にいて、もう一度、戦をするかと見えたけれども、やがて決意して、だれにも言わずに会津藩主の松平容保《かたもり》、その他二、三の者をつれて、軍艦に乗って大坂から江戸に帰ってしまった。これが鳥羽伏見の戦いの後の状況です。

なぜもう一度戦をする気にならなかったか、この心境はよくわかりません。ただ、確かに言えることはこうだと思います。当時、ヨーロッパ各国はアジアでそれぞれ植民地を得て、勢力の拡張をねらっていた。その中で日本が本当に内乱になってしまうことは大変まずいということが徳川慶喜の頭にあったに違いない。それは慶喜だけではなく、多くの人たちの頭にあったに違いない。

もう一つ言えることは、尊皇論というものの影響が慶喜にとってとても大きかったことです。徳川慶喜は水戸藩の徳川斉昭の息子ですから、子供のときから水戸学の影響を受けていて、尊皇という考え方が非常に強かった。自分が大将になって、皇室に弓を引くという形にしたくはない、そういう意識が慶喜にあっただろうということは想像できます。

今では尊皇論というようなものはあまりはやらないわけですけれども、その時分の影響力はまだ非常に大きかったと言っていいだろうと思います。

とにかく徳川慶喜は軍艦に乗って江戸に帰ってしまった。そうしたら、大将がいなくなった大坂城にいた幕府の軍隊は、ばらばらになってしまい、みんなが江戸に引き揚げていくという状態になる。それを見て、朝廷の方は、徳川慶喜は朝敵であるということで追討令を出すということになっていった。

大久保や岩倉にしてみれば、自分たちが予想した以上に情勢がうまくいったということになったのではないかと思います。実際、兵力からいえば幕府軍の方が多かったわけですから、戦に負けたらどうするかという心配はしていたに違いない。その場合、天皇をいただいて京都を離れて、どこかへ移るという計画も持っていたと言われています。例えば鳥取というところは、ちょうど薩長と親しくしていましたから、危なくなったら鳥取へ天皇をいただいて動くというような計画まで持っていたのが、そんなことをしないで済んだのです。

一月一五日には王政復古を各国公使に伝え、これから先、中央政府は京都の朝廷を中心にする政府であると通告いたしました。一七日に、新政府の組織を決め、新政府に総裁、議定、参与という三つの職を置き、その下に神祇・内国・外国・海陸軍・会計・刑法各科および制度寮という七つの職務を置く制度を定めました。これを三職七科の制と言います。

この後、明治政府の組織は、ひと月かふた月でころころと変わっていきます。ですから、これを追いかけていくわけにもいきませんし、追いかけてもあまり意味がない。実際意味があるのは、これから約一年半がたって、明治二年（一八六九年）七月になってからつくられた二官六省の制度です。ただし、三職七科のときに事実上、朝廷と尊皇型の武士の間での混合政府ができ上がったということは言っていいと思います。

ちょっとお断りしておきますが、この時に政府の中で一番偉い人というのは、公家の中の位の高い人と、もう一つは諸大名であって、西郷だの大久保だのという連中はまだ高い位につくことはできなかった。それから一年半ぐらいあとの、明治二年七月、大久保だの木戸だのというような実力のある中級、あるいは下級の武士が政権の中心につくようになるのです。

二月三日に東征軍が京都を出発する。その東征軍の指揮官は有栖川宮熾仁《たるひと》親王という、皇族でした。実際には参謀などとして西郷をはじめとする武士たちが付くのですけれども、それでも格から言えば、まずは皇族をいただくということで事が動いていくわけです。有名な「宮さん宮さん」という維新のときの軍歌がありますが、それはこのときにつくられたものであると言われています。

明治政府は各藩から徴士、貢士をとるという制度を立てました。各藩から明治政府で働くために武士を推薦して出せということがあった。議会のようなものをつくるということで、議員のようなものとして徴士というものを出せ、それから、実際の役人として働く者を貢士と言ったんでしょうが、その貢士を出せと言ってきたわけです。

慶應四年（明治元年）一月から二月という時期は、まだ大事件が後から後から起こっていた時期です。一つは神戸事件で、神戸で備前藩の武士が行列をつくって動いていたとき、フランス人を斬ってしまった。厳重な抗議が来る。そこで、とうとうその隊長を切腹させるというような事件でした。もう一つ、もっと大きい事件として、大坂湾の堺で堺事件が二月に起こりました。フランスの軍艦が堺の港に上陸してきたのを土佐藩の侍が鉄砲を撃ちかけて殺してしまった。そのために、これに対して厳重な抗議が来て、土佐藩の侍に切腹を命じた。切腹を十一人がやりましたところ、フランス人がびっくりして、もうやめさせろということで、結局、十一人が切腹して、その後の者は流罪の処分で済んだという事件がありました。森鷗外に有名な『堺事件』という歴史小説がありますが、それはこのときの事件を扱ったものです。

こういう例をちょっと申し上げてもわかるように、明治政府はすでに国を開いて、外国との条約も結んで、貿易もやりましょう、国交も結びましょうと言っているわけですが、日本国内にはそういう者ばかりではない。攘夷論者が山ほどいて、きのうまで攘夷と言っておられた朝廷が一変して今度は外国との交際をするということに対する不平不満が渦巻いている。これが明治元年の状態だったのだろうと思われます。（編者注―それまで慶應四年と言っていたのを陰暦九月八日・陽暦一〇月二三日に明治元年と改元。）

二月末にはフランス、オランダ、イギリス、この三つの国の公使が大坂から淀川を船でさかのぼって京都の御所に参って、天皇に拝謁することになっていたのですけれども、このときにもイギリス公使が御所に向かうときに、浪人が二人いきなり駆けてきて、斬りかかったわけです。イギリス公使にはイギリスの軍人がついていましたが、日本の侍二人も脇についていて、狼藉者の一人を斬った。斬った者の一人が後藤象二郎です。こういう事件がしょっちゅう京都あたりで起こるのが明治元年だったことはやはり述べておいた方がいいと思います。

さて、東海道と中山道という二つの街道を官軍が錦の御旗を立てて下ってくる、そういう状態になり、江戸の徳川慶喜を討つべしということになっていった。徳川慶喜は、このときには江戸に帰って、江戸城におりましたが、やがて自分を朝敵として征伐の軍隊が下ってくるということになりますと、初めは上野の寛永寺というお寺に謹慎をして、さらに、その後、自分の生まれ故郷である水戸に帰っていくことになりました。

と同時に、江戸には、先代の家茂の奥方の和宮様がおられる。当時、静寛院宮様と言っておられましたが、その宮様が書かれた手紙を官軍の方に届けるということも行われましたし、それから、上野の寛永寺というお寺には、宮様がお坊さんになられて、そこで貫主になっておられる。そちらからも東征軍に嘆願するということもあって、何とか徳川家の取りつぶしだけはご勘弁を願いたいということは一所懸命やったようです。

一方、イギリスの公使、その他からも、これまで日本の支配者であった者を一転して賊だとして討つということは具合が悪い。そういう戦争を開港地である横浜の周辺で行って、もしそれで横浜が被害を受けたような場合には国際問題になるぞ、というような警告もあったようです。

そういうことで、徳川慶喜の命を助けるということがだんだん決まってきて、そして、江戸城明け渡しの会見というものが勝海舟と西郷隆盛の間に行われたのが三月一四日であったということになるわけです。

三　戊辰戦争

江戸城明け渡しが実際に行われるのですが、それだけではもちろん済まず、徳川家の旗本、その他の間には到底納得のできないのがいっぱいいた。そのなかで上野の山にこもったのが彰義隊で、上野で戦争が展開する。それが五月一五日でした。

このとき、長州藩の大村益次郎は軍学が達者で、彼が指導して一日で上野を落としたのです。彼については司馬遼太郎の小説『花神』があります。

彰義隊が立てこもったほかに、幕臣の一部が東北地方に入っていく。そして、抵抗する。それから、軍艦を率いて江戸湾を脱走して、やがて北海道の箱館に立てこもった榎本武揚《たけあき》のような人もいた。そこで箱館戦争が展開することになります。

このときに東北地方の諸藩は幕府に対して好意的でした。

そして奥羽越列藩同盟と言われる、東北地方から越後の国、新潟県にかけての各藩の同盟ができて、これが官軍に抵抗するということになりました。戊辰戦争と言われる戦争のうちで、一番大きな戦は会津の戦争でしょうけれども、その前に長岡の城をめぐる攻防があった。これは有名な河井継之助《つぎのすけ》という人が頑張った戦争です。これについても『峠』という司馬遼太郎の小説があります。

そういう形で、東北において、一つは長岡、会津を中心にした戦争が展開しました。最終的に会津が降伏したのは九月二二日であった。会津藩は大体一カ月ぐらい持ちこたえたことになります。

その年の戦争はそこまでで終わりました。ところが、函館におります榎本武揚の艦隊はその地方で独立を宣言するという行動に出て、あと一年ぐらい頑張ったわけですけれども、結局、これが最終的に降伏したのは、明治二年五月一八日のことでした。それまで戊辰戦争は、建前上は続くのですが、陸上の戦争でいいますと、明治元年の秋に片づいたと言っていいわけです。

ついでに述べておきますと、このときに降伏をしたのは、今の長岡や会津が中心ですが、これ以外に庄内藩や盛岡藩、そういう大小の諸藩が戊辰戦争で官軍の敵方に回りました。そういう官軍の敵方に回った東北地方は、後々まで随分ばかにされたようです。

その中で、東北地方出身者が明治になって偉くなってくるわけですけれども、その中で最大の人物が、ずっと後に出てまいります政友会総裁だった原敬という人でした。この人は盛岡藩で家老だった人の息子ですが、若いときは随分ばかにもされたし、悔しかったという面があったのでしょう。晩年になって、政治家として偉くなってから、あまり道楽のない人でしたが、俳句をつくることを趣味にして俳号を持った。その俳号が一山というものでした。なにか坊主みたいであまり感心した俳号ではなさそうな気がしますが、なぜ一山としたかというと、明治の初めに「白河以北一山百文」という言葉があった。白河というのは東北地方の入り口ですから、そこから向こうは一山百文の値打ちしかないと言われた。それが悔しかったということで、晩年になって俳句をつくるときまでそういう号を用いていた。東北の人がいかにそのときのことを恨みに思ったかということを示していると思います。

原敬は、こういう気持ちを一方で抱きながら、薩摩、長州出身の政治家たちに接近して、その政治的能力で、例えば山県有朋というような、長州藩出身の政治的な大ボスを完全に信用させるわけです。現代の政治家は原以外にないと山県が言うほど信用させたということです。ただし、その恨みが彼には一生残っていた、これも事実です。

さて、徳川家の後始末ですが、江戸開城の後、五月になってから、徳川慶喜の跡継ぎになった徳川家《いえ》達《さと》に七〇万石を与えて静岡で大名に取り立てる、そういうことが行われました。全国で八〇〇万石の領地があると言われた徳川家ですから、七〇万石にされたということになると、一〇分の一以下ですけれども、とにかく徳川家の名前は残ることになりました。

そして、江戸にいた徳川家の家臣たちは、徳川家について静岡に移るか、自分で商売なり興行なりをするか、それとも今度は官軍、朝廷の家臣になるか、その三つのどれかを選べというようなことで選択をさせられる。あっさりと朝廷の方についた者もいるようですけれども、かなり多くの者は静岡へ行って貧乏をしたというのが事実のようです。

なお、東北地方の諸藩は、いずれも領土をかなり削られて惨憺たる始末になった。特に会津藩は抵抗が激しかったせいもありますけれども、東北地方の一番北の果て、下北半島に五万石ぐらいの土地をもらって、そこへ移住させられた。暮らしていくこともできないという状況が続いたと言われています。

明治元年一〇月、東京に明治天皇が行幸されました。明治天皇はこの後いったん京都に帰られましたけれども、また明治二年三月には東京に来られて、東京に永住してしまいます。そういうふうに都を移すというようなことも大久保利通などの提案が実行されたためのようです。

戊辰戦争のときに功労があった人物、例えば大名、あるいは西郷隆盛のような個々の人物に対しては、賞典禄といって、何百石、何千石という禄が与えられました。

4　復古から維新へ

一　王政復古と近代化

最初は王政復古ということで明治維新が始まり、古い制度が復活しました。ただし、事実上はどんどん近代的な方向に変わっていきます。

慶應三年（一八六七年）一二月九日の会議で王政復古を宣言したのは事実ですが、実際には新しいことが王政復古のもとでどんどん進んでいった。例えば孝明天皇がどうしても受け入れなかった兵庫の港を開くことが、慶應三年一二月七日、ちょうど王政復古の大号令の直前に行われています。

ところが、この時代は非常にデリケートでしたから、各国の公使に、王政復古を宣言して、これからの中央政府は京都の朝廷であるということを伝えたのが、翌年の慶應四年、一八六八年、後に言う明治元年の一月一五日のことです。

明治政府は、幕府の締結した条約を守るということを各国に通告して、各国も一応これを了承し、三カ国の公使が京都の朝廷に参内して、明治天皇に拝謁してご挨拶したということです。

そういう中で、五カ条の御誓文が発せられます。その中で一番有名なのが、「広く会議を興し万機公論に決すべし」という第一条です。「広く会議を興し」とあるところが、その前の提案だったら「列侯会議を興し」となっていた。列侯というのは諸大名のことです。諸大名の会議を興して国の政治をやっていくのだというように言っていたのを、「列侯」を「広く」に変えたわけです。これは大変な違いで、どういう会議を興すかはわからないとしても、将来国会を開くというように読めるものに変わっていった。「官武一途庶民に至る迄、各其志を遂げ、人心をして倦まざらしめん事を要す」という有名な言葉も五カ条の中に入っています。それから、国民に対し教えさとすという、五榜の掲示も明治政府から出された。新しい政治が始まるということを強調したのです。

ところが、それまでは攘夷攘夷と言ってきた者が、中央政府までころっと変わって外国との交際をやる。そして、幕府の条約を引き継ぐというようになったのですが、なかなかそうはいきませんで、その中ですでにふれたいろいろな事件が繰り返しまだ起こっておりました。つまり、攘夷の気分というのは世間一般にはまだ濃厚に残っていた。そのために、そういう悲劇がいろいろ起こったのも間違いない。

王政復古といいましても、まだ混沌としていて、これからどうするんだというようなことはまだ何にも決まっていない。その中で、ただ徳川慶喜を征討するということで東征軍が進発するという状態があったと思います。

天皇は明治元年八月二七日に即位の式を行われて、大久保利通などの考えで、とにかく江戸に都を移すというので江戸を東京と変え、いったん東京に行かれます。京都の方では当然穏やかではないわけですから、一遍東京へ行った上、年末に帰ってきて、翌年またもう一度、三月に東京に行き、そこで江戸城を宮城に定めて、そこを都とするというように変わっていったわけです。九月八日に明治という新しい年号が定められ、このときに一世一元の制も定められた。天皇御一代の間は年号は一つにするというものです。それで、明治という時代がずっと続いていくことになったのです。

二 隠れキリシタン・廃仏毀釈

この時期にはいろいろな事件が引き続き起こりました。例えばキリスト教が依然として禁制であるのは徳川時代からの伝統で、この時代にも変わっていない。そこで、キリスト教禁止という高札が、江戸や京都にはちゃんと立てられている。そうしたなかで、フランス人のカトリックの宣教師が長崎に来て、外国人のために教会をつくったところ、浦上の人たちが何人かその教会にやってきて、実は自分たちはその昔キリシタンの教えを受けて、それ以来ずっと隠れてキリスト教を信じてきたと申し出ました。それが隠れキリシタンです。隠れキリシタンが、二〇〇年余りキリスト教が一切禁止されている中で密かにこれを守ってきたということが表に出てまいりました。

ところが、明治政府はまたこの人たちを捕え、各地方に流したのです。長崎を離れて各藩にお預けにするというような処分を行い、死者も出ました。これがその後ずっともめて、そういう禁止を全部解き、信教は自由であるとなるのが明治六年のことです。

もう一つの問題は、廃仏毀釈です。仏教を排斥してお寺などを破壊するという運動がこの時期に展開されました。有名な例を一つ挙げます。特に京都あたりでそういう運動が活発に展開されました。その時分の神社というものは実に不思議なものであって、平安朝の時分から日本では、仏様と日本の神様は同じものだという考え方、本地垂迹説というのがあったのです。つまり、仏様は神様の姿をとって現れる、ある仏様は日本の何とかの神と同じものであるという議論です。その結果、大きな神社に参りますと、必ずその神社にくっついているお寺があって、そのお寺にいる坊さんが神様を祀るという仕組みがずっとあった。例えば比叡山の下、琵琶湖のほとりに坂本という町がありますが、その坂本には日吉大社というのがあって、そこはちゃんとお坊さんが祀っていたのです。

そこで、それは間違いだ、日本の神様は日本固有の神様であって、インドの仏様とは関係がない、仏教というものは日本本来のものではない、神道こそが日本本来の宗教だ、だから、仏様を全部壊してしまえ、ということがあちこちで行われたのです。

もちろん仏教を深く信じている人もたくさんいたわけだし、現に徳川時代には一般の人間の戸籍までお寺が預かっていたというような状態だったわけですから、庶民はお寺に対する信仰を深く持っていたのでしょうけれども、それに対して一部の神主、神官などがそういう破壊運動をやった。そのために、多くの仏像だとか、お寺だとかが破壊されるというようなこともこの時期に続いて起こりました。

国学をやった人たちは、同時にしばしば神社に仕える神主になっただけではなく、明治維新とともにそういう国学者が宮中に入り込んで明治天皇の侍講になった。例えば平田銕胤《かねたね》は、平田篤胤の養子で平田家の後を継ぎましたが、彼は天皇に国学を教授するような立場になったのです。ですから、王政復古は、そういう国学の復古を生んでいたと思われるわけです。

前述のように、島崎藤村の『夜明け前』という小説は、藤村の父親であった島崎正樹を主人公のモデルにした作品ですが、明治以後の小説の中で五本の指に入るぐらいの傑作だと私は思っています。その小説の中で、主人公である青山半蔵自身は、木曽の馬籠という村の庄屋であり、本陣であり、問屋であるという、三つの職を兼ねていました。庄屋というのは、上からのいろいろな命令を下の方に伝えて村の中をまとめていく、そういう村長のような仕事であった。本陣というのは、街道を通行する武家の宿屋でした。大名が泊まるところは一種の陣屋で、いざとなったらそこで敵を防ぐというのが本陣です。問屋というのは、街道筋を人間も動きますし、いろいろな荷物も輸送されるわけですけれども、そのための交通の手段の面倒を見るのが役目です。だから、荷物を馬につけて運ぶとか、人が旅行する場合でも人足がついていくので、その人足に荷物を担がせるとか、いろいろなことがある。そういう仕事の手配をするのが問屋の役割でした。半蔵はこの三つを兼ねたうえで、国学に心を寄せ、平田銕胤の門人になっているというような人だった。

だから、青山半蔵は、明治維新になって王政復古の大号令が出たとき非常に喜びます。これで日本の国の昔の姿に帰ると信じた。廃仏毀釈でも、さすがに自分の村のお寺を壊すようなことはしませんが、しばらくたって、自分の家のお葬式のやり方をこれからは神式に改めたい、お寺に預けてある先祖の位牌を全部返してもらいたい、といってお寺に申し込むというようなことまでしています。

したがって、廃仏毀釈は、国学の復興という動きに発展することになったわけです。一時、主人公は非常に喜ぶわけですが、やがて近代化が進んできて、国学のようなものがどんどん衰えてくると絶望していく。そして、主人公が狂気に至るというところまでいきます。

そうした時代があって、お寺を破壊するようなことが一般に行われた。『夜明け前』にこういうところがはっきり出てきます。木曽の御嶽山こそ昔から神仏を一緒にまとめたような信仰が行われていたところであったのですが、そこを襲って、仏様だとか、仏教にかかわるいろいろな道具を全部たたき壊してしまった者たちがある。壊された後、御嶽山の裾野にある神社を訪ねるところが出てまいります。こうしたところを読みますと、江戸から明治時代に移っていくときの破壊というものが随分激しかったことも事実だろうと思われます。

三　二官六省の制と選挙

明治の新政で政府は、最初に三職七科を置きます。その後、三職八局にするとかいろいろの変化がありましたが、一番重要なことは、明治二年（一八六九年）五月に二官六省の制をとったことです。このときはまだ国学によって神道が非常に強かったものですから、神祇官と太政官が非常に重要だということになって、政治全般を担当する太政官の上に祭典を掌る神祇官というものを最初置いていました。これは二年でつぶれますが、太政官の下に民部・大蔵・兵部・宮内・外務・弾正台＝刑部省の六省を置くわけです。こうして、明治政府の組織がだんだん固まっていきます。

このとき重要なのは、だれが長官になるか、二番目のポストはだれにするかを選挙で決めたことです。後にも先にも役人を選挙で選ぶことはこのときしかなかったと思います。これは、昔からの公家や大名が上の方に乗っているのは具合が悪い、実力のある者を上へ持っていかなければだめだという考え方があって、それで選挙でいろいろな人が選ばれるということになっていったと思われます。

選挙をしてみますと、果たして公家などが全部下の方へ行きました。上の方へ行った公家出身者は、三条実美と岩倉具視で、この二人が太政官のトップに座るわけです。その下の方では、大名出身で例えば伊達宗城とか松平慶永とか、こういう人たちだけはまだ残っていて、大臣格になるわけですが、それ以外の重要な役割というものは、それまでの大名の家来だった武士層へと変わっていきました。

その一例を挙げると、大蔵省では、事実上の権力者になったのは大隈重信でした。彼が大蔵大輔、井上馨《かおる》がその下の大蔵少輔になりました。そのすぐ下にいたのが、後に第一国立銀行を三井家から引き継いだ渋沢栄一でした。つまり、大蔵省は大隈と井上と渋沢が切って回していった。大隈はだんだん偉くなり、参議になっていくので、事実上、大蔵省を切って回すのは井上と渋沢になっていったのです。

渋沢は、実は侍ではない。埼玉県の大きな農家であり、商業を兼ねていた人の息子です。藍に染める染料を商売するのが渋沢家の主な仕事でした。渋沢は若いときに寺子屋のようなところへ通い漢学などを勉強したわけですけれども、十代のころから商売を習い、あちこちに出張して売ったり買ったりというような仕事をしていました。

彼については、非常におもしろい話があります。攘夷の話がだんだん展開してきますと、自分も我慢できなくなって、ひとつ攘夷をやろうじゃないかとなった。どうするかというと、まず自分の仲間で何人かが集まって、群馬県の高崎が近いので、まず高崎の城を襲撃して、それで城を乗っ取る。そこで兵器を取り、江戸へ出かけ横浜を焼き討ちにしようという計画を本気でつくりました。

ところが、親戚の者でかねてから志士活動をしていた連中がいて、そういう人に、そういうばかなことをするんじゃない、必ず失敗するに決まっているからやめろ、と言われ、渋沢はそれをやめた。しかし、そういうことが知れわたると、もう故郷にいることはできない。それで、京都に上ります。ここでまだ将軍になる前の徳川慶喜の家臣の重要な人物に知られ、一橋家に仕えるということになり、刀を差す身分になったわけです。

それから後は渋沢の能力が大いに発揮されて、一橋家で重要な人物になっていく。そして、徳川慶喜が将軍になった後、跡継ぎと定められた彼の弟の徳川昭武《あきたけ》がフランスに出かける。ちょうどそのときパリで万国博覧会があって、日本からも出品をする。昭武は万国博に行くことを名目にして、その後しばらくフランスに留学する。渋沢はそれについていく役を仰せつけられ、明治維新の大変動のときはフランスにいたのです。しかし、特にあれだけの事件が起こったので、昭武は留学を中止して帰ってくる。渋沢も帰ってまいりました。

慶喜は将軍になっていましたから、渋沢は徳川家の家臣ということでいったん静岡に移ったわけですが、彼は有能だからというので引き抜かれ大蔵省に来る。そこで、今度は長州藩の井上馨のすぐ下につくわけです。

つまり、この時分は、徳川家に仕えていた者であっても、有能であればあまり嫌われることなく明治政府に仕えることもあったのです。

もう一人、徳川家に仕えた人で杉亨二《こうじ》という人がおりました。杉は長崎の生まれで、普通の家庭の人間だったのですが、最初、蘭学を勉強してオランダ語の本が読めるようになった。勝海舟も蘭学をやった人ですが、杉が江戸に出てきて勝海舟の家に居候することになり、蘭学の先生をしている勝海舟の助手代行という立場になっていきました。

彼はやがて幕府に召され、蕃書調所に勤め、いろいろな本を読んでいたとき大変おもしろいことに気がついた。彼は統計の本に驚いたのです。例えば人口の中で男が何割何分何厘、女が何割何分何厘というように比率が書いてある。今ではそんなことは当たり前のことですが、初めてそういうのを見て非常にびっくりしたわけです。彼は、国の政治の上ではぜひ統計を利用しなければいけないと思い、統計の勉強をすることを志した。幕府が倒れて、徳川家が静岡へ移ったとき、杉も静岡へついていったのですが、統計を早く作らなきゃいけません、人口を調べましょう、と提議いたしました。その意見が入れられ、杉は明治二年に人口調査を静岡でやりました。もちろん県の全部でやるわけはいかなくて、最初は沼津と、隣町の原の人口調査をやった。その二つの人口調査は現在でも記録として残っています。これは恐らく人口調査としては日本で最初のものでしょう。

杉はやがて明治政府に召されて、政表課長となる。当時は統計という言葉がありませんので、政表と言ったのです。したがって、先ほどお話しした統計は、沼津政表、原政表です。その後、杉は、今度は明治政府に提議して、政表をつくらなければいけないと申し出た。それで、明治政府は割合早くから統計を作ることを問題にするようになりました。ですから、日本では明治の、割に早くから統計が残っているのです。

そういう中で、杉とその弟子たちが一番やりたかったのは、何とかして自分の手でもって人口なり何なりを調べることでした。その時分、どういうふうにして数字を集めていたかと言いますと、村や町に命令を出して、その村の人口は男が何人、女が何人、あるいはその村の戸数が幾らであるか、あるいは米は幾らとれるか、麦は幾らとれるかということを聞き合わせます。これは表式調査というのですが、役場の役人が、実際に自分で調べて歩くのではなく、大体わかっていますから、あそこの家には男が何人、女が何人いるなどと机の上ででっち上げてしまう。しかし、この表式調査ではなく、本当に調査をして人口を調べてみたいと杉は思ったのです。

そして結局、明治一四年（一八八一年）になり、杉は山梨県で人口調査をやりました。それが甲斐国人別調で、日本でやった大きい統計調査の最初のものです。この甲斐国人別調から始まったのが国勢調査です。

そういうふうにして、幕府出身者であっても、有能な人は政府へ引き上げて役人として使うようになっていったわけです。

四　雄藩出身者——薩長土肥

明治政府のことを藩閥政府と言うように、薩長土肥と言われる雄藩出身者が政府の中心になっていきました。「土」というのは土佐、いまの高知県で、その代表者は板垣退助です。「肥」は九州佐賀藩の肥前の国で、代表的な人が江藤新平であり大隈重信でした。特に薩摩と長州の出身者が後になるほど政府の中心になっていきますから、薩長藩閥ということになるわけですが、明治の初めであれば、まだ薩長土肥という四つの藩の出身者が政府の中におりましたし、今まで述べてきたように、幕府出身者であっても優秀な者は明治政府の中にかなり入り、重要な位置についている。例えば勝海舟は海軍を幕府でつくった人物ですから、海軍大臣に当たる海軍卿を長く務めている。だから、この時期には、薩長だけが威張っているという状態ではまだなかったのです。

明治二年（一八六九年）になって、版籍奉還が行われました。新政府ができたこの機会に、諸大名が一度天皇に対して自分の家が預かっている土地や人民をお返しする。それをお返しすることによって誠意を示す。そして、改めて天皇からまた大名としての地位を認めてもらうようにしたらどうかという話が出てきたわけです。昔からそういうことはよくあったのでしょう。例えば豊臣秀吉の時代の後、徳川家が政権をとったとき、諸大名は改めて徳川家から国を与えられるという形で領土の認知をしてもらった。それに近いような意味で、一度お返し申し上げて、改めて天皇からその地位を認めてもらうことにしようということになって版籍奉還が行われた。

その版籍奉還を初めにやったのは、大藩では薩摩の島津家、長州の毛利家、土佐の山内家、佐賀の鍋島家で、その四つの家から版籍奉還の書類が出されました。その中心になって計画を立てたのは木戸孝允だったようです。これと大久保、西郷のような薩摩の実力者がまず相談して、薩長土肥でもって版籍奉還をやる。それとともに、今度はそれ以外の各諸大名がみんなだんだんと版籍奉還の書類を皇室に差し上げる。

腹の中では、そんなことはしたくなかった大名もたくさんいるのでしょうけれども、周りがみんなやるということになりますと、自分だけが嫌だと言うわけにはいかない。それで、版籍奉還が行われました。それが明治二年一月のことですが、天皇の方が改めて実際に版籍奉還を聞き届けるという書類を出されたのが、その年の六月のことでした。だから、約半年いろいろ評議があって、それで版籍奉還が認められたわけです。

この版籍奉還というのは大きな変化ではあったのですが、結局、諸大名の地位を一応認めるという形になりました。重要なのは、全国の土地は天皇の国土であって、諸大名に与えたもの、勝手にしていいものではないとした点です。そこで、従来は何藩の藩主というふうに言っていたのを、知藩事という名前にいたしました。これは天皇から任命されたものであるということです。もう一つ、世襲ではない。親が藩主であったからといって、子供が直ちに藩主になれるというものではないということにした。

そこで、当時、まことに複雑な制度ができました。つまり、中央政府に直接所属するような土地、これは主に昔の徳川家が支配していた地域ですが、それには府とか県とかいうものが置かれる。東京府、京都府、それから、神奈川県とかがその時期から置かれました。もちろん県の名前は後になるといろいろと変わっていくので、追いかけるのが非常に難しいわけですが、とにかく中央の直轄で県というものがある。ところが、直轄ではない、昔からの藩があるのですから、そこで府藩県三治制がこの時期につくられました。

もう一つ重要な問題がありました。明治政府はこのとき、自分の領土としては徳川家の分を引き継いだ、全国で八〇〇万石の土地がある。全国でお米が約三〇〇〇万石とれるということになっていましたから、八〇〇万石というのは、全国の四分の一を中央政府が直接支配するという形になっていました。ところが、お金がどうしても足りないのです。特に最初のころは、八〇〇万石から入ってくるはずの米の形の租税が入ってこない。東征の軍を出発させるということになっても、お金がないから全然動けないのです。

そこで、一番初めに京都、大阪あたりの大きな商人に対して献金を命じた。その大きな商人の代表的なものが三井、住友ですが、そのほか鴻池など昔から大名に金を貸している大きな商人があって、そういう者に対して明治政府は献金を命じた。例えば二月には三〇〇万両を献金しろということにして、それでどうやら軍隊が出発することになったわけです。しかし、そんなことをやっていても、とてもお金が足りません。

このときに出てきたのが由利公正という人でした。松平慶永が福井の殿様でしたが、由利はそこの家来で財政政策に非常に明るい人物でした。この由利公正が、とにかく札を出そうじゃないかということで太政官札というものを発行したのです。和紙で縦長のお札で、一両とか、五両と書いてある。

これは経済学でも大変やっかいな問題だと思うのですけれども、一体何を信用して、その太政官札を流通させるかという問題があります。われわれでも懐にお札を入れて別に不思議でないような気がしていますが、強いていえば日本国を信用する、あるいは日本銀行を信用するということがあって、何気なく札を受け取ったり使ったりしている。太政官札というのは、太政官を信用しろということだったのでしょう。

ところが、やっかいなことに、その時分には小判だとか、銀貨だとかが一方にあって、それと一緒に紙のお札がありました。ですから、そういう紙切れをどうやって流通させるか、どういうふうに信用させるかが大変な問題になっていきます。

その時分は両替商というものがありました。いろいろな種類のお金が流通していましたから、いろいろな種類のお金を取り替える商売があったのです。例えば小判を銀貨にかえる、銀貨を小判にかえるというようなことを両替商がやっていました。そうすると、毎日相場が立つのです。金貨に対して銀貨はどれだけという相場が、金貨と銀貨の需要によって毎日変わる。そういうことで両替商という商売が成り立っていたのです。

そこに太政官札が入ってきて、それを金貨と取り替えるというような問題が発生しました。しかし、同じ一両と書いてありますけれども、本物の金貨の方が値打ちがあるので、小判の方が値打ちが高い。

例えば太政官札を五枚持ってくると、金貨四枚に取り替えてくれるというように、相場の違いが出てくる。紙のお札はどうしても信用が乏しいという結果になる場合が多かった。

そこで、明治政府も大分心配して、各県に、産業を興すための資金、勧業資金としてお札を無理やりに貸し付け、それを返すときには金貨で返せと命令しました。これは実際はうまく返ってこなかったようですが、そんなことまでして金貨を集めるのが明治政府の問題だった。これから後も、どのようにして財政を賄っていくかが問題になりました。

外国人から盛んに文句が出てきたのは、にせ貨幣が随分あったことです。幕末になると、各藩はいずれも軍隊をつくるとか、戦争をしなければいけないので、お金がどんどん必要になるわけですが、そのお金がとても足りない。大きな商人のところに行って、お金を借りるという手ももちろん使っているけれども、とても間に合わないから、手っとり早くにせの金貨、銀貨をつくろうということを各藩は堂々とやったようです。小判とか、一分銀、二分銀とかを各藩がにせてつくる。それが外国人の手にわたって、外国から抗議が来る。そうすると、にせの金貨や銀貨をもし渡されたら本物と交換します、と明治政府は約束せざるを得なくなる。そんなような財政状態が続いていました。

産業のほうを見ますと、富岡製糸場が開業したのが明治五年（一八七二年）一〇月です。群馬県富岡にフランスから技師と腕のいい労働者をつれてきて、フランス式の製糸工場を設置しました。ちょうど同じような時期に、小野組という豪商が東京の築地にイタリア式の工場をつくり、その工場は、また長野県や群馬県にもつくられて、外国の糸のとり方が学ばれていった。

特に富岡の場合、政府の仕事ですから、全国にこれを通知して、武士の娘や奥さんを富岡に来させて、そこで技術を覚えて全国に伝播させようとした。

『富岡日記』という本が後に出て大変有名になりましたが、そこにこういう話が書かれています。和田英子という女性がいました。この人は長野県の松代藩の武士の娘でしたが、志願して富岡にきて、一年半ぐらい富岡にいたのでしょうか、製糸の技術をマスターして、松代に帰りました。このとき松代から大工さんとか、鍛冶屋だとかが一緒に富岡にきて、釜で糸を煮る方法や、蒸気機関のようなものまで、そういうものを全部勉強して帰って、自分たちの手で糸をつくった。そして、その糸を横浜へ持っていって売り込んだところ、非常に高く売れた。明治時代、普通の大工さんとか、鍛冶屋さんとかが実に真面目に外国技術をマスターして、れんが造りの立派な工場や蒸気機関はもちろん望めないのですが、掘っ建て小屋の中でも富岡製糸場と同じ原理で動く装置を据えつけて、製糸に励んだことがこの本でよくわかります。

イタリア式の技術を学んだ人たちは長野県の諏訪湖の周りで工場をつくって、製糸を始める。後になると、長野県諏訪は非常に有名な製糸地帯になりますが、その出発点はこの時期に学んだ技術にありました。

五　長州藩など諸隊の反乱

この時期、長州藩の中でも大変な騒ぎが起こっていました。武士ではない一般の農民や職人を集めてつくった奇兵隊が戊辰戦争に従軍したのです。戊辰戦争に出かけて勝って帰ってきましたから、彼らは非常に鼻が高くなって、これから自分たちは士族にしてもらいたい、命がけで働いてきたのだから禄もたっぷりもらいたい、という要求をしていました。

ところが、長州藩の立場になると、戦争だというのでそういう兵士をたくさん動員してつれていったけれども、いつまでもそのままで置いておくととても財政がもたないから、これらの者を首にするという問題が起こりました。それで、奇兵隊をはじめとするいろいろな隊、諸隊の反乱が起こりました。明治二年にはそういう脱退兵士がたくさん出て、山口県のあちこちでたむろし、やがて萩にありますところの藩の役所を包囲するというような内乱まがいの事件が起こりました。このとき木戸孝允がみずから兵を率いて脱退兵を鎮圧しました。

これに似たことはあちこちにあったようです。もう一つ例を挙げますと、名古屋藩などでも戊辰戦争のときに兵隊を出さねばならないわけですが、当時の侍はみんな軟弱になっていて、とても戦に出ていく元気はない。ところが、あの辺は博打打ちがたくさんおり、隣の駿府藩には有名な清水次郎長がいる。その中で、子分に剣術をしょっちゅう仕込んでいるような親分がいたのです。それに話をしたところ、士族にしてくださるならお手伝いいたしますというので、そういう博打打ちの子分で隊をつくって、名古屋藩の武士だということにして戊辰戦争に送り込んだという話があります。この連中は、帰ってきて、士族にしてやるという約束が守られなかったので、一〇年、二〇年と要求を続けるということになったようです。今の名古屋藩の例は、長谷川昇の『博徒と自由民権』（中公新書）という本に出ています。当時の侍は実はいい加減なものであって、一般の人間の方がはるかに強かった。

明治二年（一八六九年）という年は米が不作で、物価が上がる。農民の騒動が起こる。久留米藩が脱退騒動のリーダーたちをかくまっておくというような事件が相次いで起こりました。そうかと思うと、秋田藩で雲井龍雄が、あちこちの不平分子を集めて反乱を計画したと言われています。雲井の一派は全部首を斬られたものですから、記録があまり残っていないようなので、本当に何が起こったのかはよくわかりません。それから、公家でも、久留米藩にいた不平分子と連絡をとって反乱を起こす話に乗ってくるというような人も多くなってくる。

つまり、明治二年、三年という時期は、一応戊辰戦争は終わって、北海道での箱館戦争も片づきましたが、国内には不平分子がいっぱいいて、明治政府を転覆させようとする計画がたくさんあった。そういう中で暗殺事件が相次いで起こる。例えば熊本の横井小楠、戊辰戦争の作戦を指揮した大村益次郎、木戸孝允と並ぶ長州藩のリーダーであった広沢真臣というような人たちが相次いで暗殺される。広沢を暗殺したのは、薩摩藩の連中だというような説もあったりして、この時期は甚だ物騒な時代で、そこで結局、廃藩置県ということになっていきます。

国木田独歩の小説に『富岡先生』があります。本名は富永有隣という人ですが、その昔、吉田松陰が牢屋に入っているとき、隣の牢屋にいたということで、松下村塾を開くときには、富永は漢学ができましたので松陰とともに先生をした。それを種にしたのが『富岡先生』です。維新のとき、戊辰戦争でいろいろな隊をつくるとき関係があり、戊辰戦争にも出かけて功績があったというのですが、どうも人柄があまりよくなかったらしい。結局、長州の諸隊の反乱のリーダーになって、しばらくは逃げ隠れして随分たってから捕まって、七年ぐらいの懲役を食らった。ですから、彼は偉くなるチャンスを失い、不平不満で一生を暮らした。その人間の不平不満ぶりを書いたのが、国木田独歩のこの小説です。

独歩が、富永有隣を明治二四年（一八九一年）になって訪問したときの記録があります。それを紹介します。

「主人はじっと客を熟視して、暫く無言なりしが、「お前は何にかい、寅次郎の事を聞に来たのかい、其れは今時、感心な事だ。わしも寅次郎とは、始めから知って居たと云ふわけではないが、結局、わしの禁獄の隣室へ来た。それで知り合いになった」」。吉田という人物については、「今頃の書物は一つもあてに成らん。どだいうそばかりだからのう。寅次郎の事でも無闇にほめて却てあれの人物を落として居る事が多いのう」などと言って、松下村塾にいた、後で明治政府の中心になったような人物のことを言うのです。

「今の時めき給ふ長州出身の方々にて、松下塾の塾生でありし者沢山なりとか。」「そうとも、小助でも、市イーでも、利助でも、弥二でも、皆な松下塾の書生じゃが。」

ここで出てくる小助というのは山県有朋のことです。市イーというのは山田顕義という人のこと、利助というのは伊藤博文のことです。弥二というのは品川弥二郎で、みんな大臣、ないし大臣格の連中のことですが、幼名で呼びづけにして、伊藤博文のことを次のように批評しています。

今では伊藤博文は大変羽振りがいいと聞いているというのに対して、「夫れは其の筈だろう、あいつは、もとから鰻の様にヌラヌラして、融通のつき過ぎる方であったからのう、あれの立身の始めを言へば、長崎へ行って、小物知りになってからの事だ」、と。

このように、当時の大官を頭からばかにするのです。結局、彼は偉くなることはありませんで、一生、不平不満のまま暮らしました。そういう人物というのが当時はいっぱいいたのだろうと思うのです。たまたま国木田独歩がその人を訪問して、記録を残し、小説を書いてくれたから、そういう空気がわかるわけです。

5 諭吉・兆民・黙阿弥

一 福沢諭吉と明六社

福沢諭吉は、大坂にあった中津藩（現・大分県中津市）の蔵屋敷で生まれ、大変貧しい下級士族であったためにいろいろと困難を経験しました。それが一生身に染みついていて、「私の為めに門閥制度は親の敵《かたき》で御座る」という有名な言葉があるのですけれども、それは『福翁自伝』という自叙伝に出てくる言葉です。これは彼が晩年になってから、自分の若いときの思い出話を丹念に書いたものです。日本の自叙伝の中で一番いいものは、この『福翁自伝』と、中公文庫の『高橋是清自伝』であろうと思います。高橋是清はこの時分にいろいろな経験をして、終いに半分奴隷のようなことでアメリカへ行って、売られてしまうという経験をした人です。帰ってきて、それから高橋がどうしたかという話は後に述べたいと思います。

福沢は家を離れ、それから長崎へ行って蘭学をやる。結局、大坂に来て緒方洪庵の適塾に入り、そこでも蘭学を勉強しました。ところが、一年か二年それをやっているうち、時代が変わった。オランダ語をやっていたのではだめだ、英語を学んでイギリスの学問をやるべきだ、といち早く考え、そして今度は英語を学ぶことにする。

福沢は非常に頭のいい勉強家だったのだろうと思います。そんなに長い時間をかけないで英語を自由に読めるようになる。オランダ語の下地があると、文章の構造は似たようなものでしょうから、そういう意味で楽だったということはあるかもしれませんが、英語をよく勉強した。

そして、幕府に入って、翻訳などの手伝いをし、そのうち、幕府から使節が外国に行くときについていくという経験もあった。アメリカに行って英語の本を買ってくる機会もあった。いち早く英語の勉強を始めて福沢は当時の大先覚者ということになりました。もちろん外国のことを知っていた人は決して福沢一人ではなかった。しかし福沢は、幕末のときから自分で塾を開いて英文を教え、同時に経済学などを英語の本で教えるようになっていきました。

有名な話ですけれども、明治元年五月に上野に彰義隊が立てこもり、大砲を撃ちかけて、これを打ち払うという事件があった日にも、芝にあった塾では講義を休まなかった。そのとき福沢は、昔、ナポレオンの戦争があったとき、オランダ本国はフランスに占領され、オランダの旗の立っているところは世界じゅうにないと言われたのだけれども、実は長崎の出島というところにはちゃんとオランダの使節がいて旗を立てていた、今この戦争の最中に学問の旗を立てているのは我が慶應義塾だけである、しっかり勉強しなさい、と言って門下生を励ましました。

それが福沢の慶應義塾で、実際そこから非常にたくさんの人が育ちました。日本の学者、インテリと言われるような者は、一時、慶應の卒業生が一番多かったのです。

当時の大学は、実は最初のころ学生の数を非常に絞っており、日本の法律を教えるのではなく、専ら外国の本を読ませている。ドイツ語を読んでいるというような時代があったのです。その後、明治一〇年代になってから学生をたくさんとって、帝大法学部は役人の養成をするというふうになっていきました。役人になるなら帝大法学部でなきゃだめだとなっていくのは明治二〇年前後のことで、後に総理大臣になった加藤高明のような人たちが明治二〇年（一八八七年）ぐらいに大学を出てきます。しかし、それより前は慶應の卒業生から一番数多く知識人が出たのです。

『学問のすゝめ』は文語体ですけれども、非常に読みやすい文語体です。この本には、「学問のすゝめ初編」というのがあって、その最初のところが有名な文章で、「天は人の上に人を造らず人の下に人を造らずと言えり。されば天より人を生ずるには、万人は万人みな同じ位にして、生まれながら貴賤上下の差別なく、万物の霊たる身と心との働きをもって天地の間にあるよろずの物を資《と》り、もって衣食住の用を達し、自由自在、互いに人の妨げをなさずしておのおの安楽にこの世を渡らしめ給うの趣意なり」という言葉で始まる。

「天は人の上に人を造らず人の下に人を造らず……」というところには、みんな平等であるという考え方が出ていて、これが天賦人権論と言われ、明治時代、非常に有名になった一節です。この言葉で始まって、おいおいと書き続けられていったのがこの『学問のすゝめ』という書物です。

最初に序文がついています。「明治五年二月第一編を初として、同九年十一月第十七編をもって終り、発兌の全数、今日に至るまで凡そ七十万冊にして、そのうち初編は二十万冊に下らず」とあります。そのほか福沢の許可を得ないで出たものが、また十数万部あり、日本の人口三五〇〇万に比例して、一六〇名のうち一名が必ずこの本を読んだ勘定になると言って福沢は自慢をしているわけです。

中身は急いで書いたものなので決してまとまってはいないけれども、にもかかわらずこれを一冊にすることで、論の主義というものは全く正しいのだから、みんな勉強してください、ということが序文の一番初めに書かれています。

中身を少し紹介します。第二編では、人は平等であるということを改めて言っている。第三編では、国は平等であると言う。各国はみんな平等なので、ある国が威張っているというのは、本当はおかしいと言いました。第三編では、さらに「一身独立して一国独立する事」とあります。つまり、国民一人ひとりがみんな独立して、自分で自分の考えでもって行動し、生活をしていくことが大事だ、そういう国民が集まって、今度は一国の独立がうまくいく、ということです。

この本の中で一番有名な第六編を紹介したいと思います。そこでは、「国法の貴きを論ず」で、国民たる者は国の法を守らなければいけないということを懇々と説いている。これは当時の日本人の道徳観に対して大変挑戦的な議論だったので、後々、大議論になった部分です。「政府は国民の名代にて、国民の思うところに従い事をなすものなり」。これは民主国家の話です。国民の意思を代表して政府がある。だから、「その職分は罪ある者を取押えて罪なき者を保護するより外《ほか》ならず」ということで、法律はそういう目的のためにあるとまず言って、国民は二つの役目を持っていると言うのです。一人で二人前の役目を持っている。一つは、「自分の名代として政府を立て、一国中の悪人を取押えて善人を保護することなり」。だから、自分は政府の一人なんだという気持ちを持たなければいけない。「その二の役目は、固く政府の約束を守りその法に従いて保護を受くることなり」。自分でつくった法律だから、今度はその法に従って法律を守り、またそれによって保護を受けることになるということです。

そこら辺は一般論ですが、問題はその後で、有名な赤穂浪士の敵討ちの話が出てくるのです。人を殺すということはよくない。自分の親が殺されるということもよくない。しかし、だからといって敵討ちをして、今度は親を殺した者をまた自分が殺すというようなことをするならば、また今度自分が敵としてねらわれるということになって、いつまでもきりがなくなるであろう。「昔、徳川の時代に、浅野家の家来、主人の敵討ちとて吉良上野介を殺したることあり。世にこれを赤穂の義士と唱えり。大なる間違いならずや」。義士扱いするのは間違いだというわけです。「この時日本の政府は徳川なり、浅野内匠頭も吉良上野介も浅野家の家来も皆日本の国民にて、政府の法に従いその保護を蒙るべしと約束したるものなり。然るに一朝の間違いにて上野介なる者内匠頭へ無礼を加えしに、内匠頭これを政府に訴うることを知らず、怒りに乗じて私に上野介を切らんとしてついに双方の喧嘩となりしかば、徳川政府の裁判にて内匠頭へ切腹を申付け、上野介へは刑を加えず、この一条は実に不正なる裁判と言うべし」。

喧嘩両成敗ということもあるのに、上野介の方に罪を加えなかったのは政府の方が悪いということです。だけど、その先が福沢一流の議論で、「浅野家の家来共この裁判を不正なりと思わば、何が故にこれを政府へ訴えざるや。四十七士の面々申合せて、おのおのその筋により法に従いて政府へ訴え出でなば、もとより暴政府のことゆえ最初はその訴訟を取り上げず、あるいはその人を捕えてこれを殺すこともあるべしといえども、たとい一人は殺さるるもこれを恐れず、また代わりて訴え出で、したがって殺されしたがって訴え、四十七人の家来、理を訴えて命を失い尽すに至らば、いかなる悪政府にてもついには必ずその理に伏し、上野介へも刑を加えて裁判を正しうすることあるべし」。つまり、福沢は、法律というものはいかに大事かということを誇張して、こういう言い方で言っている。だから、赤穂浪士が主君の仇を討ったということはよくないことだというわけです。

「幸いにしてその時、徳川の政府にてこの乱暴人を刑に処したればこそ無事に治まりたれども、もしもこれを免《ゆる》すことあらば、吉良家の一族また敵討ちとて赤穂の家来を殺すことは必定なり」。だから、四十七士のやったことは間違ったことだと言っている。これは当時の日本人の常識からすればとんでもない話で、わざと常識を逆撫でにして、法律というものを守らなきゃいけないんだということをここまで言ってみせるのです。これは言い過ぎであると思うのですけれども、このぐらい言わないと自分の趣旨が通らないというのが福沢の考えだったのだろうと思います。暗殺ということももちろんそうなので、自分の政敵を殺すことがあるというのは非常によくないことだと言っています。法律を守るということであれば、あくまで政府の裁きに従って、自分の趣旨を通そうとするのでなければいけない。これが有名な赤穂義士批判の部分です。

第七編の「国民の職分を論ず」でも同じことを言っています。「凡そ国民たる者は一人の身にして二ヵ条の勤めあり。その一の勤めは政府の下に立つ一人の民たるところにてこれを論ず、即ち客のつもりなり。その二の勤めは国中の人民申し合せて、一国と名づくる会社を結び、社の法を立ててこれを施し行なうこととなり、即ち主人のつもりなり」。国民は、一方で国に治められると同時に、その国の約束をつくる、国を治めるという立場の両方があるということです。これは先ほども言いましたが、もう一遍言っているのです。

それでは、何か問題があったときどうするかということです。もし政府なるものが暴政を行った時すべきこととしては、三つの可能性がある。

第一の可能性は、御無理ごもっとも、と政府に従うことである。二つ目は、力をもって政府に敵対する。三つ目は、正しい理屈を守って自分の身を棄てる。この三箇条である。そして、正理を守って身を棄てることが一番正しいと言っている。それによって「身を苦しめあるいは命を落とすものを、西洋の語にて『マルチルドム』という。失うところのものはただ一人の身なれども、その功能は千万人を殺し千万両を費やしたる内乱の師《いくさ》よりもはるかに優《まさ》れり」。日本の国でそういうことをした人物は、自分の聞くところではただ一人しかいない。「人民の権義を主張し正理を唱えて政府に迫り、その命を棄てて終りをよくし、世界中に対して恥ずることなかるべき者は、古来ただ一名の佐倉宗五郎あるのみ」。

そこで、先ほどの赤穂義士のような話は明らかに間違っている。世の中にはこういう人物すらある。「権助が主人の使に行き、一両の金を落として途方に暮れ、旦那へ申訳なしとて思案を定め、並木の枝にふんどしを掛けて首をくくるの例は世に珍しからず」。「その情実を察すれば、また憐れむべきに非ずや」。「主人の委託を受けて自ら任じたる一両の金を失い、君臣の分を尽すに一死をもってするは、古今の忠臣義士に対して毫も恥ずることとなし」。つまり、こういう人物は大変偉いと言っているのです。しかし、先ほど赤穂義士の悪口を言った後で今度はこうした話を持ってくるわけですから、当時の日本で考えられていた英雄、豪傑というものは、福沢にかかったらたまったものではなかった。

そこで、当時、新聞の社説でこれが大変な議論になりました。そういうことを言うなら楠木正成が湊川で討ち死にしたのは、さっきの権助と変わりがないという議論をする人物があらわれたわけです。

福沢は、わざと極端に言っているんだと自分で知った上で言っていたのでしょうけれども、後々になってその点に反論を書いています。内乱の話と「マルチルドム」（martydom 殉教）と比べて得失はどっちが大きいか。忠義なしもべが首をくくって死んだのも、楠木正成も、忠義の死という点においては変わりがないのである。しかし、考えてみると、権助が死んだのは人の手本となるべきものか。そうではない。ただ、思い込んで犬死にをしただけである。忠臣義士の談にわたり、いにしえの歴史を見るのに、国のため、人のためと言って身を殺した者はたくさんある。北条高時という人は逆賊であると言われているが、その高時に従って死んだ者は六千何百人という数があるという。そういうふうな死に方は犬死にで、それを言えば楠木正成が死んだのも犬死にだと、こういう議論になる。

福沢という人は、自分の主張を思い切って言って人を怒らせるといいますか、それまでの道徳的な観念をわざと否定することによって自分の言いたいことを誇張して言ってみせた人です。これが福沢流ということだったのでしょう。だから、福沢の書かれたものは非常によく読まれましたけれども、またその時代において大変大きな論争を巻き起こしたのでした。

このような考え方はもう少し進んで、では文明とは何だという議論になります。そこで、『文明論之概略』が出てきます。一九世紀の終わりごろにイギリスのバックルという思想家がいて、このバックルが文明とは何かということを書いた。それに合わせて福沢が自分の考え方を簡潔に書いたもので、読むには骨の折れる本だと思いますけれども、この時代の代表的な名著です。

要するに、それまでの儒教に従った物の考え方を打ち破ってみせるという意気込みがそこにあらわれていたと思います。こういう福沢の考え方というのは、慶應の学生たちに伝えられていきます。後々、日本の政治の上で非常に大きな名前になりました尾崎行雄、それから犬養毅というような政治家たちが福沢門下からたくさん出てきます。その後、福沢の弟子たちがみんな役人、政府の官吏になる。しかし、みんな途中でやめ、国会に出ることを目標にして政治活動を盛んにやるようになる。尾崎でも犬養でもまさにそうだったのです。

ただし、福沢は、そういうふうにみんなが政治家になることを必ずしも喜んではいなかった。一身独立することが大事だが、それには、自分の家族、一族を養っていくだけの経済力を持たなければいけない。そういう経済力もないのに、政治にだけ熱を上げるということではいかんという考え方が非常に強く、その後になりますと、実業界に出ていくことを自分の弟子たちに勧めたということです。

ですから、もうちょっと後の卒業生になりますと、経済界に入り、そういうところで大きくなっていった人が非常に多くなります。慶應の卒業生が経済界で勢力があるとよく言われるのは、その時期から後、三井などに慶應の卒業生がどんどん入っていったことによるのです。政治をやりたければ、自分でちゃんと生活ができるだけの財産をつくって、それでやれということを福沢はよく言ったようです。

例えば中上川《なかみがわ》彦次郎は中津の出身で、福沢の甥でした。大変な秀才だったようで、イギリスに留学し、帰ってきて明治政府に仕えたのですが、明治一四年の政変のときにやめ、それからいきなり山陽鉄道の社長になる。東海道線で神戸までは国が鉄道をつくったのですけれども、当時の明治政府はそんなにお金がありませんので、その先をつくるだけの力がなかった。そこで、会社をつくって、下関までの鉄道を敷けということになったのですが、その会社の社長を中上川が務めたわけです。それをしばらくやって、やがて三井銀行に入り、実際に三井の経営の切り盛りをしました。

福沢は赤穂義士の悪口を極端に言ったり、楠木正成と権助を一緒にしたというので悪口を言われたりしました。断っておきますが、楠木正成の名前は『学問のすゝめ』の中に出てくるわけではないのです。ほかの新聞記者が福沢に論争をしかけたとき、正成の名前を出して、それなら首をくくった権助も楠木正成も同じじゃないかという議論をしたものですから、それで有名になったということですが、とにかくそういう論争を生むようなことを福沢はやった。そして、人権の大切さ、民主主義を伝えようとしたのです。

ところが、福沢が本気でそう思っていたかとなると、これは大分疑問です。明治一〇年代になって、短い文章ですけれども、『瘠我慢の説』を書きました。これは人間の道徳、モラルとして、忠臣二君に仕えず、二人の殿様に仕えないというのがあるのですが、そこで明治政府を見ていると、徳川家に仕えて、その後また明治政府に仕えて偉くなった人が、自分の見るところでは二人あるというのです。一人は勝海舟です。勝はご存知のとおり、幕府の重臣であって江戸の開城をやった。ところが、その後で勝海舟は明治政府に呼び出されまして、海軍卿まで務めて、その後、伯爵になった。

それから、もう一人、榎本武揚がいる。幕府が滅びた後、幕府の海軍を率いて北海道へ行き、函館の五稜郭に立てこもって抗戦しました。そこで、結局、降参して、一時牢屋につながれましたけれども、その後、間もなく、大変学問もある重要な人物だということで明治政府に招かれ、外国に公使という役目で滞在し、明治二〇年代になって大臣までやっている。

『瘦我慢の説』とは、簡単に言えば、あなた方は出処進退が正しくないと思うがどうだ、二君に仕えずという考え方でいえば、あなた方は貧乏をしてもやせ我慢して頑張るべきではなかったかという内容です。しかし、さすがにそれをすぐ発表する気にならなくて、書いたものを手紙で勝と榎本に送って、どうですかと聞いたら、ともに返事が来なかった。そのままになればよかったのですけれども、書いて十何年たって明治三〇年ごろになり、当時やっていました『時事新報』にこれを掲載した。勝も榎本もあまりはっきりした返事はしないのですが、それをめぐって随分議論があった。福沢は侍気質が一方にあり、またもう一方には極端に民主主義を主張する、その両面があったと思われます。そういう意味で、福沢という人は大変特色のある方であったと言っていいと思います。

福沢の周りにたくさんの学者がいました。そういう人たちが明治六年（一八七三年）に明六社というグループをつくり、明六雑誌という本を出して、当時の思想、学問を盛んに紹介するようになった。そういう人の中に加藤弘之、西村茂樹、西周《あまね》という人たちがいて、こういうグループが外国の書物を読み、それを日本に紹介するという運動をやりました。これらの人たちは仲間うちで仲良くしていただけではなくて、盛んに議論をいたしました。例えば福沢は、学者というものはあくまで独立していなければいけないという考えであって、政府に仕えて政府の命令に従って何かやるということではいかん、学問というものは独立していなければいけないという考えでした。

こういう考えに対して、西周の場合、政府に仕える学者が一方にあって、また外側でこれを批判する学者が一方にいなければいけない。人は各々長ずるところが違うし、また考え方も違う。だから、外国のことを勉強した学者といえども、一方は政府に仕え、一方は独立して政府に対して批判的であることが大事ではないかと言っている。西周という人は事実、大変穏健で明治政府寄りだった人です。

この時期、もう一つ重要な点があるとすれば、キリスト教というものが非常に大きな影響力を持った時代だったと言えます。札幌に有名な農学校（今の北海道大学）がつくられて、そこにクラーク先生という方が来られた。クラーク先生は実は半年ぐらいしかいなかった。そんなに長く札幌にいたわけではないのですが、彼は大変熱心に学生を指導したと同時に、キリスト教の思想を非常に強く説いたようです。そして、彼が馬に乗って札幌を離れるとき、学生たちが送りに行ったら、「ボーイズ・ビー・アンビシャス」（Boys, be ambitious.）と言ったといわれています。「少年よ、大志を抱け」と訳していますけれども、アンビシャスというのは、野心的であれ、野望を抱けというような感じです。いかにも当時のアメリカ人らしい人物ですね。これが非常に大きな影響力を持った。

同じようなキリスト教の影響力は、熊本あたりにキリスト教の教会がありまして、大変保守的な土地ですけれども、そこで勉強した人たちがみんなクリスチャンになっていったことにも現れています。明治のキリスト教の指導者たちには幾つかグループがあるのですが、その一つのグループは札幌であり、一つは熊本であり、あるいは群馬県であり、そういうところに指導者が出てくる条件があったのです。もちろん東京にもありました。東京の場合、明治一〇年代になり、カナダから女性の宣教師がやってまいりました。そして、女子の教育をしようということで東洋英和女学校をつくり、その東洋英和が現在まで残りました。最初は東京の麻布鳥居坂につくられたことで始まります。

東京大学については、できるまでの変遷が幾つもありました。最初は京都に大学校というものがつくられておりました。この大学校というのは実は恐ろしく旧式なものであって、漢学と国学だけをやるというのです。西洋の学問をやろうとは言わない。西洋の学問をやるのは、東京の大学東校、大学南校の二つです。東校は医学校であって、それ以外のものは南校の方でやる。しかし、格は京都に置かれた大学校の方が上だったのです。

ところが、漢学者と国学者が喧嘩ばかりしていて何にも話が進まない。文部省というものはそのときなかったので、実際は全国の教育行政を大学校がやるはずであったけれども、とてもそれどころではない。結局、明治政府はこの大学校を廃止し、漢学者と国学者をやめさせてしまいました。

二　中江兆民とその周囲の人びと

福沢のほかに中江兆民という学者がいました。彼は土佐の人で、非常に頭のいい勉強家だったようです。若いときに漢学をやり、その後、フランス語を勉強して、フランスに留学し、明治七年ぐらいに帰ってまいりました。彼は当時の若い人の中でも抜群の秀才でした。その後、仏学塾を開いた。慶應は英語の学校ですけれども、仏学塾はフランス語の学校でした。フランス留学は明治の初めにはかなり多かったのです。軍隊でも陸軍のいろいろな訓練のやり方や兵器などにフランスのものを持ってこようとする動きがかなりありました。ただし、実際には明治維新の直後、明治三年（一八七〇年）、プロシアとフランスが戦争をして、フランスが壊滅しました。そこで、フランスのものはだめだとなって、陸軍はドイツ流になっていく。しかし、フランスは自由主義の中心地であり、また、ジャン・ジャック・ルソーをはじめ、たくさんの思想家が出ているということで、明治の初めにはフランスに留学する人も多かったようです。

中江兆民は、仏学塾で教育する。傍らルソーの翻訳をする。これが『民約訳解』で、漢文で訳したのです。後になって「政理叢談」という雑誌に連載されたのですが、実は明治七年ぐらいにすでにその翻訳はできていて、印刷されることなく、手で写したものが一部の人の間に出回って、みんなが感激して読んでいたといいます。

彼がフランスに行った時に、公家の中でも秀才と言われた西園寺公望《きんもち》という人もおりました。西園寺はフランスに長くいて、フランス語もよくできたし、学問も非常に堪能だったようです。彼がフランスから帰国して、中江兆民と組んで、明治一四年（一八八一年）、自由民権運動が一番盛り上がっているころに『東洋自由新聞』を発刊しました。

西園寺は、政府が民権運動で頭が痛くなっている時代に、わざわざそういう新聞の中心になったものですから、明治天皇からお声がかかり、仕方なく辞めてしまいました。その結果、この新聞はごく短期間で潰れました。その後、『政理叢談』という雑誌を出すことになって、それに中江兆民が『民約論』を翻訳して載せ、兆民は「東洋のルソー」と呼ばれました。ルソーの『社会契約論』というのは、社会は、独立した個人が集まって契約を結んで成り立つものである、その契約によって結ばれた社会が国をつくっていくというものです。ですから、これも天賦人権論であることには変わりがない。こうした思想をルソーが展開した。これは、フランス大革命のときの大きなもとになった考え方です。

中江兆民の一番有名な著作は『理学鈎玄』という本です。これは哲学概論みたいなもので、大変難しい本です。兆民が本気で書いたものはみんな難しい。この本は哲学を理論的にきちんと書こうとした本で、非常に有名です。それから、『三酔人経綸問答』は一番よく読まれているものかもしれません。兆民自身も酒飲みだったのでしょうが、大酒飲みで学問のある人物のところに二人の若い人が訪ねてくるというものです。一人は洋学紳士、もう一人は豪傑君。豪傑君は和服を着て、ひげを生やして、文字どおり豪傑風であり、洋学紳士は洋服を着ておしゃれをしている。その真ん中に、兆民に代わるような人が座って、三人で酒を飲みながら議論を続けるという内容です。洋学紳士は、当然、民主主義、平和主義というものを徹底して、日本の国は将来そういう方針で進まなければいけない、外国が攻めてきても抵抗することなく、あくまで平和主義でいく、そのために一時苦労しようと仕方がない、という極端な平和主義者です。これに対して豪傑君の方は、アジアに対するヨーロッパの侵略に抵抗して頑張らなければいけないという思想を唱える。その間に座っているのが兆民で、彼は両方に同情するわけです。そこが複雑と言えば複雑ですが、もし我々がそういう理論を聞かされたとすれば、実はどっちの言い分に対しても、全部反対とか全部賛成とかいうことは恐らくないでしょう。両方に少しずつ同情すると、最後にそういう発言をしています。この本は岩波文庫で一冊になっていて、文語体と現代語に訳したものと両方合わせて百数十ページで、とても読みやすい。兆民の作品の中では一番読みやすく手軽なものです。

兆民は、土佐の出身ということもあって自由党との関係が深かったわけですが、やがて代議士になりました。初めて国会が開かれることになった時、議会と黒田内閣が衝突いたします。そのとき、黒田内閣は陸奥宗光その他の手を通じて、自由党の中で土佐派と言われているグループを買収しました。そして、いつの間にか、その買収された土佐派が自由党から脱党して、それでどうやら予算が国会を通って、解散を見ることなしに済んでしまう。兆民は、そのように最初は政府に突っ張っていた自由党がぐにゃぐにゃになったのを見て、「無血虫の陳列所」という言葉を残し、憤然として代議士を離職してしまいました。自分はアルコール中毒であって、投票するにも思うに任せないから辞職するというような、人をばかにした辞表を出し辞めてしまった。

その後、兆民は、今度はお金をつくらなければいけないという気持ちになっていろいろな会社をこしらえるのですが、およそ会社の経営などに向いた人ではありませんから、ずっと失敗を続け、最後に喉にガンができました。堺に住んでいて、医者に、正直なところを言ってほしいと言ったら、あなたはガンである、すでに喉がふさがっておって、器官を切開して息だけはできるようにするけれども、覚悟しなさい、と言われたのです。兆民は、それならば、ということで本を書きました。それが最後の書物になった『一年有半』と『続一年有半』です。

彼もまた福沢と同じく、当時の思想家としては代表的な人でした。

兆民は、先ほど触れたルソーの『社会契約論』を漢文に訳しました。当時の人は漢文がよくできたには違いないのですが、それにしても非常にいい訳であったと言われています。当時、翻訳というものは、みんな盛んに訳したのですが、いい訳ばかりではなかった。その中で兆民の『民約訳解』は非常に立派であった。

熊本県の玉名――三池炭鉱があったところですが――そこに宮崎家というお金持ちがおり、たくさんの息子がありました。そのうち四人の息子が四人とも非常に特色があった。一番年長が宮崎八郎という人です。次が民蔵、その次が弥蔵、一番下が寅蔵といいました。寅蔵が有名な宮崎滔天《とうてん》です。八郎は抜群の秀才であって、漢学も非常によくできた。それで、この人は兆民の訳したと言われる民約論を読んで、非常に感激して天賦人権論に走る。彼が詩をつくって、その一節が「泣いて読むルソー民約論」というものです。そういうように兆民の『民約訳解』が当時の若い人たちに影響があったのです。ただし、この宮崎八郎という人は、西南戦争のときに西郷の軍に味方をして戦死してしまいます。彼は変な議論をしていて、東京の政府はけしからん、しかし、あれを倒そうと思っても自分たちの力では倒れないから、西郷の力でまず倒して、それから西郷政府を今度は倒せばいいというものでした。しかし、そこへ行く手前に彼は戦死してしまいました。自由民権のような考え方の者までが、後で出てくる西南戦争に参加していたのです。

三　河竹黙阿弥

この時代の庶民の芸術や娯楽として一般的だったのは、歌舞伎だったと思います。その役割は、現在とは全く違うと思われます。楽しみの少ない社会でしたから、三味線を弾く音楽と人形芝居、それでなければ歌舞伎ということになるわけです。ですから、農村に行きますと村芝居というものがあって、村に回り舞台のついた芝居小屋がある。当時はそういう芝居が普及しており、地方には、そこを回っている歌舞伎の劇団みたいなものがありました。

と同時に、今でもテレビでときどきやっていますが、村で秋祭りのときに村人が役者になって芝居をする。それが一年に一遍の楽しみだったようです。そういうことをよく知っている人たちは、周りの町を訪ねていって、親戚だの知り合いの家に泊り込んで、そこの村の芝居を見てくる。反対にこっちの村で芝居をするときには、またそこからお客を呼んで、泊めて芝居を見せるというような時代だったのだろうと思います。

幕末から明治にかけての時代は、歌舞伎劇の歴史の中で歌舞伎が現代劇だった時代だと考えていただいていいと思います。歌舞伎というものは昔のことをやる。それは間違いないのですけれども、事実上は江戸の町のことをそのまま芝居にして見せるというようなことがしょっちゅうあった。これより少し後のことになりますけれども、西南戦争で西郷隆盛が反乱を起こす。そうすると、西南戦争の芝居を東京でも大阪でも早速つくって、これを上演している。だれが西郷の役をしたかというような話がちゃんと残っています。

この時代の歌舞伎のもう一つの特色は、歌舞伎作者として優秀な人が何人もいたことです。鶴屋南北、瀬川如皐《じょこう》、河竹新七（黙阿弥）の名前を挙げておきます。南北は、幕末になり、黒船が来るちょっと前ぐらいまでいい文をたくさん書いています。その中で一番有名なのが『東海道四谷怪談』ですが、そのほか『時今桔梗旗揚《ときはいまききょうのはたあげ》』などというのがあります。明智光秀が織田信長に実に克明にいじめ抜かれる様が演じられますが、光秀が反乱を起こして、お客がほっとするところで幕になります。今でもこれはときどき上演されています。それから、瀬川如皐には、佐倉宗吾の一代記を扱った『佐倉義民伝』があります。それから、何より有名な『与話情浮名横櫛《よわなさけうきなのよこぐし》』（切られ与三郎）という、顔じゅう傷だらけになった男が、昔の女のところへゆすりのようにして出掛けていく芝居があります。

最後に河竹黙阿弥ですが、黙阿弥とは、晩年になって隠居していた時の名前でして、その前は二代目の河竹新七と言っていたのです。活躍していたのは新七時代が多かったことになります。毎月歌舞伎座でやる芝居が五つか六つあるとすれば、その中の一つは黙阿弥の作だと言ってもいいぐらい作品が多い。それは現在でも上演されています。

日本人は一般に外国のものをありがたがって、日本のものはありがたがりませんけれども、黙阿弥の芝居は、ひょっとしたらシェークスピアの芝居に匹敵するぐらいかもしれません。ただし、内容の多くがその時代のいろいろな事件を誇張して扱うことになりますので、哲学的だとか、人生の深みを考えるとか、そのような芝居ではないかもしれない。しかし、作品としては、黙阿弥は非常にいいものを書いています。

役者の方では、九代目市川団十郎、それから五代目尾上菊五郎、もう一人、初代市川左団次という人がいました。この三人が、明治の初めになってから非常に大きな名前になって、黙阿弥と組んだのです。その前に実は市川小団次という名優がおりましたが、彼は明治を見ないで死んだのです。その小団次と先ほどの三人を考えて黙阿弥の作品は書かれているのですが、それが好評を博しました。

黙阿弥の作品はたくさんあり、どれが代表作だとは言いにくいのですが、今でもやっているものとして有名なのは『弁天小僧』です。女に化けて呉服屋の店先でゆすりをする。これは菊五郎が一九歳ぐらいのときに演じて成功しました。黙阿弥の書いたものは現代劇みたいなものですが、その中で、例えば『水天宮利生深川《すいてんぐうめぐみのふかがわ》』は陰惨な芝居です。日本橋人形町に水天宮があって、その向こう側に深川という所がありますが、あの辺にいた没落士族が、食べるのに困って、最後に一家心中をしようと覚悟をする。

そのときに気が狂いまして、ほうきを持ってお能のまねをやり出すんです。これが通称『筆屋幸兵衛』という芝居です。陰惨な芝居ですから、そう滅多にはやりませんけれども、役者が上手であれば見事に見せる芝居です。こういうものを散切物《ざんぎりもの》と言います。まげを切ってしまって、禄を離れた士族がどんなに悲惨なことになったかを見せるものです。この時代はみんなが夢中になって歌舞伎座へ通ったということです。

九代目団十郎について一言だけ言っておきます。彼はもの凄くうまかったということです。するとも立派だったし、「道成寺」という有名な女性の踊りがありますが、女になって「道成寺」を踊ると実に大したものだったと言われます。台詞は朗々として見事だったし、悪口の言いようがなかったという話です。彼から後は歌舞伎はなくなったんだ、という極端な議論すらあります。

四　三遊亭円朝

また、この時代は寄席《よせ》が非常に大きな娯楽でした。落語、講談、そのほか音曲といって三味線で唄を歌うこともありました。私は東京の下町で生まれましたから、そういう寄席をよく見ているのですけれども、そういうところには実にいろいろな芸人が出てきて、さまざまな芸をやりました。

寄席で一番重要なものは真打ちがやる人情話というものだったそうです。落語は一回で二〇分かそこらで一つの話をして、最後に下げがついておしまいになると思われるでしょうが、この時分の落語は、真打ちといって一番終わりに上がる人は人情話を少なくとも半月、毎回いいところで切って、また明くる日にその続きを読む、そういうことになっていたそうです。

ですから、非常に長い人情話があったわけですが、そういうものを一人で確立したのが三遊亭円朝という名人でした。彼は二〇歳ぐらいのときにすでに真打ちになって、それで人情話をやっていたようですが、そういう中で一番有名なのが『怪談牡丹灯籠』です。娘とその小間使いだった女性が二人とも死んで、惚れている男のところに夜になって通ってくるという話ですけれども、そこが円朝の考えだったのでしょうが、カランコランと下駄の音をさせて幽霊が来るわけです。幽霊には足がないということになっていますが、これでお客さんが引きつけられたということです。

そうかと思うと、円朝の場合、非常におもしろいものに、『塩原多助一代記』があります。これは群馬県の田舎で養母にいじめられ、さんざん苦労した多助という男が江戸に出てまいりまして、当時の木炭の問屋に奉公をいたしました。そこで実に苦心して、奉公している間にお金をだんだんためていく。例えば粉炭というのがあります。昔から木炭というのは切ったりして粉がたくさん出ます。そこで主人に話をして、給料は要りませんからその粉をもらいたいと申し出たのです。そして、彼はその粉炭を十何年分丹念に集めるのです。そういうようなことでだんだんお金をためまして、そして、やがて深川に大きな店を開いて、炭問屋として成功する。こういう物語です。

国を出てまいりますときに、かわいがっていた馬と別れるというところがありますが、そういうシーンが人を泣かせたそうで、これも一カ月ぐらい打ち続けて話がまとまる。そういうような寄席の芸というものができ上がっていました。

当時は娯楽も少ない時代ですから、そういうことでみんな感激したようです。芝居を見に行くとなると、当時の人は大変だった。しかし、みんなそれを楽しみにして出掛けた。都会だけではなく、全国的にそうだった。江戸で成功した芝居が、やがて何年かたって地方に伝えられ、そこでまた上演されるようになる。

こういうものが当時の民衆の娯楽だったと言えるでしょう。

五　『夜明け前』の主人公の運命

前にも紹介しましたが、『夜明け前』という小説は、明治維新を書いた非常にすばらしい小説だと思います。ただし、お世辞にも読みやすいとは言えません。相当時間をかけてゆっくり読まないとついていきにくい。しかも、一回読んだだけでは何を言っているのかわからないというやっかいな小説だと思います。

主人公である島崎藤村の父親、小説の方では青山半蔵という名前になっていますが、彼は一方では親代々の庄屋であり、本陣、問屋という三つの職を兼ねている。そして、その場所は木曽街道の馬籠というところ、彼は村役人の一番偉い立場にいた。大変勉強が好きで、若いとき半分独学で漢学を学び、やがて国学に心を寄せるようになる。特に平田篤胤の書物を読み、やがてその息子の銕胤の門人になり、神道、国学に心酔するようになっていく。

しかし、彼自身は地方に住んで、そこから離れることができない。親もおりますし、村役人として責任を負っていることもあるからです。ですから、村を離れることができないで明治維新を見ている。そして、やがて王政復古の日がとうとう来る。山の上の茶屋にその知らせを持ってきた友達と酒を飲み、維新が成功したことを祝う。そこで第一部が終わっています。

第二部は、維新になって新政府が政治を始めるわけですけれども、地方にいる青山半蔵のような考えを持っている者にとっては、納得がいくような政策がなかなか採られない。一方では金がだんだんなくなってきて、村の用事で江戸に出ることがあっても、その旅費が思うようにならない。結局、先祖からの林、田んぼを売るというようなことをして金をこしらえる。だんだん窮迫していきます。何よりまずいのは、明治政府はいったん国学者を持ち上げたわけですけれども、やがてその国学を否定する方向になっていく。王政復古ではなく、いわば維新の方にどんどん変わっていくわけです。それは彼にとってはおもしろくない。

結局、青山半蔵自身、いつまでもそういう立場にいても仕方がないので、思い切って自分の仕事を息子に譲り隠居し、神主になりたいという志望を持ちます。それが明治六年ぐらいです。江戸に出まして、神祇官の後の教部省というところにしばらく勤めます。明治天皇がどこかに行幸されるということで、その行幸の馬車を拝みに行きます。彼は、今のように西洋の文明がとうとう入ってきて、日本の昔からのものが崩れてしまうのは大変だという意識があり、その意味を読み込んだ歌を一首書いた扇子を持っていき、それを天皇の車に投げます。その歌は「蟻の穴ふせぎとめずば高づつみ　やがてくゆべきときなからめや」です。これは藤村のお父さんが本当につくった歌でしょう。「くゆべきときなからめや」というのは、崩れるときがないとは言えないだろうということです。これを明治天皇の馬車に投げた。そのために彼は押さえられて、しばらく牢屋へ入れられ罰金を払った。そういうことで信用を大変落としてしまいます。

釈放されてから飛驒高山の神社の神主になって、四年ばかり勤務します。そうすると、変わっていく時代からますます離れていき、国に帰って、やがて地方の子供たちに寺子屋のようなことをして学問を教えるわけですが、そのうちにだんだん狂っていく。神道に志を寄せているわけですから、先祖代々の位牌が預けてあるお寺まで、あんなものは要らないという考え方になっていって、とうとう放火までするようになる。そのときお寺は燃えないで済んだのですけれども、そのため座敷牢に入れられ、その座敷牢の中で明治一九年（一八八六年）に亡くなる。

こういうふうに筋だけを話しますと、『夜明け前』という小説はやり切れないというようなことになりますが、読んでいきますと、一節一節が実におもしろいということは申し上げてもいいと思います。

6　廃藩置県

一　大隈・井上財政の危機

明治維新の改革は、ある意味で廃藩置県で一段落ということになると思います。もう一つの段落は、言うまでもなく西南戦争ですが、明治四年（一八七一年）七月に行われた廃藩置県は大変大きな事件でした。

どういう意味で大変大きな事件であったかと言いますと、版籍奉還が明治二年（一八六九年）に行われたのですが、そのときには藩というものがまだ残っていた。つまり、明治政府は自分の直轄の土地を持っているけれども、同時に昔ながらの各藩がそのまま残っていて、藩ごとにある程度自由な政策を行っている状況でした。例えば軍隊にしても、それぞれの藩がみんな独自の軍隊をつくっていく。特に大きい藩の場合、自由に藩内の政治をやり、軍隊をつくることがずっと行われていました。もちろん各藩はみんなお金がないので、財政的には大変困難な状況にありましたが、それでも大藩には余裕があるわけです。ところが、一方、小さい藩は財政的にそろばんが合わなくなっていて、事実上、破産状態に近くなる所も多く、藩をやめて中央政府にお返ししたいというようなことを言い出した藩もありました。これが明治二、三年ごろの状況です。例えば盛岡藩などがそうでした。結局、借金が払えなくなり、お金を借りることもできない状態で藩が成り立たなくなっていく所もあれば、昔からの徳川家である和歌山藩などのように、かなり大きな軍隊を持って軍艦も立派なものをそろえている所もありました。

明治維新直後には、全国的に中央政府に対する反乱やこれを倒そうとする動きがあちこちにあった。前にもちょっと言いましたが、例えば長州藩で、維新のときに戦争に出ていって大分働いたにもかかわらず士族になることもできない、おもしろくないから反乱を起こす、木戸孝允がそこへ出ていってとにかくこれを平定する、などというように、日本じゅうあちこちでこのようなことが起こっていました。いつ何が起こるかわからないという不安定さがあったのです。

またもう一つの問題は、明治政府の財政がどうしても成り立っていかないことでした。明治政府ができたときには財産が全くなかったですし、年貢が入ってくる領地もほとんどありませんでした。それにもかかわらず徳川慶喜を討つ、新政を始めるということになったので、お金が要る。そこで、とりあえず京都、大坂の大きい商人に献金を命じましたが、献金だけでやっていけるはずはありません。

そこで、当時、松平慶永の福井藩にいた由利公正を用いました。この人は福井藩の財政を担当していて、大変有能な財政の専門家であり、太政官札というものを発行しました。これは、金銀の裏付けがない不換紙幣です。我々が今持っている一万円札は不換紙幣です。日本銀行というハンコが押してあるだけで、これを持っていったら何に換えてくれるという約束は何にもありません。ただ、我々は、何となく安心して日本銀行券を持ち歩いていますし、世間の人も日本銀行券を出すとすぐに受け取る。しかも、日本国内だけではなく、例えばアメリカへ行けばドルに換えてくれる、ドイツへ持っていけばマルク（編者注——著者が本書を口述していた時点ではドイツでの通貨はマルクであり、二〇〇二年一月にユーロに切り替えられた）に換えてくれる。それだけの値打ちがあるのですが、相手のドルやマルクもまた不換紙幣で、不換紙幣同士をお互いに交換しているのです。つまり、日本国及び日本国の一部分であるところの日本銀行を信用するということでしかないように思います。アメリカへ行っても、アメリカ政府と連邦準備銀行が信用の対象になっていて、ドルが通用しているということです。

ところが、太政官札の場合、それほどの信用が日本の明治政府、明治国家にはまだなかったと言っていい。太政官札は何の裏付けもありませんから、一両と書いてあるのですが、金貨や銀貨と比べますと値打ちが下がっていく。それは両替商へ持っていけばわかるわけで、お札を持っていったのではいい顔をしない。金貨と換えてくれと言うと、三割多くお札を出せば、金貨と換えてあげるとか、銀貨と換えてあげるとかいうことになって札の値打ちが下がっていったのです。それから、金銀のお金が徳川時代からずっと通用してきたわけで、一両というような小判が一方にあるところに、今度は一両の太政官札が世の中に出たわけです。最初のうちは一両のお札は一両小判と同じ値打ちだと、みんな納得していましたが、一年もたたないうちに、両替商へ持っていきますと、一両札で一両小判と換えてくれるわけにはいかなくなってきて、お札の値打ちが小判に対し下がってきました。結局、小判に対する札の値打ちが、七割、八割でしか通用しないことになってきました。

なぜそういうふうに太政官札の値打ちが下がっていったかというと、一つは、戦争をやったりしていますから、太政官札を発行しすぎた。約四八〇〇万両が世の中に通用するようになる。地方にはやがて県ができてきますが、明治政府は都合のいいことを考えました。各県に太政官札を一定の量だけ貸し付け、産業を発展させるように言い、期限が来て返すときには札で返すのではなく金銀のお金で返せと命令した。これは随分虫のいい話で、不換紙幣を渡しておいて、返すときには金貨、銀貨で返せというのですから、なかなかうまくいきません。おまけにお札の出し過ぎで、明治二年という年は大変なインフレーションになり、明治政府は大分行き詰まってきました。

当時、大蔵省は財政の権限を握り、強い力を持っていました。一方で、民部省という役所があり、人民の行政を扱っていました。この大蔵省と民部省を合併させ、地方の藩とか県の行政も担当させようとした。これは変な制度で、今だったら考えられないことですけれども、大蔵省と民部省という二つの役所の幹部は全部兼任というのです。ですから、大蔵卿と民部卿という大臣に当たる者がいても、それを兼任する。その下の次官クラス、大蔵大輔とか民部大輔とかいうものも兼任する。そういう形で合併してしまえというものでした。

ところが、こういうことをやると、当然ですけれども、各地方で実際に県知事などをやっている人たちの反発が起こる。大蔵省に吸収され、地方行政をやる者は全部大蔵省のいうとおりにしなければならなくなり、大蔵省と地方官が対立して、また民・蔵を分離するという話が起こってきました。

その時分、地方官も、なかなかうるさい人物がそろっていました。その中で代表的な人物が、薩摩藩から出ておりました松方正義です。彼は後で大蔵卿にもなりましたし、元老として大正期まで政治的な勢力を持つ。また、後には薩摩を代表する政治家になっていきました。また、大蔵次官をしていた大隈重信は、立場の違いもあって地方官とは非常に対立していた。この対立関係は後々まで残っていきます。ただし、大隈という人は佐賀藩の出身で、薩摩でも長州でもなかったので、明治一四年（一八八一年）に明治政府から首にされたような形になりました。にもかかわらず、維新のときにはよく働いたというので元老に準ずる扱いになったという人物でした。

地方官では、例えば前原一誠という人もいました。この人は長州藩の武士の出身ですが、新潟の知事になりました。ところが、新潟県はその後もずっと信濃川の氾濫に悩まされます。しょっちゅう洪水が起こる。前原は、そこら辺が維新の志士の性格なのかもしれませんが、どうしても信濃川の治水をやって、洪水をおさめなければいかんと考えました。それには当時で一〇〇万両というようなお金がかかる。しかし、明治政府はお金を出せないので、新しい政策は一切やってはいかんと言う。にもかかわらず、前原は独断でそれに手をつけて、中央政府に何とかお金を出せと言うわけです。結局、中央政府の許可が出ず、転任させられていったんはけりがついてしまいます。このように、当時の地方官には相当乱暴な者がいました。その後、前原は、中央政府の中でも孤立し、結局、国へ帰ってしまい、明治九年に萩の乱を起こし、首謀者として首を斬られてしまいます。当時は地方官といえども、中央政府の言うことをなかなか聞かない状況があったのは事実でしょう。

中央政府の立場を考えてみましょう。日本全国で三〇〇〇万石のお米がとれる。徳川家が支配していた領分で八〇〇万石のお米がとれる。しかし、その八〇〇万石が全部政府の手に年貢として入ってくるのではありません。八〇〇万石のお米の租税に当たる年貢は、この時分で収穫の四割ぐらい、三二〇万石ということになります。その三二〇万石をお金に換えて、それを明治政府が使う。それが明治政府の費用一切に当たるということだったと思います。役人の給料から始まって、陸海軍の費用その他も全部この三二〇万石のお米の中から払わなければいけない。

しかし、これではお金が足りないわけです。一体どうするかということが財政当局者とすれば非常に心配なところでした。しかも、長州で内乱が起こる。それから、西郷隆盛は鹿児島に帰ってしまい、鹿児島藩の大判事として藩の行政を行う立場になっていました。しかも、中央に戻ろうとはしない。西郷は中央政府に対して必ずしも快い気持ちではない。そうなってくると、西郷が鹿児島の士族を率いて上京してくるような噂も立つ。先ほど言ったように、全国的に穏やかでない動きがある。そういう状態がだんだん強くなっていくのが明治三年（一八七〇年）ぐらいの状況だったと思われます。

一方では財政難がある、一方では国内の不安定な政治状況がある。それをどうするかということで明治政府は随分もめたと思いますが、結局、岩倉具視を勅使として薩摩と長州に派遣する。軍艦に乗って岩倉が出かけていくのです。薩摩藩の実力者は島津久光ですが、藩主はその息子の島津忠義で、この人に上京を命ずる。それから、長州に立ち寄って、毛利家の藩主にも上京を命ずる。このように薩長両方の藩主に上京するように命令したのが明治三年年末のことです。

その時期、不安はますます深刻化して、当時、木戸孝允と並んで、長州出身の政治家としていろいろな行政に当たっていた広沢真臣が明治四年（一八七一年）一月に暗殺されます。このように絶えず不安定な状況が続いている。これは何とかしなければいけないということになって、明治四年二月に、薩摩、長州、土佐の三つの藩に対して、天皇を守るために親兵を献上するように、と内命した。三藩はいずれもその命令を受け、それならば、ということで兵を東京に送った。その指揮者となったのが、上京してきた西郷隆盛でした。三つの藩から兵隊が一万とか五〇〇〇とか東京に集まってくる。

全国的に不安定だから、天皇の周りを固めなければいけない。維新のときに働いた功労者を東京に集め、政府を強化しなければいけないという議論になってきたのでしょう。中央政府は初めて自分の軍隊を持った。天皇を守る兵隊ということで近衛兵ということになっていますけれども、それまでは各藩の軍隊はあったが、中央政府の軍隊はなかった。このとき初めて中央の軍隊ができ、西郷がその指揮をすることになったのです。

二　廃藩への過程——中央集権国家の完成

一方、その時期、大臣格の重い職ですが、中央に参議という役職があり、大隈重信、大久保利通、木戸孝允、そういう人たちがみな参議になって太政大臣の下にいました。

一番偉い太政大臣が三条実美という公家出身の人で、彼はある意味では飾りもののようなところがあったと思いますが、一番身分の高い人であるから、この人物を戴くことはよろしいとされ、その次の右大臣が岩倉具視です。しかし、本当の実力者は、今名前を挙げた木戸とか大隈とかいうような参議でした。

明治四年六月、明治政府を強化しようということになったとき、大久保以下の参議連中が全部やめました。参議は思い切って西郷一人にしたらどうだという意見が出て、みんなが参議をいったん辞職したのです。ところが、西郷にその話を持っていきますと、西郷はどうしても受けるとは言わない。木戸と二人でなら参議になろうという話になり、それで二人だけの参議ということになりました。

ところが、それが済んだ後で廃藩置県ということが突然表に出てきます。これはこういうふうに考えたらいいと思います。中央政府があって各藩もあってというばらばらの体制では成り立たない。藩というものをなくして、中央政府の支配で一本化する方がいいだろうという考えは多くの人が持っていたに違いないと思いますが、そういうことを言い出したら国内がまたえらい騒ぎになる可能性がある。だから、だれも表立ってそういうことを言えなかった。しかし、国内の状況を見ると、藩を廃して全国を中央政府が統一し支配するという形にせざるを得ないという空気はあちこちに起こっていたと思われます。

そういうときに、だれがそういうことを言い出したか、こういう話をし始めたのは、野村靖とか、鳥尾小弥太とか長州藩出身のあまり偉くない若手の役人でした。こういう連中は雑談をしながら、「思い切って藩というものを廃して全部中央政府の支配下に置かなければいけない、これは大事業である、大変なことだけれども、そうしないと日本の政府は成り立たない」という議論をしていたらしい。そこで、その話を井上馨のところへ持っていった。井上はそのとき大蔵次官ぐらいの役職ですが、野村や鳥尾が井上のところへ参りまして、もしこのことを聞いてもらえなければあなたと刺し違える覚悟であるというようなことを言った。井上はその時分から品行が悪く、芸者遊びだけではなく、もっと露骨なこともやっていて評判が悪い。実は長州出身のそういう連中はみんな評判が悪い、伊藤博文でも同じことです。しかし、当時はそういうことをしても世間があまりうるさく言わない慣行があったようです。実際、その話を野村や鳥尾が持ってきたとき、井上は「自分の品行のことを言っているのか」と聞きました。すると「いや、そうではない」、井上は「それならばこっちが当ててみよう。藩を全部廃して中央が支配するというようなことか」と言った。野村、鳥尾はびっくりして、「まさにそれを考えて相談に来たんだ。あなたはどう思うか」と言った。井上は「大賛成だ。財政はそれでなきゃ成り立たない」と返事をした。

そうなってくると、今度はこの話を薩摩の実力者の方に持っていかなければいけない。最初に持っていったのは大久保利通のところでした。大久保が、これにうんと言い、それから長州の出身者として、陸軍で西郷のすぐ下にいた山県有朋のところに持っていく。山県も「それはよかろう」と言った。結局、木戸孝允のところに話が行き、木戸が西郷のところに相談に行きますと、西郷は「それはよろしいでしょう」とあっさり承諾した。鹿児島藩というのは一番うるさいところで、藩をつぶすということについては問題が一番大きい。しかし、それは承知の上で西郷はあっさりとその提案を受け入れた。そういう点が西郷の偉いところだと思います。西郷は、それをやったら鹿児島藩が大もめになるのは承知の上で、行政全体のことを考えれば藩を廃するより仕方がないと考えたのでしょう。おもしろいのは、長州藩の若手からこの話が出てきて薩摩の方に伝えられ、西郷のところまで行き、木戸孝允まで行ったのですけれども、ほかの藩の出身者や公家の出身者には一切伝えないで、元は武士だった薩長出身の官僚だけがこの計画をつくったというところです。

いよいよ七月九日、木戸の屋敷に両藩の出身者で主立った者が一〇人ぐらい集まって書類などを準備した。岩倉具視にもこの話はしないで、薩長出身者だけで全部下ごしらえをし、七月一三日に三条太政大臣と岩倉具視に対して今の話をし、承知してくれと言った。三条、岩倉が承知して、その明くる日、明治天皇から廃藩置県の詔書が出たわけです。そのとき東京におりました鹿児島藩、長州藩というような、主立った藩の藩主がまず招かれて、天皇の前でその詔書を読み聞かせられる。その日の午後になると、一般の元諸大名が全部皇居に呼び出されて、その決定を天皇のお言葉として読み聞かせられるという形で廃藩置県が行われた。

結局、この廃藩置県は、薩摩と長州出身の官僚の考えで、自分たちの出身の藩を含めて全部諸藩をつぶしてしまうことを、天皇の名前で電光石火のうちに発布してしまった。その前の相談の段階で、こういうことをすれば当然反乱を起こすような者もあるかもしれない、どうするかと言われ、西郷は、それは自分の手で踏みつぶしますという意味のことを言った。この場合、近衛兵を集めておいたことが非常に大きな意味を持つわけで、中央政府は自分の軍隊で反乱軍をつぶしてしまう考えでした。

実際、それはどういうふうに行われたか。東京におりました各大名は宮城に呼び出され、その命令を聞かせられ、恐れ入りました、ということになったわけですが、藩主が国に戻っているような場合でもそのことが直ちに通知され、みんな騒ぎを起こさないでそのことを聞いた。このとき反乱を起こそうとしたという話はあまり残っていません。もし城に立てこもって反乱を起こしても、恐らく勝ち目がないということを承知していたと思われますが、もう一つの理由は、各藩がみんな大量の借金をしていて、その後始末ができない、ほうっておけば借金がどんどん増えていくという状態だったことです。そこで、政府が各藩の借金まで全部引き受けてくれる、今の言葉でいえば債権債務を継承するということになりましょうが、そうしてくれるならかえって始末がいい、という意見がかなりあったことは否定できないようです。もう一つ、士族の身になりますと、これまでは何百石とか何十石とかいう禄をもらっていましたが、藩はなくなってもその禄は中央政府が引き続いて支払うことになっており、武士が失業するわけではない。そこで武士も、それならば、ということでしばらくは納得したことだったのではないでしょうか。

廃藩置県の出されたその日に、大隈、板垣も参議になって、中央政府がそこで成立したわけです。なお、各藩の藩主はみんな東京に住めということになり、彼らはいずれも家族を引き連れて東京に出てくるということになった。

この辺の話というのは当時の記録がたくさんあって、読んでみると大変おもしろい。一例を挙げると、例えば福井藩あたりに英語の先生をしていたイギリス人がおりまして、藩の学校で英語を教えていたところ、突然、廃藩置県の詔書が出された。最後にお別れということになって、昔の藩士が全部礼装して城に上がっていって殿様からあいさつを受ける。そして、間もなく藩主とその家族が江戸に向かって出発していく。そうすると、その英語の学校も廃止され、そのイギリス人は東京に出てきて先生の職につくというようなことがあったそうです。

廃藩置県は、本当にごく少数の者の考えで秘密のうちに準備され、あっと言う間に実行された。準備が始まってから実行されるまで一〇日ぐらいではなかったかと思います。その時分は、国会などはありませんから、天皇の名前で詔勅が出ますとそれで全部済むわけなので、あとは政府の部内、役人の間での議論になったのだろうと思います。その役人の間での議論が、みんな内心では同じことを考えていたので、非常に簡単に片づいてしまったということだったのでしょう。

三　政策的あとしまつ

ただし、その影響はいろいろありました。これに対し不満を一番はっきりさせたのが、鹿児島の島津久光を中心とする人たちだった。この人は、公武合体論で幕府をいただいて引き続き政治をやろうと言っていたのに、幕府は倒されてしまった。しかも、その倒す中心になっていたのは自分の家来の西郷や大久保であった。それで大変おもしろくなかったのは事実でしょう。島津久光がどこまで何を考えていたのか知りませんが、幕府のようなものが必要で武家政治をやりたい、徳川家でないのなら島津家がやってもいいぐらいの気持ちが実際にはあったのではないかと思われます。

毛利家の方も似たようなことがあったかもしれません。毛利家にしろ島津家にしろ、両方とも関ヶ原の戦で徳川家にたたきつぶされて以来、大大名として残ったには違いないけれども、絶えず不満があった。それを考えますと、徳川家が将軍でなくなるなら自分がやってもいいぐらいの気持ちがあったでしょう。それが、徳川家がつぶされて、四年後には今度は自分のところまで大名ではなくなり、東京住まいを命ぜられるということになるわけですから、非常に不満があったのは事実だろうと思います。島津久光は、廃藩置県がわかったとき、うっぷんのやり場がなく一晩中花火を上げさせたと言われています。そこで、廃藩置県が行われた後も、薩摩だけはなるだけそーっとして、昔からの伝統にあまり手をつけないようにするという姿勢があったようです。

廃藩置県ののちには三府三〇二県が最初に置かれました。県の構成というものは、その時分はいとも簡単に変わるので、記録を一々読んではいられませんが、明治四年の一一月になると三府七二県に決まりました。県知事に当たる人を県令、それよりもちょっと格が低いけれども、県令並みの人のことを権令と言った。この下に大判事とか小判事とか、仕丁とかが置かれました。当時の記録を見ますと、藩の地域が県にかわっていくわけですが、県令、権令などは全部中央から派遣され、その土地の藩の人間が県令や権令になることは非常に少なかったようです。ということは、前からの習慣を引き継いで県の政治をやるということではなく、よそから県の役人を派遣することによって大胆に改革をさせようという考えが強かった。それが当時の中央政府の考えだったと思われます。

ただし、鹿児島県だけは例外です。鹿児島県だけは、とてもそういうことをして収まるものではない。大山綱良《つなよし》という、西郷などとほぼ同じ年代の薩摩藩の武士出身者は、島津久光との関係も割合うまくいっている。その彼が県令で、中央の言うことをあまり聞かない。専ら島津久光の考え方に近づいていく。鹿児島は小独立国みたいになっていくわけです。

西郷は、そういうことを承知の上で廃藩置県に賛成したわけですから、随分苦労したと思われます。西郷の評価は難しい問題です。西郷という人はとかく昔気質で、モダンな新しい政治というものについては理解が乏しかったと思われているかもしれませんが、廃藩置県に賛成したこと一つを見ましても、決してそんな人物ではなかった。難しいことがよくわかっていた人だったろうと思います。それが後で征韓論という話に乗って、やがて西南戦争まで行くのはどういうわけなのかは難しいのですが、少なくとも、非常に保守的な人物で何もわからないということではなかったとだけは言ってもいいと思っています。

廃藩置県が行われたとなると、維新のときにつくられた復古体制、王政復古で国学を盛んにするとか、天皇のそばに国学者がついて国学を進講申し上げるとかいうことがだんだん廃れていくことになります。京都に設けられた大学校が、内部の漢学者と国学者の対立のために、失敗したことは前節で見ましたが、もう一つ例を挙げておきましょう。太政官と並んで、政府の中に神祇官というものが置かれていました。国の政治というものは、神を祀るところから始まるというのが明治の初めの国学者の考えであったからです。しかし、その神祇官もあっさりと廃止され、教部省という役所が置かれました。その教部省がどういうところであったのかと言いますと、明治政府が神道を大事にしたため、仏教については廃仏毀釈ということで、お寺を壊すとか仏像を壊すという勢いが一時あったのですが、やがて冷静になってきますと、そういうことではいけない、仏教、神道の両方を立て、お寺の坊さんや神官が教部省に入り国民に道を教える、国民を善導するという役目を命ぜられるようになってきたのです。しかし、国学者は、神祇官がなくなってしまいましたので、その地位がだんだん落ちていき、彼らは大きい神社の神主さんなどになっていきます。

この時代、一番重要なのは、明治四年（一八七一年）一一月、岩倉使節団が横浜を出帆してアメリカに向かったことです。なぜ岩倉使節団がこのとき出ていったのかというと、看板は条約改正でした。幕末に外国との間で条約を結びましたが、幕府の役人たちはそれがどのくらい不平等かを十分に意識しないで不平等条約に調印してしまいました。例えば裁判の問題一つとっても、治外法権ということで、外国人に何か問題があった場合はその国の領事が裁判する領事裁判権が徳川幕府が調印したときにはあっさりと認められてしまいました。もう一つは関税、特に輸入税の問題ですが、輸入税をかける自由が日本政府にはない。輸入税について当時の外交史を読んでみると、京都の孝明天皇が、条約の調印はいけないとか、港を開くことはよくないとかと幕府に対して言われる。幕府の方はそれに対しだんだん否定できなくなりますから、それを外国に言いに行くわけです。そうすると、仕方がない、言うことは聞いてやるけれども、そのかわり輸入税の税率をもっと低くしろという話が必ず出てくる。幕府はそれを飲んでしまい、港を開くのを後回しにした。ですから、不平等条約がだんだんひどくなっていったというのが幕末の実態だった。

アメリカが日本と結んだ条約には、治外法権はあったと思いますが、それほどひどくはなかったので、後になって攘夷論が盛んになってきて、外国との間に挟まった幕府が困ってそういう不平等な条件をだんだん増やしていったのが実態だったようです。明治になってから、そういうのは不平等だ、また平等な条約に直してもらおうではないかという話になり、条約改正が問題になっていきました。

岩倉使節団は、そういう不平等条約の改正をアメリカ、ヨーロッパ各国に申し入れて、それを実現することを看板にして出かけた。大使となったのは岩倉具視で、その副使が木戸孝允と大久保利通の二人でした。

このとき、そのほか非常にたくさんの役人が随行しました。若い留学生も、イギリスやアメリカで勉強するように、ということでこのとき一緒に出かけました。女性もつれていくということで、津田梅子は八歳でアメリカに行って、後に帰国し、やがて現在の津田塾大学を開設しました。

ただし使節団がこの時期、条約改正が簡単に実現し得ると思っていたとなると、これは相当問題です。むしろ当時のヨーロッパ、アメリカの日本に対する見方は、まだ未開、野蛮の国であるという意識が強くて、特に領事裁判権を簡単に取り下げるとは考えられなかったと思いますし、イギリスあたりは、日本を絶好のマーケットとみており、日本に輸出品を売り込むことが大事だという考え方になっていましたから、関税を日本の自由にさせることについてはなかなか賛成するはずがない。

そういうことはわかっているけれども、しかしその一方で、とにかくまずそれを申し入れてみることが大事だということがありましたし、それから、当時の明治政府の中心人物であった岩倉とか大久保とか、木戸とかいうような人たちが、ヨーロッパ、アメリカの文明というものを実際に見ることが非常に重要だという考えもあった。これは間違いないと思います。

またもう一つ、このようなこともありました。岩倉、木戸、大久保の三人は明治政府の中心人物であり、一番うるさいことを言う人たちであった。この人たちが一年ぐらいの予定で外国へ行くということになりますと、当時の明治政府の留守番を引き受けるのは西郷隆盛となるわけです。その下には大隈重信、井上馨、江藤新平などという元気のいいのがたくさんいて、鬼の居ぬ間に洗濯ということで、そういう人たちが中心になり新政策を自由に進めることができました。それが明治五、六年あたりの政府の新政策になります。

とにかくこの時期、外国に使節団が出ていくとき、留守番の大将になったのは西郷隆盛でした。岩倉、大久保、木戸らは西郷に対して、自分たちがいない間、あまり新しいことをやってくれるなと申し入れ、西郷もいったんこれに「うん」と言ったのでしょうが、実際には留守政府はとんでもないことを後から後からやることになります。

7　近代化政策の展開

一　西欧化の開始

明治維新は、非常に大きくいえば近代化を始めたということを意味します。近代化という言葉はモダナイゼーション（modernization）という英語の訳ですけれども、それ以上に、ウェスタナイゼーション（westernization）、つまり、西欧化する、あるいは西ヨーロッパのまねをするということが明治維新の特色だったように思います。

そして、非常に重要なことは、アジアのほかの国ですと、国を開き外国との交際を始めてイギリスやアメリカにいじめられるというような経験はあっても、全面的にアメリカやイギリスのようになろうという考えにはならなかった。一足飛びには変われなかったということだと思いますが、日本の場合、開国を決めてしまい攘夷政策を棄てるとなった後はためらわずに、西ヨーロッパあるいはアメリカのようになろう、学ぼうという姿勢をとる。そこがアジア諸国と日本の違いのような気がいたします。

もちろん日本にも反ヨーロッパ的な思想はあったし、そういう人たちも長くいたわけで、一生髷《まげ》を切らなかった人も明治時代にはたくさんいたのですけれども、少なくとも明治のリーダーになった人たちの中にはそういう考え方を持つ人は非常にまれであった。あるいは最初は政府の重要な役職についても、そういう考え方を持っている者は順番にやめさせられてしまい、残ったのは西欧派だけだったということなのかもしれません。全面的にヨーロッパに学ぶという姿勢にならなかった人が西郷隆盛であったと思いますが、西郷でも廃藩置県には率先して賛成しています。西郷自身、随分苦しい思いをしたと思います。薩摩の国に帰れば非常に頑固な殿様が頑張っているわけですが、それを承知で廃藩置県を認めたのでした。

このように、全体としてみんなが西欧化に乗り出したのが日本の特色であると思っています。

西欧化の開始ということですが、幕末においては、まず蘭学を輸入していたのを、オランダではだめだと気がつくようになりました。福沢諭吉がそのことに気づいた最初の人だろうと思いますが、福沢だけではなく多くの人がそれに気がつき始めた。そして、イギリス、アメリカ、またはフランス、ドイツのことを学ぶことが大事だと思われるようになりました。

幕末において外国からまず学ぼうとしたのは、医学と軍事技術でした。最初に入ってきた西洋医学は蘭方医学であって、次にドイツの医学になりますけれども、西洋医学を全面的に受け入れることになっていきます。

軍事技術をいち早く入れた藩としては薩摩藩と佐賀藩が挙げられます。薩摩藩は島津斉彬という大変開明的な君主がいて、この人が率先して鹿児島に工場を作り、綿紡績機械を取り入れ、鉄砲などでも、それまでのものとは違う一番モダンなものを入れるというような姿勢になっていきました。佐賀藩は、明治維新の時にはあまり大きな活躍をしていないのですけれども、鍋島閑叟《かんそう》という有名な殿様がいて、この人が中心になって長崎で軍艦や兵器を買い入れる。そして、自分のところで兵器工場を建てて兵器を造るということが行われた。

ほかにも伊豆の韮山の代官だった江川太郎左衛門のもとで、あるいは水戸藩でも、反射炉をこしらえ鉄をつくり、そして兵器を造ろうとする試みが幕末にはなされました。明治になる直前、幕府も横須賀に製鉄所と称するものをつくり、そこにフランス人を招きその技術指導を受け兵器を造ろうとした。

同時に、もう一つ重要なことは、軍艦や兵器を造るだけではなく、軍隊の組織までヨーロッパ式のものに変えようとした。長州藩が一番代表的な例ですが、一般の人を集めて奇兵隊をはじめ諸隊と称するものをつくり、それらを幕末から維新の戦争において実際に出動させています。一般庶民を入れて一つの隊を創り軍隊とするという形で、昔ながらの藩としてのお家柄の侍を中心にした軍隊ではない。一般の人を集めて隊としての共同作業を訓練し、軍隊をこしらえていく。このやり方は、当時の西ヨーロッパの軍隊の創り方と同じです。

幕府がそういうことに関心がなかったわけではなく、幕府も江戸で歩兵隊を組織しました。昔からの旗本だろうと何だろうとみんな鉄砲が撃てなければいけない、その中で優秀そうな者を訓練して指揮官にし、一般の者はその下についてヨーロッパ式の軍隊の一員として働くようにしようとする動きが起こってきた。そうなると、昔からの御家人だの旗本だのという連中だけでは間に合いませんから、一般の庶民をその軍隊に編入させて訓練をするのです。そういうことが幕末に行われつつありました。明治維新の前ぐらいになると、西南の薩長というような諸藩だけではなく、江戸の幕府もそういうふうに組織をだんだん創りつつあった。東北の仙台とか会津などは、昔ながらの武士を中心にした軍隊だったのでしょうけれども、薩長と幕府はそんなに差があったわけではなく、幕府が負けたのは、政治的な状況のためであったということになるのでしょう。薩長の軍艦に対し幕府が持っていた軍艦が非常に優秀なものが多かったのは事実です。

その中で、留学生がたくさん出ています。文久元年（一八六一年）には福沢諭吉が一年ぐらい留学していますし、福地桜痴《おうち》も非常な秀才で早くに留学しています。文久二年になると、幕府の留学生として榎本武揚、津田真道《まみち》などが外国に出ていっています。薩摩や長州は、公然と外国との関係を持っているのではありませんから、留学生を派遣するというわけにはいかないのですが、イギリスとアメリカの人たちに話をつけてこっそりと若い優秀な者を留学させていました。そのとき出かけた人たちがかなり長いこと外国にいて言葉も話せるようになり、専門についての勉強もしてくるようになっていきました。例えば山尾庸三《ようぞう》という人がおります。長州藩の若侍であって伊藤博文や井上馨と一緒にイギリスに留学しました。彼は国内の維新の戦乱の時期にもずっと勉強を続け、維新戦争が終わったところで帰ってきて明治政府に仕えている。政府自身で持っている工場や鉱山、後になると鉄道もそうなりますが、そういうものをあずかるのが工部省という役所で、彼はその工部省の次官の下ぐらい、工部少輔になりました。それから先もずっと明治政府に仕えました。彼は、長州藩から派遣されこのように成功しました。

もう一人、長州藩の井上勝という人物もイギリスに留学し、主に鉄道のことを勉強して帰ってきました。明治になって彼は鉄道関係の仕事をし、現在でいう運輸次官のようなポストにつき成功しました。

このように、幕末の留学生の中にはかなり優秀な成績をおさめて帰ってきた人もいる一方、一〇人出かけて一〇人とも成功し、立派になって帰ってくるというわけにはいかなかった。実際、ドロップする人もいたのです。薩摩藩からイギリスあたりに留学し、言葉だけは上手になったけれども、結局うまくいかなくて、ついに帰れなくなってイギリスに住みつくとか、あるいはアメリカに渡って住みつくという人もあったようです。

だから、このころの留学は相当危険だったと思います。この時分、選び抜かれて外国へ行ったのに、それがうまくいかなかったら相当悩むでしょうし、帰りたいのに帰れないというふうに思い詰めることもあったようです。

そういう中、世間一般の人でも読めるような西洋に関する本が、幕末から明治の初めにかけてたくさん出ました。その先鞭をつけた人は福沢諭吉です。福沢は『西洋事情』という本を書き、それがたくさん売れました。同じ福沢の『世界国尽』という本もありました。その書き出しは、「世界は広し万国は、多しといえど、おおよそ五つに分けし名目は、アジア、アフリカ、ヨーロッパ、北と南のアメリカに、堺限りて五大州」というふうに七五調になっていた。これは世間の人が気楽に読めたし、小学校の教科書にもなる書物でした。

私の祖母は、明治六年（一八七三年）、東京の町の中で生まれました。昔の大名屋敷が小学校になっていて、明治一二年（一八七九年）ぐらいからそこに通ったという話を聞いたことがあります。大変印象が深かったのでしょう。『世界国尽』の初めのところを暗唱しておりました。およそ地球上の人種は五つに分かれたり、アジア人種、ヨーロッパ人種、何々人種、と一年生のときの教科書に書かれていたということです。読み書きを覚えるのと同時に、外国の地名を覚えたりするような教育が最初に行われたと言われています。これは当時の人たちの文明開化の考え方を非常によく示していると思います。

西周という人は国際法の本を書きましたし、百学連環という講義をし、本も作った。百学連環とは、一言でいえば百科全書みたいなものです。フランス革命の直前、ディドローやダランベールなどの学者が現れました。彼らは百科全書学派と言われており、哲学から始まり、歴史でも自然科学でも全部つなげて考えるという立場で本を書きました。西はそのような百科全書的な考え方で百学連環という講義をしたということです。

そういうかたい話ばかりではなく、仮名垣魯文《かながきろぶん》という戯作《げさく》者もいました。早稲田大学名誉教授の興津要先生が『仮名垣魯文――文明開化の戯作者』（有隣新書）という本を書かれています。魯文というのは随分ふざけた人で、売れさえすれば何でもやるというようなスタイルでした。それで、『世界国尽』を茶化して、吉原の遊廓の話で『苦界ふみ尽し』というようなものをつくった。「苦界は憂《つら》し。間夫客は多しといえど大凡《おおよそ》五つに分けし町目《ちょうもく》は揚屋《あげや》、角《すみ》、京《きょう》、新町《しんまち》と西と東の江戸町に、境限りて阿茶《おちゃ》屋州……」というふうに、吉原の遊廓の話を『世界国尽』の文章にもじって書いているわけです。そういうのが結構売れていました。

ところが、仮名垣魯文といえどもそう茶化してばかりもいられなくなって、それならば自分の得意の戯作で西洋紹介をやろうというので、今度は弥次郎兵衛・喜多八が東海道を上るという十返舎一九の『東海道中膝栗毛』を真似て『西洋道中膝栗毛』を書きました。当時出版されていた西洋紹介の書物や福沢の『西洋旅案内』を参考にしたり、外国へ行ってきた人の体験談などを聞いたりして書かれていて、これも結構売れました。

この『西洋道中膝栗毛』は、弥次、喜多が船に乗って外国へ出かけ、いろいろなところでどたばた騒ぎをしながら地中海まで入っていくところが書かれています。中国では、神社みたいなものの扉をあけ、恐いものがにらんでいて気絶する。それは関羽という人を祀った関帝廟だったのですが、そこへまた泥棒があらわれて身ぐるみはがされてしまったとか、シンガポールへ行って二人でスイカ泥棒をして失敗するとか、馬車から落ちたり、にせのハムを買ったりとか、こういうどたばた騒ぎをしながら、とにかくインド洋を渡り地中海まで入っていくところが書かれています。その調子でずっと書くはずでしたが、彼は神奈川県のお雇いになり、神奈川県を回って話をして歩くという、一般の庶民を啓蒙する役目につきました。戯作者が急に役人になって月給二〇円。宿屋へ泊まって二〇銭ぐらいの時代ですから、二〇円というのは当時とすれば大金だったと思います。そういうことで、『西洋道中膝栗毛』はそこで中断しました。その後、別の人がこれを書き継ぎましたが、その人は戯作者ではありませんから、あまりおもしろくなかったらしい。その後、ロンドンぐらいまで書かれたけれども、そちらの方はそれほど評判にならなかったという話です。

仮名垣魯文の代表作としてよく知られているものに、もう一つ『安愚楽鍋《あぐらなべ》』があります。これは牛肉の鍋のことです。昔、四つ足は食べないということになっていたのが、明治になって牛肉をみんなが食べるようになっていく。そうすると、当然、牛鍋を商売にする店ができる。その牛鍋のことを安愚楽鍋と書いているわけです。

「西洋好の聴取」のくだりでは、「シャボンをあさゆふつかふと見えてあくぬけていろつやよく、あたまハなでつけかそうはつにでもなるところが百日このかたはやしたるを右のかたへなでつけもっともヲーテコロリといへる香水をつかふとみえて……カナキンではりたるかうもりがさをかたハらへおき……」とあります。カナキン（金巾）というのは輸入の木綿の布のことです。袖時計を持つ西洋好きの男が、「牛ハ至極高味でごすネ。此肉がひらけちゃアぼたんや紅葉ハくへやせん。こんな清潔なものをなぜいままで喰ハなかったのでごウせう」と文明開化の時代に感激しているところがあります。この『安愚楽鍋』は、当時の文明開化を楽しんでいる連中の姿を描いて大変よく売れたものらしい。

魯文は県庁の役人になりましたが、やがてそれもやめ、今度は新聞のまとめ役になっていく。そういうふうに文明開化の時代に活躍した人でした。この時分、新聞がたくさん出たわけですが、そういう新聞の中で政治の問題を主に扱う硬派の新聞と、専ら世間あるいは花柳界の噂を扱う軟派の新聞と両方あった。魯文はもちろん軟派の方でした。

また、幕末には幕府に仕えていて、明治になってからは政府とは関係を持たないというような連中が何人かおりました。そういう人たちの中で有名なのは成島柳北《なるしまりゅうほく》、栗本鋤雲《じょうん》です。

柳北は儒者の家に生まれ、大変な秀才であり、外国語もある程度できたようですが、一方では大変なわけ知りというか粋人というか、花柳界などにもしょっちゅう出没して、実に遊ぶことが好きな人であった。花柳界に出入りし、そういうところの女性と随分親しくなるなどいろいろなことがあったようです。彼は『柳橋新誌《りゅうきょうしんし》』という本を書きました。第一編、第二編の二つが残っています。第一編は幕末の時代に書いたものです。浅草橋の駅と隅田川の間に柳橋というところがあって、そこは昔から花柳界が盛んで、芸者さんなんかがたくさんいた。柳北はそこでしょっちゅう遊んでいました。第一編は幕末に書いたのですが、その後、明治六年か七年にまた柳橋に行きました。柳北が様子を見ておりますと、今度はそこの芸者たちが薩摩、長州のお役人に転《ころ》びまして、彼らの言うことを何でも聞くようになっていた。当時の薩摩、長州の役人は乱暴で野暮だったようです。芸者を上げて三味線を弾かせて遊んでいるうちはよかったのですが、それもつまらないから、裸になって相撲をとらせる。これはさすがに芸者も嫌がったけれども、覚悟して裸になって相撲をとって、優勝した者はお金をたくさんもらっていたようです。当時の薩長の役人はそういうことをしていて、その中に大久保や木戸も入っていたと言われています。柳橋の昔の風流な遊びがなくなったことを柳北は書いて、当時の政府の役人たちに当てつける。芸者の方もしばしばお客の神経を逆なでしたりして事件が起こる。しかし、そういうところの女性ですから、お客が来ればだれとでも仲良くなるというような関係を柳北はおもしろおかしく書いています。

栗本鋤雲の方はそんなに通人ではなかったようですけれども、彼もまた当時の新聞のリーダーとしてよく知られておりました。

新聞というものはとかく反政府的になります。そういう反政府的な色彩は今の新聞でも幾らか残っておりますけれども、そういう空気はこの時分からでき上がってきたのかもしれません。

二　近代的諸制度の創始

廃藩置県をやり、岩倉使節団が外国に向けて出発してしまった後に残った留守政府は、おとなしくしてはいませんでした。建前とすれば、岩倉、木戸、大久保というような人たちが外国へ行っている間はあまり大きいことはやらない、重大な変化は起こさない、という約束だったのですが、実際には留守番をしていた連中は、若手で張り切っている人たちが多かったこともあり、次々に新制度を打ち出していった。しかも、その新制度が非常に重要な意味を持ったことも多くありました。

重要なことの一つは、学制の発布です。日本の基本的な学校の制度は、岩倉使節団が出てしまった次の年、明治五年（一八七二年）八月に、太政官布告「被仰出書」の形で発布されました。学問、教育とは何であるかについては、その被仰出書の中に、「人々自ら其身を立て其産を治め其業を昌にして以て其生を遂るゆえんのものは他なし身を脩め智を開き才芸を長ずるによるなり而て其身を脩め智を開き才芸を長ずるは学にあらざれば能はず是れ学校の設あるゆえんにして……されば学問は身を立るの財本ともいふべきものにして人たるもの誰か学ばずして可ならんや」と初めに書かれています。

これは以前紹介した福沢諭吉の『学問のすゝめ』の考え方に非常によく似ていて、当時の福沢の影響力がこういうところにも現れている。

「従来学校の設ありてより年を歴ること久しいといへども或は其道を得ざるよりして人其方向を誤り学問は士人以上の事とし農工商及婦女子に至つては之を度外におき学問の何者たるを弁ぜず又士人以上の稀に学ぶものも動もすれば国家の為にすと唱へ身を立るの基たるを知ず」という書き方であって、世間一般だれにでも学問は必要だという考え方をこの太政官布告は述べている。国民全部に教育を実施しようというのが、その思想でした。これには福沢の考え方がしみ通っていたと思われます。

学制と言われるものはどういう内容かと言いますと、学校を大学、中学、小学という三つの種類に分けて、相当強引に大・中・小学区を作るというものです。日本じゅうを八つの大学区に分ける。その大学区の中を割って三二の中学区というものを作る。その中学区の中をさらに分割して二一〇の小学区を作る。そういうふうにして、それぞれの学区の中に学校を一つずつ作る。一小学区は人口約六〇〇人に対して置かれ、一中学区は人口約一三万人に対して置かれるという計画でした。

そうなると、全国に大学が八つ、中学校が二五六、小学校が五万三七六〇という勘定になります。しかし、これはなかなか実現できない。政府の予算がないからです。したがって、そんなに学校がたくさん作れるはずがない。しかも、教員もそんなにいないのです。ですから、事実上はそう簡単にはいきませんでした。加えて、小学校に通わせるにしても、授業料は親が払うことになると、非常に貧しい人の多い時代ですから簡単に払えるものではありません。ですから、半分は計画倒れに終わったと言ってよいのですが、建前上は義務教育の制度がここで成立したわけです。

また、小学校については、尋常小学校は普通の小学校ですが、そのほかに女子小学、村落小学、貧人小学校等々に分け、そういうものもできるだけ発展させるということが書いてあった。実際はなかなかうまくいかなくて、昔からの寺子屋で小学校を代用することが多かったようです。

日清戦争後、まだ学校へ行っていない子供も多いので、義務教育を全国に徹底させることにした。明治三〇年（一八九七年）ぐらいになると、学齢児童は必ず学校に行くことになっていったようです。大学のほかに専門学校もこのときから作られるようになって、外国語学校とか獣医学校とか、いろいろな学校がつくられていく。

その中でもう一つ重要なのは、明治初めに師範学校が作られたことです。ここで先生を養成するわけですが、これもなかなかうまくいかなかったようです。

明治政府の行った変わったこととしては、明治五年に、それまでは太陰暦、旧暦であったものを太陽暦、新暦に変更したことが挙げられます。それもあまり間を置かずに突如発表したのです。明治五年（一八七二年）一二月三日をもって明治六年一月一日とすることにしたわけで、これは随分騒ぎになったそうです。当時いろいろな支払いはみんな晦日払いです。特に大晦日払いが多かった。それなのに大晦日が一月近く繰り上げられてしまうことになるわけですから、どんな騒ぎであったかは容易に想像できると思います。今そんなことをやったら大騒ぎになりますけれども、そこは明治政府の威勢が強いから、大騒ぎになってもみんなとにかくそのとおりにやった。

それから、交通通信の制度です。明治五年になると、東京―横浜間の鉄道が開通しました。これ以後、主に東海道線を中心に大阪―京都、大阪―神戸などの鉄道が開発されていくことになります。しかし、実際に東海道線が開通するのは明治二二年（一八八九年）です。これは考えてみると大変遅い。しかし、逆に言えば明治政府の財政に余裕がなかったことでもあるわけです。電信も開通し、交通機関や通信制度がだんだん整っていく。

身分制度の改定も行われました。国民の間には身分というものがあって、それを華族、士族、平民という三階級に分けることが明治元年（一八六八年）に決まっています。そして、平民に名字を許すということが明治五年に行われています。それまでは町民や農民はみんな名前だけしかなくて、例えば太郎兵衛の子供の権兵衛というような具合でした。それが、名字が許されるようになる。名字があるというのは、士族でなくても家柄がある者の特権だったのが、そうでない者にも名字が許されるようになりました。

そして穢多・非人という差別された者の呼び方を廃止し、これを全部平民とするということになりました。これも明治五年のことです。ただし、これはその後も新平民などと言われて、昔から卑しめられていた人たちの身分というのはなかなか解消しないで、もめていたことも多い。関東では比較的に多くはないのですけれども、関西へ行くと、こういう身分の問題がいまだに根強く残っていて、しばしば問題も発生しています。

さらに、廃刀令。最初は、士族といえども刀を差さないでもよろしいというような言い方で刀を廃止する方向に動いてきたわけですが、明治九年（一八七六年）になると、腰に刀を差してはいけないことになりました。武士の魂と言われるものを差してはならぬとは何事だということで、憤慨する者が非常に多く出ました。それがきっかけになって熊本の神風連の乱が明治九年に起こっています。

神風連というのは独特な宗教のようなものでした。神道の非常に特殊なものだったようで、一般の武士が直ちにそうなったのではないと思うのですけれども、熊本の町の中で反乱が起こり、県庁や師団司令部を襲撃して大騒ぎになっています。反乱を起こしたのは例外的な人物たちでしたが、その後も随分長いこと、士族で腰に刀を差さないと具合が悪いという人はたくさんいて、刀を差すと怒られるので木刀を差すとか、木の棒を持って歩くとかいう人が出ました。

明治五年（一八七二年）には、僧侶の肉食妻帯も許されることになりました。表向きは、僧侶は独身でなければいけない、また肉食はいけないと言われていたのが、全部自由になったということです。

こういうふうに見てきますと、明治五年ぐらいは、それまでずっと続いてきた昔からの約束事が片っぱしから撤廃されていく時代に当たっていたことがよくわかります。そこで、牛鍋、洋食、洋服などが大っぴらになってくる。

私が小学校に行っていたのは昭和一〇年（一九三五年）前後ですが、学校へ行きますと、男の先生はさすがにみんな洋服でした。洋服というのも、当時はとにかく背広を着てネクタイを着けている。ただし、ワイシャツは、当時は決まった寸法のものしか売っておりませんでしたから、一般に袖が長すぎるのです。そこで、ゴムの靴下止めみたいなものを腕にはめ、袖の長さを調節するのが当時の小学校の男の先生の一般的な姿でした。会社員などでも当時は同じだったのではないでしょうか。

それから、女の先生の場合、和服で袴をはいてくる先生と洋服の先生とが半々ぐらいでした。和服で袴をはいてくるのは、明治以来、女学生などがそうだったらしいのですが、私が小学校のときまで学校の女の先生はそういう人が多かった。着物で袴をはいたままで体操をやっていました。私が育った東京でもそういう風でしたから、地方へ行けばまだ和服が圧倒的に多かったのだろうと思います。

われわれが小学生の方は、子供の学生服、女子の場合はセーラーを着ている人が一般的で、着物を着た小学生は東京にはおりませんでした。しかし、地方へ行ったらまだ随分いたのではないかと思われます。

つまり、洋服がその時代からはやり出したとは言うけれども、普及するには何十年とかかったということです。それから、もう一つ、洋食がありました。

洋服にしろ洋食にしろ、それが世間一般に広まっていくようになるのは軍隊のお陰だとよく言われます。確かにそうかもしれません。軍隊に入ると、その時分から強制的に軍服を着せられます。食事でもカレーライスのたぐいが出る。それで、ああいうものの味を覚え、洋食への抵抗感がなくなっていくということはあったようです。だから、軍隊というのは、変な意味ですけれども、近代化に一役買っていると言えるのかもしれません。

三　軍制・法制

次に、軍制・法制です。大村益次郎という人がおりました。彼は長州出身の作戦の大家ですが、士族に国防を任せるのではだめだ、外国は大体国民皆兵である、その制度を日本にも持ち込まなければいけない、という考え方を早くから持っていました。そういうことは当然士族の反対を呼んだわけで、大村自身はそのために暗殺されてしまうことになりましたが、その大村の考え方は山県有朋に引き継がれました。

以前は陸海軍一緒で兵部省と言っていましたが、明治五年（一八七二年）に陸軍省と海軍省に分かれ、山県は陸軍省の次官クラスでした。陸軍の中心になるべき者は西郷隆盛でした。ところが、長州藩出身の野村三千三《みちぞう》という人物がおり、彼は奇兵隊に入っていましたが、維新の後、商人になり、昔からの関係で陸軍に出入りをし、そこからたくさんのお金を借りて商売をしていた。生糸の輸出か何かをやっていたのですが、値段が下がり大損してしまった。そこで、陸軍の金を返せなくなり、外国へ行って遊んでいた。ところが、それが東京に知れて、呼び返されて金を返せと言われた。当時は山城屋和助と言っておりましたが、その金が返せないということで陸軍省に来て、そこで腹を切って死んでしまった。

これは山県とすれば大変大きな失敗でした。自分の親しい人間がそういう事件を起こしたのですから、山県も陸軍をやめなければいけないはずである。ところが、それをかばったのが西郷隆盛だったといいます。西郷にすれば、いろいろ面倒なことを全部、山県にやらせていて、山県が一つ失敗したからといって、これを押さえつけてやめさせるわけにもいかないということで、山県は西郷にかばってもらった。結局、明治五年に建議を行って、徴兵令を出すという方向に話が進んでいきました。当時の軍隊の目的を考えてみますと、今とは違う点がたくさんあります。いつ国内で内乱が起こるかわからない。だから、その内乱を鎮圧することが当時の軍隊の非常に大きな目的であった。もちろん外国との関係で、外に向かう軍隊ということもありますけれども、まずは国内の内乱を抑えつけることが目的でした。

そこで、鎮台というものがありました。明治四年（一八七一年）に、まず石巻と九州の小倉にそれぞれ東山道鎮台、西海道鎮台を置いた。続いて、東京、大阪に鎮台を置いた。鎮台という言葉は、その地を押えるという意味があるので、内乱を意識していたことは明らかでしょう。北からいえば石巻、東京、大阪、小倉に鎮台を四つ置いた。そして、そのころから国民皆兵ということで徴兵制度が主張されるようになりました。明治五年一一月、天皇から徴兵の詔が下りました。

その書き出しのところを読んでみます。「朕惟ルニ古昔郡県ノ制全国ノ丁壮ヲ募リ軍団ヲ設ケ以テ国家ヲ保護ス固ヨリ兵農ノ分ナシ中世以降兵権武門ニ帰シ兵農始テ分レ遂ニ封建ノ治ヲ成ス」となっております。昔はそういう区別はなかったのだから、維新の後はこの昔の制度に戻るということにして、全国募兵の制を設けるという詔勅が下ったのです。そして、徴兵令が陸軍省令として発布されました。西周が中心になって徴兵令を作ったと言われています。

国民が満二〇歳になれば徴兵をして、陸海軍に分けるものとする。陸軍はまず三年間常備軍として軍隊の中で訓練を受ける。そして、その三年が済んだら、今度は家に帰り仕事をするわけですが、それを後備軍と言う。これは二カ年の責任がある。何か事があれば後備の兵隊を招集する。それ以外に全国の男子で一七歳から四〇歳までの者は全部国民軍ということにし、何かあったら招集するという仕組みです。

続いて、鎮台をさらに二つ増やし、東京、仙台、名古屋、大阪、広島、熊本の六つに鎮台を置くことにしたというわけです。ただし、全国の男子は全部徴兵するという建前を決めましたが、実際に鎮台でそういう兵隊を入れたのは東京の鎮台一つで、兵隊の数もそうたくさんいるわけではない。実際には最初に一万五〇〇〇人余りが徴兵されただけで済んでしまった。しかし、ここでその後の徴兵制度が決まったわけで、後々までそれがずっと尾を引いていったことになります。

ところが、世間一般は、こういうものが突然出てきましたので、非常に動揺した。農工商の子弟はいささかも兵役の義務があるということを知らない。しかも、恐れおののいて軍隊に入るのを嫌う者が多かった。その一方、士族から徴集された兵隊は、今度は農民や町人から出た兵隊と一緒にされることを恥じて、「土百姓素性人のはんいずくんぞ戦うに至うべけんや」というのでいきんでいた。

実際、その当時の徴兵の告諭に、西洋人は、兵役を称して血税と言い、「其生血を以て国に報ずるの謂なり」という言葉があった。これは誤解されやすい言葉で、当時は血を抜かれるなどということは一般にはなかったわけですから、その言葉が非常に刺激的で、全国のあちこちで血税に反対する百姓一揆が起こりました。

その時の徴兵令にはいろいろ例外規定が置かれていました。どういうことかと言うと、一つは、背が非常に低い者、曲尺で五尺一寸以下、一メートル五〇センチぐらいより低いと徴兵されない。それから、病気があったりすると兵隊にとられない。ずっと後までそういうルールがありました。また、役所や府県に奉職している者、陸海軍の学校、それから専門的な学校の生徒は徴兵しない。これも後々までありましたが、学校を卒業すると義務が発生して兵隊に行かざるを得なくなるわけです。

そこまではまだいいのですが、その次が問題で、一家の主人たる者は兵隊にとらない。現在の世帯主の後継ぎ、そのまた後継ぎに当たる孫、そういう者もとらない。ひとりっ子、ひとり孫も兵隊にとらない。また、罪を犯して刑罰を受けた者もとらない。父兄が存在するけれども、病気や事故のために父兄にかわって家を治めている者は兵隊にとらない。養子も除外です。また、代人料というのがあって、非常に豊かな者は二七〇円を納めると徴兵されない。

つまり、当時、徴兵令ができましたけれども、抜け道がいっぱいあって、お金があると代人料を納めて兵隊に行かずに済むということでした。ですから、明治時代には徴兵養子という言葉があった。徴兵検査のところで一時だれかの養子にしてもらっておいて、それでしばらくたったら離縁してまた帰ってくるという手を使う者がたくさん出てきた。当時は家族制度というものが非常に重要で、家を守るのが大事なこととされていましたから、このような例外が認められたと思われます。逆に言いますと、そういう例外はどんどん廃止されていって、一家の後継ぎであろうが、金持ちであろうが全部兵隊にとられるというようにやがて変わっていきました。

このほか、この時分になると、海軍兵学校、陸軍士官学校という士官の養成の学校もできました。作戦や用兵を研究するために参謀本部ができたのは明治一〇年（一八七七年）です。それからさらに五年ほどして、明治天皇の名で軍人勅諭が発布される。その中で、軍人とは天皇に直属している者だということが言われて、軍人が軍人の特権を主張するようになっていく。有名な話ですが、軍人勅諭の中には、「朕は汝等軍人の大元帥なるぞ」という言葉があって、「朕は汝等を股肱と頼み汝等は朕を頭首と仰ぎてぞ其親は特に深かるべき」という一文がある。それを盾にして軍人が、自分たちは天皇直属だと言ってとかく威張るというようなことが昭和時代まで続いたのです。

最後に、この時期の近代化の例として一言だけつけ加えておくのは、江藤新平という人物です。この人は佐賀県出身で維新以後、明治政府に仕えて大変な功績を残した人です。彼は司法卿になって、どんどん新しい法律を――主にフランス法の翻訳だったようですけれども――一気に作ろうとしていました。例えば民法、あるいは裁判所の規則、訴訟の手続法、刑法、憲法等々を、外国の翻訳であったにしろ江藤新平は作ろうとしていた。江藤はその後参議をやめてしまい、やがて佐賀の乱に巻き込まれて殺されてしまいましたから、江藤の考えたことは実行されなかった。

以上に述べてきたように、この時期の近代化政策は、岩倉使節団が外国に行っているときにどんどん展開していったのです。

8　明治初年の経済

一　幕末・明治のインフレーション

これから主に明治維新後の経済の話をいたしますが、その前に幕末の大インフレーションについて説明したいと思います。

図1の卸売り物価指数のグラフは、明治七年から明治九年（一八七四―七六年）を一〇〇にした、一八三〇年の天保時代から一八九〇年までの物価指数です。万延元年（一八六〇年）から物価が猛烈に上がって、一八七〇年ぐらいで山が来る大変なインフレがあったことがわかります。一八三七～三八年あたりに小さい山が一つありますが、この山が天保の飢饉と言われるものです。米が非常に不作になって、そのために事件が起こった。大坂で起きた大塩平八郎の乱は、ちょうどこのときのことです。一八四〇年代に入り、その後は緩やかなインフレで続いていくのですけれども、一八六〇年ごろになって急に物価が上昇するようになる。開港をして外国との経済関係が結ばれたところで激しいインフレが発生した。一八六二年あたりから猛烈なインフレになりますが、このインフレは、国際的な理由と開国に伴う軍備

図1　卸売り物価指数 1874-76＝100

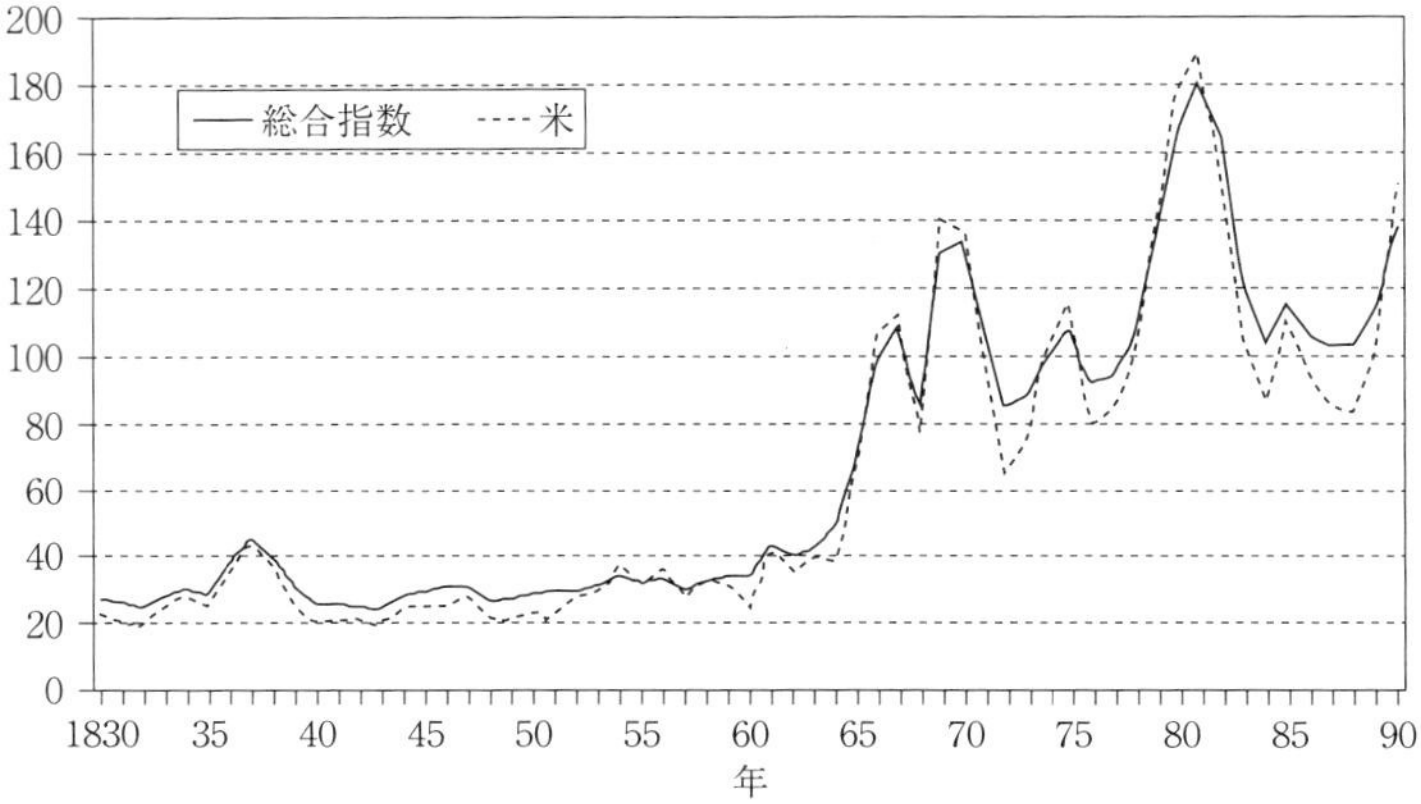

（出典）　有田富美子・中村隆英「東京における卸売物価指数の一推計——1830-1936年」『人文・社会科学論集』5（東洋英和女学院大学，1992年）42頁．

の増強の両方が重なって起こりました。

開港の後、貿易が始まるところでインフレが起こったのはどうしてだったのか。徳川時代に日本は外国と関係があったには違いないけれども、基本的には外国と日本の経済は随分切り離されたものになっていました。それをはっきり示すのは金銀比価、つまり金の値段と銀の値段との倍率が外国と日本で違っていたことです。外国におきましては、一八六〇年ごろ、金と銀の値段は、金が銀の大体一五〜一六倍でした。ところが、日本ではそれが五倍ちょっとであった。つまり、金が安くて銀が高いという関係があったわけです。その結果、外国商人が上海を経由して日本と貿易をすると非常にもうかるという結果になりました。

どうもうかるかということですが、当時アジアに持ち込まれていたメキシカン・ダラーという銀貨があった。これを日本に持ってきて、日本の一分銀とか二分銀とかいう銀貨と交換します。これは等価交換ということになるのでしょうが、それで銀貨を手に入れて、今度はその日本の銀貨でもって小判と交換します。そうすると、日本国内では金貨は銀の五倍ですから、たくさんの金貨が手に入るわけで、その金貨を持って上海まで行って、上海で今度は銀貨と交換しますと三倍になるわけです。それを盛んにやった連中がいて、日本の金貨がどんどん流出する結果になっていきました。

それから、徳川時代には何遍も金貨の改鋳が行われていますが、そのたびに金貨の品質が悪くなるのです。同じ一両の小判といっても、古い金貨ほど金がたくさん含まれている。ですから古い金貨を手に入れると、同じ一両といっても実は一両以上の値打ちがある。そういうことも外国人は承知して、日本からどんどん金貨を持ち出したのです。そうなると、幕府は、ハリスというアメリカの公使から忠告を受けました。一対一五というのが国際相場だから、日本でもそうしないと損しますよ、現にそういうことが起こっていますよ、と繰り返し言われたのです。結局、幕府は金貨の改鋳をしました。それまでの金貨に比べ小判の形を小さくし、含んでいる金の目方も少なくするということで、同じ一両小判というものが非常に安っぽい小判になったのです。その辺が安政小判や万延小判という小判の改鋳によくあらわれていて、幕府がつくった最後の万延小判は、形も小さいし、厚さも薄いし、昔の立派な小判に比べて大変情ない小判に落ちてしまったのです。これがインフレの一つの原因です。

それから、もう一つの原因は、各藩が外国との戦になるかもしれないということで軍備の増強をする、あるいは幕府に命ぜられてあちこちの海岸の防衛を行う。そういうことになるとお金が要ります。そのお金をどうやってこしらえるかといいますと、基本的には各藩は貧乏して困り切っているのですから、お札の印刷をやるわけです。そのお札が藩札という各藩のお札です。

この藩札が藩内で流通するのですが、当時は藩がたくさんあり、藩と藩の境を越えるとこのお札が使えなくなる。そうすると、両替商へ持っていって、隣の藩の藩札だけれども、これをこの土地の藩札に換えてくれというようなことを頼んで換えてもらう。ですから、両替商の商売が非常にたくさんあって、両替商というのは結構な商売だったようです。しかし、旅行者にとっては非常に不便で、ある藩を旅行してその藩の藩札を持っていても、隣の藩まで旅行するとその藩札の値打ちがなくなるというようなことがおこりました。ともかく、各藩で大変な勢いでお札の増し刷りが行われて、その結果、物価が上がったのです。

つまり、一つは、金貨の値打ちが下がって、金貨の枚数だけが増えてしまうということと、各藩が藩札を印刷するということの両方があって、物価が大変な勢いで上がった。

それからもう一つ、幕末の時期に農産物の値上がりがありました。幕末の一八六〇年代に米のとれない年がたくさんあって、値上がりが激しくおこったのです。

表1の江戸後期と明治初頭の物価指数の上昇割合では、一八四〇年（天保一一年）から一八五九年（安政六年）までの農産物の平均物価指数は二七・五です。ただし、一八七〇年（明治三年）までの最高物価指数は、一八六九年（明治二年）の一四四ですから、一八五〇年代の開国前後の物価に比べ五倍になったということです。このように、農産物は平均して五倍になったのですが、その中でも米が五・五倍で一番高くなりました。ただし、藁とか生糸とかの農産加工品はあまり上がっていない。水産加工品も五

表1　江戸後期と明治初頭の物価指数上昇割合（1874-76＝100とした指数を使用）

系列名	(1) 1840-1859年平均物価指数	(2) 1870年までの最高物価指数	(3) 上昇割合 (2)/(1)	(4) 1874-1876年物価指数	(5) 上昇割合 (4)/(1)
A　農産物	27.54	144.29	5.24	100.00	3.63
米	25.57	140.87	5.51	100.00	3.91
A1 農産品	27.43	146.01	5.32	100.00	3.65
A3 農産加工品	37.37	124.22	3.32	100.00	2.68
B　水産加工品	27.03	137.24	5.08	100.00	3.70
C　林産物	38.07	70.92	1.86	100.00	2.63
C1 木材	44.26	88.08	1.99	100.00	2.26
C2 林産加工品	29.63	68.36	2.31	100.00	3.37
E　工業製品	29.56	150.39	5.09	100.00	3.38
E2 繊維品	28.87	155.35	5.38	100.00	3.46
E3 化学品	23.59	78.15	3.31	100.00	4.24
E4 窯業品	26.07	88.03	3.38	100.00	3.84
E6 その他工業	46.61	219.21	4.70	100.00	2.15
総計	28.66	134.14	4.68	100.00	3.49

（出典）図1に同じ.

倍という上がり方です。それに比べて林産物、木材などは二倍前後で、さほど大きくなかった。

工業製品を見ると、繊維品の値上がりが五倍ぐらいになっています。その一つは輸出向けの生糸でした。幕末に横浜あたりに持ち出されて輸出された一番大事な品目が、蚕を使い作られた生糸だったのです。もう一つ重要な輸出品としましては、蚕の卵を紙に張りつけた蚕卵紙がありました。これがこの時期、なぜ大量に輸出されたかということですが、フランスやイタリアでは、蚕を飼って生糸をとって絹織物を作っていたわけですけれども、この時分、ヨーロッパで微粒子病という蚕の伝染病がはやり、蚕が全然だめになった。ですから、また蚕を飼おうとしても、卵そのものが病気に冒されていてどうにもならない。そこで、そういうことのない日本の蚕卵紙を輸入しようということが随分行われた。それで繊維関係の製品は大量に輸出されましたし、また、その値上がりも大きいという状態になりました。

この時期の経済を考えてみますと、横浜からの輸出が大量に行われると、日本国内でいろいろな問題が発生した。一例を挙げれば、生糸を横浜からどんどん輸出することになると、国内の絹織物産地で原料がなくなってくる。例えば西陣織の原料である生糸が足りない、しかも値上がりするというようなことが起こって、この時期には輸出でもうける連中が随分いたようです。

例えば若尾逸平という人は山梨県の商人ですが、彼が山梨県から生糸を運び出し横浜にどんどん持ち込むと、結構いい値段がついて輸出される。商売人で抜け目のない者はみんな横浜にいろいろなものを持ち出すわけです。江戸には昔からそういうものを扱ってきた問屋があり、日本じゅうにそういう商品を売りさばくという仕事をしておりましたが、これが全然商売にならないという状況になっていった。

そこで幕府は、五品江戸廻令を出しました。生糸をはじめ重要産物五種類は、どこへ売り出すにしても、いっぺん、産地から江戸へ持ち込んできて江戸の問屋に渡して、そこからまた出すというふうにしなければいけないという禁令を出しています。しかし、そんなものは事実上なかなか守られませんでした。

結局、地方の商人たちは大きな利益を上げることが可能になるわけですが、問題はインフレーションの影響です。私は第二次世界大戦後の大インフレという経験がありますから、インフレーションが大変だったことはよくわかります。問題は、物価が上がってだれが困るかということです。それは給料をもらって暮らしている人間です。物価が上がったからといって給料は上がるものではない。その時分、給料をもらっていました。都会でいえば職人とか、荷物を運搬する人夫のような人たちです。彼らは日給をもらっていたわけです。しかも、この時代には賃金はほとんど値上がりしませんでした。ですから、物価が上がると、上がった分だけ事実上、手取り収入が減ってしまい、実質賃金が下がっていくという状況です。幕末、打ち壊しとかいう暴動は江戸でも起こりましたし、地方でも起こっていますけれども、そういうことが起こるのは、実質賃金が下がって生活が非常に苦しくなることに基づいたものだったと思われます。

それにこの時代はお米がとれない年が多く、しかも地方の農村では、小作人は、自分の耕作している面積が少ない上、地主にお米を小作料として払わなければいけない。そうすると、生活が本当に苦しくなって、食べるものもなくなってくる。そこで、百姓一揆というようなことが繰り返しあちこちで起こるわけです。これは一八六〇年代から一八七〇年代にかけてです。

ですから、インフレが非常にひどくなり、その結果、経済状態が非常に不安定になった。貿易などで金もうけをする者もいましたが、そういう人たちは限られていた。この時期の輸出品として何があったかというと、生糸、蚕卵紙、お茶が主なものでした。

ヨーロッパやアメリカの人たちがコーヒーを覚えたのが、この時代の一〇〇年ほど前のことでして、その後、お茶を飲む習慣がついてきました。最初に輸入されたのが中国のお茶と日本茶でした。ですから、煎茶が結構輸出されていました。当時のアメリカの習慣だと、煎茶にミルクと砂糖を入れて飲んでいたらしいのです。あまりおいしいとは思えませんが、明治二〇年前後になりますと、紅茶に押されて緑茶の輸出がだんだん減ってきました。中国のウーロン茶も昔からありましたが、紅茶については、大きな半島であるインドの先に、昔セイロンと言い、今ではスリランカという島がありますが、あそこで大々的にお茶を栽培して、それで紅茶を作るようになった。リプトンですが、それが出てくるのは一九世紀の終わりで、幕末にはまだなかった。今でもインドのダージリンという紅茶がありますが、その時分そういう高級な紅茶は少しあっただけで、あまり多くはなかったと言われています。

明治四年（一八七一年）の初めごろですが、ちょうどアメリカでは新しい通貨制度が実施され、ドルが金貨に統一されることになって、中央銀行に持っていけば一ドルの札を一ドル金貨と換えてくれるという仕組みになりました。これは、いわゆる金本位制度の一種です。

伊藤博文の発案によって明治四年にできた新貨条例とは、粗っぽく言いますと、日本も金本位制度にして、金貨一円の値打ちをアメリカの一ドルと大体同じにして、一ドルと同じだけの金を含んでいる一円を造る、そして、それを中心にして今度は兌換をする（札を持っていけば銀行で金貨と換えてくれる）という仕組みにしました。

そういう仕事を引き受けたのが国立銀行と言われる銀行で、それが全国で四つできました。第一国立銀行から第五国立銀行までで、そのうち第三国立銀行は実現しませんでした。ただし、これらは国が作った銀行ではなく、私立の銀行です。アメリカで金本位制度ができたとき、国の法律に則って作ったという意味でナショナル・バンクとしたのです。だから、国法銀行とでも訳すのが正しいのでしょうけれども、国立銀行と訳したのです。国立と言えば国が作ったことになるわけで、これは誤訳です。しかし、そういう言葉ができ上がってしまいました。その第一号である第一国立銀行の頭取の座を、明治八年に三井家から引き継いだのが渋沢栄一でした。以下、横浜に第二国立銀行ができました。第四国立銀行の後身の第四銀行は今でも新潟にあります。このように、四つそういう銀行ができました。ところが、これを始めると、みんなが待ってましたとばかりにお札を手に入れて国立銀行に金貨に換えてくれと言って来るのです。そうすると、断るわけにいきませんので、こういう銀行はいずれも金貨がたちまちなくなって、ちっとも手元に残らない。銀行としては経営が非常に困難という状態になっていきました。

つまり、幕末の経済というのは、インフレが起こり、そして新貨条例を明治四年に行ったが失敗に終わると、また、農民一揆が繰り返し起こり、都会では打ち壊しが起こるということでなかなか困難な状態であった。

「上からは明治明治と言うけれど治まるめいと下からは読む」という狂歌ができたという話があります。そういう中で財政の建て直しが必要になってきました。明治政府の収入は、全国約四分の一の土地から上がってくる年貢だけである。それだけではとてもやっていけない、それが財政の方からの廃藩置県をする一つの理由でした。

二　財政再建――地租改正

廃藩置県は秘密のうちに計画されて、明治四年（一八七一年）七月に天皇の詔勅という形で、いっぺんに藩を廃して県を置くことにした。それがあまりうるさくなく実行され得たのは、多くの藩が財政困難であったことによると思われます。

各藩はどういうふうにしてそれまで財政のやり繰りをしてきたかということですが、主に大坂、一部は江戸にもあったかもしれませんが、大きな商人から利息をつけて金を借りるのです。大きい商人の立場としては、今の各藩はこれから先もずっと長く続くであろう、そういう藩であれば、金を貸して元金まで取り返すことはできないにしても、利息さえ払ってもらえればいつまで貸していてもいいというような考えがあったと思われます。

もちろんそこには、各藩と貸した方の商人との間での話し合い、駆け引きがあったに違いないのですけれども、利息を払って、元金の方はまた借り増しをするようなことが行われた。簡単にいえば、利息を払うために、また借金を積み重ねるということになっていった。しかし、大名の家が潰れなければ、そういうふうに貸しておいて利息だけ入ってくるのは、商人とすればそんなに悪い話ではない。

これは今から三〇年くらい前の話ですけれども、ラテンアメリカの国々はみんな財政難で、外国から借金をして何とかやっていた。ところが、借金の利息と元金が払えない。ヨーロッパやアメリカの銀行、それから日本の大銀行がそういう国々に大量のお金を貸していました。騒ぎが大分大きくなって新聞種にもなりましたが、結局は片づくのです。どう片づくかというと、支払いの予定の年月を先へ延ばして、とりあえず利息を払うと約束するわけです。お金を貸している銀行の方も、相手にお金がないのはわかっています。払ってもらえるとは思えないけれども、やかましく催促すると、相手の方も困りますから、じゃ、またお金を貸してくれ、となる。借金で利息を払って、元金の支払いの日取りを先に延ばすわけです。その話し合いをしょっちゅうしていました。日取りを決めることをスケジュールと言いますが、それを作り直すリスケジューリングという言葉がしょっちゅう使われていました。最後には日本の銀行はリスケジューリングという言葉を使わなくなり、リスケと言っていました。新聞種にはなりませんけれども、今でも相変わらずラテンアメリカのリスケが続いているのだろうと思います。相手の国がつぶれず、お金を貸してあって利息が入ってくるのであれば、銀行の方はそんなには困らないということでしょう。それと同じことが幕末の藩と大商人の間で行われていた。

各藩には借金や藩札というものがあったけれども、明治政府が藩をつぶしたので、各藩の借金と藩札の後始末を全部明治政府が引き受けることになった。藩の方からすれば、返せっこない借金を抱えてきて、それを政府が引き継いでくれるというので、これは悪くないことだったかもしれない。政府がどういうふうにしたかと言いますと、借金を三つに分けて、各藩の借金のうち文政六年（一八二三年）までに借りた分は全部払わないで、取り消しにしました。それから、文政七年から明治元年（一八六八年）までに借りた分は無利息で、五〇年たったら元金だけ払うという公債を発行して待たせる。明治元年から四年までの間の借金については、わずかな利息をつけて払ってやるということにしたのです。しかし、これは踏み倒したに近いと言っていいかもしれない。少なくとも昔の分は完全に踏み倒したのですし、過去四〇年分ぐらいについては無利息で、五〇年たったら払ってやるというのですから、それは払ってくれるうちには入らない。実際、その時分、公債というものが出されたのですが、それを売ってみると、マーケットでの値段が非常に安い。古い借金について、幕末の文政七年（一八二四年）から明治元年までの間に出た分についての公債は、五〇年たったら払ってやるというわけですから、そういう公債は額面一〇〇円のものが一八円ぐらいにしかならない。一八円で買ったものが、五〇年たったら一〇〇円になるということで利息がついてくるわけです。それで何とかやりましょうということにした。高橋亀吉という、経済分析の大家がおりますが、高橋の見方によりますと、大体七割から八割を踏み倒して、二～三割を残して払ってやることにしたということです。これが明治政府のやり方であった。だから、明治政府というのは随分乱暴なことをしたわけです。その結果、大名にお金を貸していた商人たちのうち、三四家中二三家が倒産した。要するに、大名貸しをやっていた者はみんなもたなかったのでしょう。三井などは随分危険なこともあったようですけれども生き残ったのですが、大名貸しをするほどの大商人の多くがこれでつぶされてしまった。

しかし、明治政府はそれで廃藩置県の後始末を一つつけたわけです。今度は各地方から日本中の税金が中央政府に入ってくることになったのですが、この後も随分大変だったようです。明治政府には年貢の米が入ってきましたが、米というものは虫がついたりして、ほうっておけば品質がだんだん悪くなる。

昔、各藩ではそれぞれ長い間のしきたり、ノウハウがあったようです。例えば一部の米は、参勤交代などで江戸へ来ることもあるから江戸へ送るし、また地元で売りさばいて米の処分をしてきたのですが、廃藩置県をやったら、明治政府が全部お米を受け入れることになり、その受け入れた米をどう始末するかが大変大きな問題になりました。江戸に蔵をつくって、米を積み上げたのですが、その米はなかなか売れない。それで、大真面目に米の輸出を考えた時もあったようです。

それから、廃藩置県ののち、明治新政府の中にいろいろな役所ができて、それぞれが新しい計画を作りました。例えば鎮台を作り、国内の鎮圧に当たりますが、その予算が必要となる。それから、司法省は、各地方に裁判所を設けて新しい司法制度を作るわけですが、これももちろん予算がいる。そういういろいろな予算をみんな大蔵省に要求していきます。ところが、それらの要求に対して時の大蔵大輔であった井上馨と、その下におりました渋沢栄一が片っ端からはねてしまう。予算がつくのは軍事費だけである。そうなると、国内で大きなもめ事が起こりました。

その次に、重要な地租改正が実施されます。明治六年（一八七三年）から始められた地租改正とは、昔ながらの年貢でやっているのでは具合が悪いので、地租を全部お金で払わせるようにしたということです。やり方もかなり思い切ったものでした。従来は地主が土地を小作人に貸し、年貢として米を地主が取って、その年貢を地主が殿様に払っていましたが、土地々々の慣行で、かなりいろいろだったようです。地租改正は、その辺を全部はっきりさせようとした。

まず、土地の所有者さえはっきりしない土地がたくさんあったので、土地の所有者を確定させ、その人に地券を与えた。例えば、どこからどこまでの面積一町歩（約一ヘクタール）は中村太郎という人間の所有地であると確定し、地券を中村にくれます。それには土地の値段つまり地価が書き込まれていました。地租は地価に基づいて負担し、地価の三％が地租である。例えば土地の値段が一五〇円であるとすれば、その三％ですから、四円五〇銭の地租を毎年払わなければいけないことが決まるのです。もう一つ、地租は地価の三％ですけれども、このほかに民費も決められました。地方税のことで、それも一％払わなければいけない。だから、地価の三％と一％の税金を土地の所有者が負担するということになって、地券を与えられた者が土地所有者であることになったのです。この地租改正は六年ばかりかかって、日本中、全部の地域で行われました。

このように、例えば一五〇円の田圃の地租は四円五〇銭であり、それに民費が一％分で一円五〇銭かかりますから、六円という金額が決まるのですが、米の値段は上がったり下がったりしますので、米の値段が高くなった時期に地租を払うのはそう負担ではない。ところが、米の値段が下がってきたような時でも、六円と決まったものならば、それだけ払わなければならない。しかし、これは払う方からすれば大変な負担です。

つまり、地租が定額税だったので、米価の変動によって地租は重くなったり軽くなったりするという性質を持っていた。明治九年（一八七六年）に米価が大変下落して、全国的に農民一揆が起こり、減税の要求が強くなりました。士族の秩禄処分、すなわち禄を取り上げてしまうことと重なって、士族は怒るし、農民も怒るという状態で、国内で問題が重なって発生してきた状況になりました。

大久保利通は当時の政府の実力者ですが、士族も騒ぎ、農民も騒ぎ、両方が問題を起こしたら、明治政府が成り立たない、思い切って地租を下げましょう、と明治九年の年末に建議を出します。

明治九年の一一月から一二月にかけ、和歌山、茨城、三重、愛知、岐阜、堺県下で農民暴動が起こりました。米価低落による地租引下げ要求では処罰者が五万七〇〇〇人ほどです。これがひどくなったら大変だということで、結局、その翌年一月四日に、大久保の建議に基づいて地租を〇・五％引き下げる。つまり、三％だったものを二・五％に下げたわけです。「竹槍でちょいと突き出す二分五厘」と言われるのは、このときのことです。

三　秩禄処分――士族特権の削減

もう一つ経済問題として非常に重要なのが、士族の禄（給料）を取り上げてしまう秩禄処分が行われたことです。

廃藩置県が行われ藩が廃されたのですが、その際には、国を守るのは士族の職分であって、士族の仕事はなくならない、禄は相変わらず与えられるということにしました。廃藩置県で、殿様は知藩事という名前を外され、単なる華族としてみんな東京に住めということになったのですが、士族の方は相変わらず地方に住んでいて、わずかですけれども、禄をもらって暮らしていました。

ところが、このとき実は禄が非常に安くなりました。給料の切り下げが行われたわけで、幕府の家臣だった場合、五〇〇石以上の禄を取っていた者は大体一割以下に下げられた。ということは、五〇石より少ないわけです。禄が低かった者は切り下げ率がそれほどひどくない。しかし、三〇石の者は大体八石ぐらいに下げられた。士族は明治になってすっかり落ちぶれてしまっていたのですが、それでも禄をもらえる間は遊んで暮らすことが可能でした。しかし、召使などがたくさんいたのをやめさせて、それでも士族は威張っていたということでしょう。

ところが、明治政府の財政の数字を見てみますと、財政支出の中で三割から四割に当たる分は士族に対する家禄で、何にもしていない士族に禄を与えるのではとても政府がやっていけませんから、やがて士族の禄を廃止しなければならない。そこで、明治六年（一八七三年）に家禄奉還制を実施しました。これは新しく事業を始めようとする者などが政府に申し入れをすると、家禄の四年ないし六年分を産業資金として与えられるが、そのかわりそれで打ち切りで、後は何にもあげませんということです。これに応じて家禄を奉還して事業を始めた者もあったのですけれども、そういう者はあまり多くはなく、相変わらず家禄を受け取っている士族の方がはるかに多かった。

明治政府は、とにかく禄を何とかしないとてもやっていけない、財政が成り立たないということになり、結局、明治九年（一八七六年）に、家禄の四年ないし六年分を公債で支給し家禄を打ち切ることを一方的に決めたのです。明治維新からちょうど九年目ですけれども、これで士族がその特権を完全に失ったことになるのでしょう。

同時に、それまでは刀は差しても差さないでもいいと言われていたものが、今度は刀を差してはならないという、完全な廃刀令が実現しました。そのとき士族は動揺して、各地で反乱が起こる結果になったのです。当時、士族は日本に三〇万人か四〇万人おりましたから、この連中の全部に公債を与えることにする。当時それだけの金は日本政府にありませんでしたし、将来払ってやるにしても相当大変だということで、外国からお金を借りた。公債を使って秩禄処分を行いました。

考えてみますと、明治維新では、王政復古、幕府を倒すということが最初の看板で、薩摩と長州がそういう計画を立て政策を実行した。しかし、それ以上のことを考えることはなかったのです。当時は、幕府を倒して日本を朝廷のものにし、太政官の政府ができるけれども、新政府に反抗した会津藩などは別として、そうでない藩はそのまま残るという考え方が一般的だったと思われます。維新のときに活躍した大久保とか木戸とかいう人たちでも、それ以上のことはあまり深く考えていなかった。

やがて版籍奉還が行われ、幕府から各藩に世襲財産のようにして与えられていた土地の支配権をいっぺん、明治天皇にお返し申し上げ、改めて朝廷で受け取るが、今までの藩主が知藩事または藩知事となり、その土地を支配しなさい、となります。これが明治二年（一八六九年）です。しかし、その二年後、廃藩置県で藩が消えてしまい、さらに五年経つと今度は家禄奉還となって、士族の特権は完全に失われてしまいました。

明治維新は、だんだん激しい変化を進行させていかざるを得なくなった。初めから廃藩置県や家禄の奉還が計画されていたとは思えないのです。やっているうちに、どうしてもそこまでいかないと間に合わないという状況になったのが明治維新だったと言っていいかもしれません。

明治維新の時に一番働いたのは、薩摩や長州の下級武士でした。家老などももちろん働いたのですけれども、平均していえば、むしろそれよりも位の低い侍たちが実際に運動して明治維新を成し遂げた。その下級武士の一部が明治政府の役人になって偉くなりましたが、偉くなり損なった者もたくさんいるわけです。すでに触れた国木田独歩の小説『富岡先生』のように、地方に引きこもって明治政府に召し出されることなく不平不満を抱えている者も大勢いたに違いない。ですから、幕府の遺臣であるとか、あるいは何々藩の遺臣であるとかいうような形で、不平と不満を抱いた士族がその後もずっといたのは事実でしょうし、結局、維新というものの動きが、予想しないような変化をもたらしてしまったことになります。一番苦しい思いをしたのは、実は維新の際に働いた下級武士であったということになるのかもしれません。

しかし、明治維新では、そういう犠牲の上に中央集権政府、明治政府を作り上げ、その政府がそれから先の政治の主役になっていった。その結果、明治の前半においては薩長土肥というような一部の藩の出身者、それも全部ではなく、ごく数名あるいは数十名というような人たちが中心になって新しい政策を実行した。その政策の中身が、非常に大きな変化をもたらしたということになるのでしょう。

藩というものがなくなって、軍の制度にしても、全国で統一的な陸軍、海軍が作られる結果になった。税制においても、先ほど地租改正の所で述べたように、お米で取るという税制が今度はお金で納める。しかも、土地所有者というものを確定して、その土地所有者が税を納めるという体制になった。明治の初めはそれまでと同じように、土地、特に農地に課せられた地租が税収入の大部分を占めることになっていました。しかし、この地租は、それから先、増税するのが非常に難しくなりました。この土地には何円というふうに地租が決まったと申しましたが、全国の土地について全部地租がかかりますから、後になるほど地租の増徴に対する反対が出てきました。

結局、地租は、基本的には地租改正の時に決まった金額に、わずかの積み増しがはるか後になって行われたのですけれども、全体とすれば、据え置きでした。それどころか先ほどお話ししたように明治九年に、三％が二・五％に切り下げられるということになってしまった。

そこで、明治政府はその後、他の税金をだんだん取るようになっていきます。その内で一番大きかったのは、酒に対する税金です。明治の半ばになりますと、地租よりも酒税の金額が大きくなるということで、税制度が変わっていきます。地租だけが明治の租税であったように言われますが、それは間違いで、最初は地租が中心であったが、後からは酒税が出てきて、これが地租と並ぶ税になっていくと言えるでしょう。

それから、近代化政策として、この時期にできたものが郵便の制度、全国的な電信の制度です。さらに、外国の産業が入り、風俗、習慣、生活様式も変わっていきます。『安愚楽鍋』の所で述べたように、食べるものなどでもがらっと変わってくる。明治の初めに起こった変化は、それまでの日本の社会を大きく変えてしまったと言えると思います。ただし、こういう風俗・習慣とか生活様式の変化とかはいっぺんに変わるのではなくて、変わるきっかけができると一〇年、二〇年という単位でだんだんと変わっていったのです。

9　西郷と大久保

一　征韓論と西郷

西郷と大久保の物の考え方についてお話しします。西郷、大久保、木戸の三人を維新の三傑と言いますが、西郷という人は一番わかりにくい人だという気がします。この人はときどき故郷の鹿児島へ引っ込んでしまって、何が不平だかよくわからないときがあるからです。もう一つ重要なのは、征韓論を非常に強く頑張ったわけですが、最終のところで、結局、岩倉、大久保というグループに抑え込まれ、それを実現できないことです。その後、鹿児島に帰り、私学校を作り若者を集めて教育をやる。その中で、私学校の生徒たちが暴発して、とうとう西南戦争までいってしまう。そこで西郷は、「しまった」と思ったらしいのですけれども、「もう仕方がない」と覚悟を決めて、今度は担がれて西南戦争のシンボルのようになっていく。そして最後は城山で討ち死にする。そういう非常に複雑なコースを歩いた人です。

ところが、今でも西郷は人気が非常に高い。西郷を記念する事業をやるというと、あっと言う間にお金が集まるそうです。それに比べて大久保利通という人は、人気がないのでしょうか、大久保関係の事業をやるといっても、鹿児島では寄附金がなかなか集まらないということです。西郷は鹿児島だけではなく、東京においてすら人気が高い。大久保という名前はもちろん歴史の教科書に出てきますけれども、魅力のある人ではないと思われているところがある。つまり、西郷隆盛というのは非常にポピュラーな英雄ということでしょう。最後に悲劇的な死に方をしたことも影響しているのかもしれません。

福地惇著『明治新政権の権力構造』（吉川弘文館、一九九六年）という本がありますが、これは西郷隆盛を中心にした明治維新論になっています。主にこの本によって西郷は何を考えていたのだろうかということを問題にしてみたいと思います。

現在でも、西郷隆盛をまともに論じようとしている多くの本があります。例えば、西郷隆盛は征韓論を唱えたのではないという議論をする歴史家もあります。実際、西郷自身は、自分が先頭に立って朝鮮に討ち入ろうと言ったことはありません。明治維新直後の木戸などがそういうことを言ったのであって、西郷自身はそうではないのです。彼は、自分のような者が大使となって韓国に行って、道理を説いて開国を迫るならば、彼らは必ず使者を殺すであろう、そうなったらそこで兵を挙げて攻めたらいいじゃないかと、そういう議論を盛んに繰り返している。自分が使者になって、行って殺されたら、どうぞ攻めてください、というところまでを含めて征韓論だという理屈が一方にあります。

そういう西郷という人のわかりにくさをうまく説明しようとしたのが福地氏の本です。複雑な西郷の心理とか物の考え方を福地氏は次のように説明します。まず、政治については、時の勢いというものを知らなければならない。しかし、その勢いに乗じて何かやった場合には必ず相手の術に陥って失敗してしまう。また、理屈だけでもって政治をやろうとすると、それもまたうまくいかない。つまり、理と勢いというものを兼ね備えなければ政治はうまくいかない。こういう考え方は、彼が若いときから勉強した中国の陽明学の影響だと言われています。

西郷隆盛の『西郷南洲遺訓』という本があります。これは西郷が口にしたこと、それから、『言志録』の中の一部分を西郷が写して解説をしたようなものがくっついています。この『西郷南洲遺訓』の中に、彼のそうした考え方がかなり詳しく出ているので、それを手がかりにして、福地氏は西郷の考え方を問題にしようとします。例えば敬天愛人という言葉があります。天を敬って人を愛するという考え方です。「道は天地自然の物にして、人は之を行ふものなれば、天を敬するを目的とす。天は人も我も同一に愛し給ふゆゑ、我を愛する心を以て人を愛する也」。「人を相手にせず、天を相手にせよ。天を相手にして、己れを盡て人を咎めず、我が誠の足らざるを尋ぬべし」というような言葉が西郷隆盛の遺訓の中にたくさん出てくる。儒教の中でも陽明学といわれる、王陽明という人の考え方に傾倒していたらしいのです。

西郷の考え方が大久保や木戸とどこが違うかという点を福地氏は次のように言っています。西郷は限定西洋化論者であった。これに対して、大久保や木戸は総体西洋化主義であった。そこが福地氏の考え方の一番中心になっている部分です。限定西洋化論とは何であるかといいますと、西郷は精神というものを重く見る精神主義者である。あるいは漸進主義、つまり次第にゆっくりと進むという考え方である。急進ではなく、緩やかに進むところに彼の特色がある。

西郷は、公平で、かつ至誠を尽くして事に当たらなければいけないということをしょっちゅう繰り返して言っています。これは外国と日本の交際の場合でも全く同じです。「廣く各國の制度を採り開明に進まんとならば、先づ我國の本體を居《す》ゑ風教を張り、然して後徐《しづ》かに彼の長所を斟酌するものぞ。否らずして猥りに彼れに倣ひなば、國體は衰頽し、風教は萎靡《ゐび》して匡救す可からず、終に彼の制を受くるに至らんとす」。こちらの立場をはっきりさせて、考え方のもとを据えてから外国の文明を取り入れるべきであるというのが西郷の一貫した考え方であった。つまり、こちらの立場を確立してから、必要と見れば外国のものを取り入れればいいのだという考え方です。

その時代の人たちについての西郷の批判があります。「或ひは耳目を開發せんとて、電信を懸け、鐵道を敷き、蒸氣仕掛けの器械を造立し、人の耳目を聳動《しょうどう》すれ共、何に故電信鐵道の無くては叶はぬぞ缺くべからざるものぞと云ふ處に目を注がず、猥りに外國の盛大を羨み、利害得失を論ぜず、家屋の構造より玩弄物に至る迄、一々外國を仰ぎ、奢侈の風を長じ、財用を浪費せば、國力疲弊し、人心浮薄に流れ、結局日本身代限りの外有る間敷也」という部分です。電信、鉄道は本当に必要なのか、その理屈を考えなければいけない。また、受け取るべきものがあるとすれば、こちらの基本を確立した上で、限定的に必要なものを取り入れていく。これらが西郷の思想でした。西郷にとって世の中で一番大事なものは、教育と軍事と農業でした。第一は、人間を作るための教育、第二は、軍隊を強くし国の力を蓄えなければいけないということ、第三は、国の産業の基本である農業を大事にして発展させなければいけないということでした。こう西郷はあちこちで書いています。

西郷に悪口を言われた木戸とか大久保とかはどうであったかといいますと、西洋を回る前からそうだ

図2

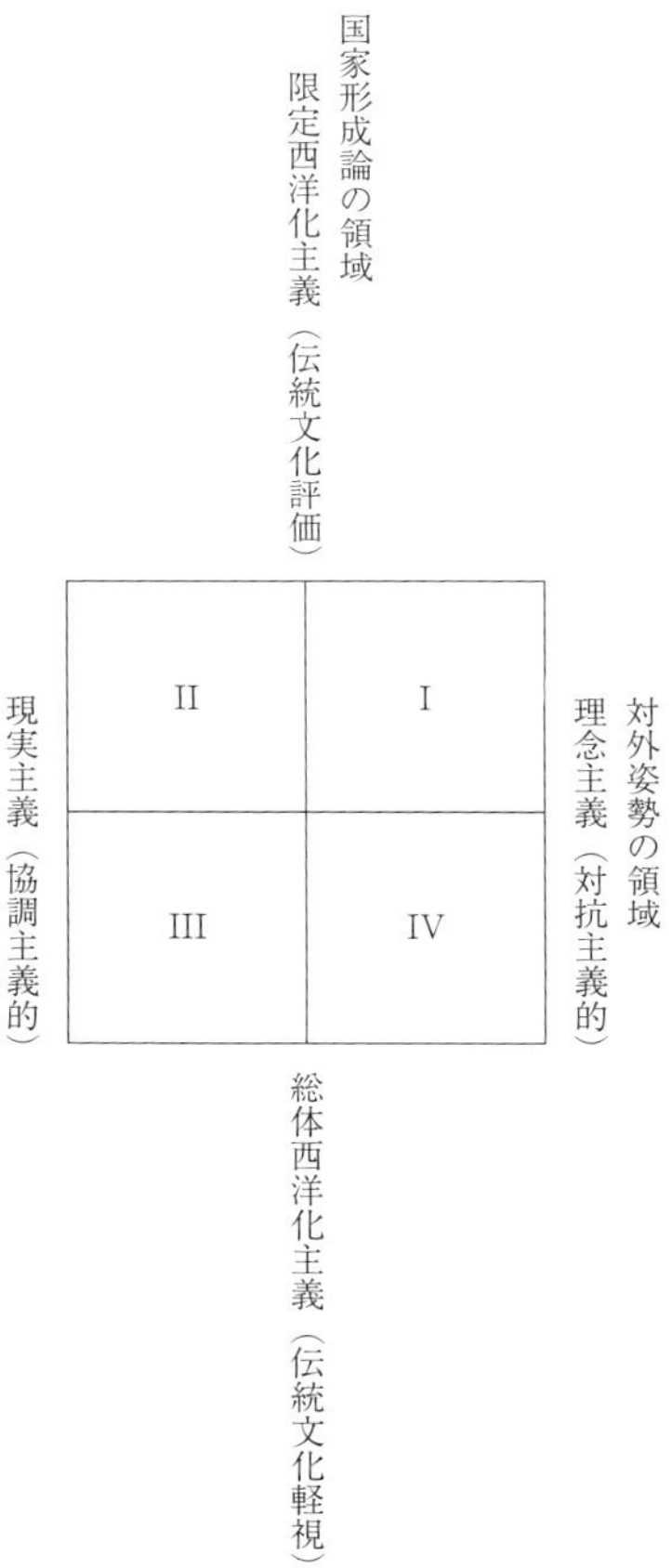

（出典）　福地 惇『明治新政権の権力構造』（吉川弘文館，1996年）151頁.

ったのだろうと思いますが、特に西洋を回って帰ってきた明治六年（一八七三年）には、完全に欧米の制度とか文化・文明に傾倒していて、日本も早くあそこまで発展しないといけないという考え方を非常に強く持つようになっていた。福地氏はこれを総体西洋化主義と呼んでいて、何もかも西洋の通りにしないといけないという考え方であった。そこのところに西郷と大久保や木戸の考え方の違いがあったというのです。

福地氏が作った図2をご覧下さい。縦軸に「国家形成論」をとりますと、一方は限定西洋化主義（伝統文化評価）、他方は総体西洋化主義（伝統文化軽視）となります。横軸に「対外姿勢」をとると、一方は理念主義（対抗主義）、他方は現実主義（協調主義）となり、この図では、西郷は右上、大久保、木戸は左下にきます。

西郷は、外国の文明を全部否定するわけではなくて、こちらの立場を固めてから本当に必要なものだけを入れればいいが、なるべくそういうことはしない方がいいという考え方であったと思います。そう考えてくると、西郷という人についてある程度のことはわかります。国としての形を整えて、軍備も整えるというような大目的があるとすると、鹿児島藩がなくなるような廃藩置県をやることについては西郷は受け入れることができる、あるいは受け入れなければいけないと思った。しかし、外国の文明とか外国の思想を、わけもなくただ取り入れるというようなスタイルに対しては反対であった。これが西郷の考え方だったのでしょう。しかし、明治政府に入った人たちは、極端な国学者のような人を除くと、八割、九割までは総体的西洋化論者で、大久保のような考え方を持っている人が多かったと思われます。

征韓論は、西郷以外の人でも唱えたに違いない。そういう人びとは、ヨーロッパの国々はアジアに出てきて植民地をどんどん拡張しているではないか、それなら日本も手近い韓国を侵略することによって、事実上、植民地にしてしまう方がいいではないかという考え方を明治維新の最初から持っていた。実は鎖国時代にも本居宣長、あるいは吉田松陰というような人が、単なる空想論としてですけれども、こちらから出ていって世界中を植民地にしてしまえというような議論を唱えていました。したがって、西郷の征韓論にしても、それとあまり変わらないとも言えるわけです。

木戸は維新の初めに、国内を統一するためにむしろ征韓をした方がいいという議論をしたことがありましたが、特に岩倉使節団に加わりヨーロッパを見て帰ってきてからは考え方が大きく変わった。ヨーロッパに行く以前からそうだったのかもしれませんが、外国に対して事を構えるのは非常にまずい、何よりもまず国内の政治をしっかりとさせることが大事で内治が優先だ、と考えるようになる。

木戸がヨーロッパへ行っていろいろと考えてきたのは、各国とも国の基本法としての憲法があって、それに基づいて政治をやっており、日本も早く憲法をつくらなければならないこと、それから、国内の政治制度を整備しなければいけないことでした。また、彼が強く感銘を受けたのは議会政治でした。国内で代議士を選挙によって選び出し、その人たちが国政を運営している。また同時に、三権分立、すなわち立法、行政、司法という三つが、それぞれ独立した機関として存在し、それが国政を担当するのでなければいけないという考え方を強く持って帰ってきたようです。

そういうような制度で国をだんだん発展させていくことになれば、まず国民の経済力をもっと豊かにしなければいけないと強く感じたのです。アメリカの一般の農民の生活を見て、日本の農民が貧しいことに気がついたのだろうと思います。国の経済力を高めて、国民の生活をもっと楽にしなければいけないというのが木戸の考え方でした。

大久保も、木戸の考え方とほぼ同じでした。あるいは岩倉使節団の大将であった岩倉具視ですら、そういう考え方にかなり影響されたと言えるでしょう。岩倉はもちろん一番保守的であって、天皇陛下が独裁政治をやり、それを優秀な官僚が補佐する、議会というものはまだ先だ、という考え方を持っていたに違いないと思いますけれども、やたらと近くの国と戦争をするようなことについてはあまり賛成ではなかったと思われます。これらが西郷の思想と木戸や大久保との考え方の違いです。

大久保と西郷の二人は、鹿児島の同じ町に生まれました。身分の低い士族の子弟であって、西郷の方が兄貴分です。二人ともさんざん苦しい思いを一緒にしてきた人たちです。西郷は島津斉彬にかわいがられて育ったけれども、その後の事実上の藩主であった島津久光には大変憎まれて、島流しに二度遭ったりする。そうした時、中心になって鹿児島を引っ張ったのは大久保であった。そういうように、二人は兄弟よりもっと親しい関係だったのですが、考え方は、今まで述べたように随分違ってしまいました。

岩倉使節団が外国へ行ったときの留守政府の中心人物は西郷です。ところが、この西郷の下にいて留守政府を支えていたのは、大隈重信とか井上馨とか、あるいは江藤新平とかいうような人たちでした。こういう人たちは、みんな総体西洋化論者で、西郷だけがそういう連中の上に乗っている形になっていた。だから、西郷は留守番をしているときもあまりおもしろくはなかったのでしょう。

西郷の考え方としてもう一つ、つけ加えておきます。昔、西郷が水戸の藤田東湖に会ったときに言われたことは、「賢人政治家は人材を活用する」ということでした。「開闢以來世上一般十に七八は小人なれば、能く小人の情を察し、其長所を取り之を小職に用ひ、其材藝を盡さしむる也。東湖先生申されしは『小人程才藝有りて用便なれば、用ひざればならぬもの也。去りとて長官に居《す》ゑ重職を授くれば、必ず邦家を覆すものゆゑ、決して上には立てられぬものぞ』と也」。明治政府にいるのは小人で、小利口でうまいことをやるけれども、みんな小人である、西郷はそういう立場で留守政府の中心になっていた。

韓国は、日本が開国して欧米と交際するようになった後も頑として鎖国を続けていました。これは実にはっきりしたもので、アメリカの軍艦が一隻か二隻入っていった時にも、兵力を総動員してこれを撃退して追い出してしまったことがあり、開国の姿勢を一切とらない。韓国は当時の清の属国のようになっていたのに、清国は欧米との関係をすでに持っていました。明治政府ができたということで、日本は韓国に手紙を送ろうとしましたが、従来の形式と違うというので一切受け付けなかった。徳川幕府と当時の韓国との間には交際がありましたけれども、その時分のやり方と違うから受け付けないというのです。今の釜山のところに日本の出張所のようなものがありましたが、それも外側から封鎖してしまった。このように、韓国は維新後の日本を無視し続けたのです。日本に対してだけではなく、世界各国に対しても開国を認めないのが韓国の立場でした。

征韓論というものは、以前から何度も出てきたのですが、このときにもまたこの考え方が出てきたのです。実は外務省のあまり偉くない人たちが盛んにそういう議論をしていたようです。あるいはもっと前に木戸などが、韓国を軍隊で撃つという思想を説いた時もありましたが、それは行われないできました。しかし、岩倉使節団が出かけてしまった明治五年から六年（一八七二―七三年）にかけて、その話が表に出てきたのです。

西郷は、まず韓国に開国を勧め、これに反対して、もし使節を殺すならば韓国を撃つ、その使節には自分が当たりたいと強く言いました。そこのところの考え方として、これも西郷の言葉として非常に有名な言葉があります。「命もいらず、名もいらず、官位も金もいらぬ人は、仕末に困るもの也。此の仕末に困る人ならでは、艱難を共にして國家の大業は成し得られぬなり。去れ共、个様《かよう》の人は、凡俗の眼には見得られぬぞと申さるゝに付、……」という文章が『西郷南洲遺訓』の中に出てきます。しかし、恐らく、自分がその気分だったのでしょう。

清国との間に外交問題が出てきたときは、副島種臣《そえじまたねおみ》が外務卿として清国に行って、清国を説き伏せて条約を結んで帰ってきた。これは大変な功績でした。そして、西郷が、今度は私が韓国に行きたいと言ってくるわけです。その背後にあったのは、当然、士族に対する配慮だったと思われます。

廃藩置県があって藩がなくなってしまった。士族には、前々から家禄が与えられていました。藩がある時分であれば、お役目があって、それに対して禄が与えられたけれども、軍隊の方では陸軍、海軍ができ、徴兵令を敷いたのですから、軍事に携わる者は徴兵令で集められた兵隊であり、陸海軍の学校や教導団で育てられた士官である。一方士族は、全く何もしないで禄をもらっていることになるので、やがて身分もなくなってしまうのではないかという不平不満がある。そして、百姓を集めて一体何ができるのか、強い軍隊などできるわけがないではないかという悲憤慷慨がある。そういう考え方は鹿児島あたりに行けば特に強かった。

西郷が征韓論を真面目に考えた理由として、士族に仕事を与えてやりたいという気持ちがあったことは否定できないだろうと思います。鹿児島の士族などは、もし征韓論が実際に行われるようなことがあれば、みんな一番に応募して、それで戦場に行きたいという気持ちを持っていたと思われます。

二　征韓論政変と大久保政権の成立

西郷は、留守政府において、しばしばこの議論を持ち出しました。そうなると、留守政府の参議と言われる主要メンバー、板垣退助、江藤新平というような人たちは大体西郷に同調した。当時の太政大臣は、三条実美《さねとみ》という公家であって、あまり強い人物ではない。西郷に説きつけられると、これをはねるわけにはなかなかいかない。三条とすれば、現在、岩倉使節団として主要な政府の要人がみんな外国へ行っている、彼らがもうすぐ帰ってくるから、それまで待ってくれないか、と言うのが精一杯だったと思われます。

確かに、岩倉使節団は、出発する前、重要事項は自分たちが帰ってから決めることにするので、あまり大きいことは決めないようにと言っていました。しかし、実はその間に重要なことを留守政府がどんどん決めていくわけです。例えば徴兵令、学制、地租改正など、決定的なことが留守中にどんどん決まっている。徴兵令などであれば、使節団で外国へ行っていた人たちもそう反対ではないから、留守中に決められてもあまり文句はなかっただろうけれども、征韓となると、反対意見が非常に強くなっただろうと思われます。

しかし、西郷は、国の政治というものは刻々と動いている、使節団が帰るまで物が決められないということはないと言って三条を説きつけて、いったん閣議の決定ということで征韓論が正式に決まったのです。そこに、使節団が帰ってきます。

使節団はいっぺんに全部帰ってきたのではなく、出先でばらばらになって、一人ひとり帰ってきました。大久保利通などは、早めに六月ぐらいに帰ってきました。しかし、一人だけでそういう政府の問題にかかわるのは具合が悪い、当分何のお役にもつかない、ということにしていました。岩倉その他が帰ってくるのは九月になりますから、数ヵ月の間、大久保は関西を旅行したりして中央を離れていたのです。

木戸や岩倉が九月に帰ってきて、いよいよ閣議が開かれましたが、その時、大久保や木戸は、また参議にされて会議に出ました。そこで大久保や木戸は征韓論についていろいろ言ったと思いますが、すでに決定されているという西郷の主張で押し切られ、西郷を派遣することが決まりました。

いよいよ明くる日、天皇に奏上するというところで、あまりに問題が難しいからでしょうか、三条実美は家に帰ってから大熱を発し何にもわからなくなってしまった。その結果、三条に何かやってもらうわけにいかなくなったというので、岩倉が代理になって、もういっぺん閣議が開かれた。そこで西郷は、自分の主張が最後の段階でひっくり返され、辞表を提出して辞めてしまいました。表へ出ていくときに、一緒に出ていく征韓論のほかの参議に向かって、右大臣は頑張り申したなと岩倉をほめたそうです。そういうところがいかにも西郷らしいと思います。自分の立場とは正反対でありながら、主張を貫いた岩倉をほめるわけです。西郷と一緒にやめたのは江藤新平、板垣退助、副島種臣といった人たちです。

それで、結局、三条、岩倉、大久保、木戸たちが中心になって政府を立て直す。政府に残ったのは大隈や伊藤のような人物でした。なお、お断りしておきますが、井上馨は、その前に大蔵省の関係で江藤新平、その他と対立して政府を辞めていました。

ですから、明治政府のその後の中心になった者は、何といっても大久保利通でした。木戸もこのころになると辞めたがっていて、実際、参議を辞めます。そして大隈や伊藤というような人たちが大久保の周りを取り巻いているという形になりました。

大久保という人は非常に強い意見を持ち、考えに考え抜いて、いったん決めたら必ず断行するという人だったようですから、他人の信用も非常に大きかった。これから西南戦争の後までの明治政府のことを、太政大臣は三条であり、右大臣は岩倉であったけれども、事実上は大久保政権と呼ぶことが多い。首相に当たる者は三条ではなく、大久保であったということになるかと思います。

その大久保は事実上、自分の政権を作った後、内務省という役所を作りました。この内務省は、当時とすれば非常に強大な権限を持つ役所として構想されました。内務省は、今の政府で例えて言えば、警察、地方自治、公衆衛生、労働、農林、通産の仕事を握っていました。何といっても県知事を全部握っていて、それの一番上にいるのが内務省ですから、地方行政は完全に内務省の権限の下にありました。したがって、当時、内務卿大久保の仕事の範囲は非常に強大であって、しかも、その巨大な内務省の中心に座り、これを大いに動かしていったのです。

一方、参議として西郷とともに政府にいた板垣、江藤、副島はみんな辞めたわけですが、その時分、憲法をつくって、議会を発足させなければいけないという議論がだんだん強くなっていった。小室信夫が書いた民撰議院設立建白書という文書がありましたが、これを、辞めた参議の間に回して、彼らの署名をとって政府に差し出すことが行われました。明治七年（一八七四年）一月一七日のことでした。これは当時の新聞にそのまま掲載されて、辞めた参議たちが早速議会を作る、民撰議院を作ると申し出たと伝えられました。加藤弘之という人は東京大学初代綜理に就任した人ですが、彼が、民撰議院設立建白書について、まだ時期が早過ぎると述べ、議論が起こりました。

その一方、当時、佐賀県の士族が佐賀の城に集まり、事実上、城を占領してしまって、県知事が県内にいられないというような事件も起こりました。江藤新平は佐賀の人間で、参議を辞めたばかりだったのですけれども、この事件を見て、これは大変だというので、むしろ最初は鎮圧するつもりで佐賀に帰ったのですが、たちまちその士族たちに担がれて、反政府運動の中心人物に据えられてしまった。その時、もう一人、明治政府に仕えていた島義勇《よしたけ》がおりました。この人もやはり国へ帰って、同じく担がれてしまって、一時、反乱の情勢が強くなりました。これが明治七年二月の佐賀の乱と言われるものです。

明治政府は、大久保利通の命令のもと、新しい県令を小倉にあった鎮台の兵をつけて佐賀に派遣しました。大久保は事態を重大と見て、みずから佐賀に出張して、その後始末に当たった。その結果、いったん城を占領した士族たちはたちまち追いまくられて、江藤はとうとう、たった一人で佐賀から落ち延びることになりました。鹿児島に行って、西郷隆盛に面会しましたが、西郷はあっさりと江藤を拒絶してしまった。下野した参議たちの中で西郷だけが民撰議院設立の建白書にも署名しておりませんし、また、彼だけが民権運動に対する独立の姿勢をこの時からとり続けたのは事実です。江藤は、その後、さらに土佐に行き、板垣退助を頼りましたけれども、やはり相手にしてもらえない。そこで、高知県を離れ、徳島県に行きました。しかし、そこで結局、警察に捕らえられて佐賀に送られる結果になりました。この間までは参議として大変な力を持っていた者が、佐賀に帰って反乱の首領になったばかりに逮捕され、やがて佐賀で裁判が開かれ、斬首となりました。島義勇も同様でした。ただ、江藤のことをほめる人は、非常に高く評価しますし、また、外国の制度をそのまま、ただ日本に持ってくればいいと主張した、いわば翻訳西洋化論者であったと低い評価を下す人もあります。

江藤新平を中心に扱った小説に司馬遼太郎の『歳月』という作品があります。厚い文庫本一冊ぐらいの量ですが、非常に優れた作品だと思います。

明治七年（一八七四年）、琉球の人が船で台湾に打ち寄せられ、台湾の原住民が、その流れ着いた人を殺すという事件がありました。「それはけしからん」というので日本政府が清国政府に抗議したところ、清国側は、「台湾はあずかり知らぬ」というような返事をし、それを理由にして台湾出兵が行われた。士族がたくさん集まって軍隊を作り、船に乗って台湾へ出かけ、「野蛮人を征討する」ということになった。それには、西郷と一緒にやめてしまった鹿児島の士族の不満に対する息抜きのため、外国に兵隊を出すのがいいという事情があったと思います。この時、隆盛の弟であった西郷従道《つぐみち》が大将になりました。中央政府は、最後はこれをやめさせようとしたのですが、従道は言うことを聞かずに台湾に行って、現地人の生蕃と言われる人たちを掃討したのです。ところが、今度は清国が、「台湾は自分の領土だ」と言い出します。当然、これは清国との間の国際問題になり、下手をすると戦争になるかもしれないという緊迫した状態になりました。そこで、明治七年秋、大久保利通は自分で北京に乗り込み、清国政府と談判を繰り返しました。大久保という人はそういうときは実にねばり強い。しかし、清国もこっちの言うことをなかなか聞きません。困り切っていたところ、イギリスの公使が間に入って、日本は五〇万両《テール》の賠償金を取ってこの事件を収めた。

これで台湾出兵の始末はついたのですけれども、これは大変危険な国際問題であったと言っていいと思います。

その一方、板垣は、国に帰って、立志社を組織し、そこで政治思想を若い者に植えつけようとした。これが後で士族を中心にする自由民権運動の源流になります。

大久保はその一方で、不平を持って政府をやめてしまった木戸と板垣をもういっぺん政府に復活させようと、明治八年（一八七五年）二月、板垣や木戸に大阪まで来てもらい会議をしました。そのお膳立てをしたのが井上馨と伊藤博文でした。その時、大久保は、木戸などの意見を取り入れて、憲法を作るという大方針も認めました。とりあえず県知事クラスを招いて、いろいろな問題を議論する。国会の真似事をすることにより民意を吸い上げる制度を作ることにして、板垣と木戸がまた参議に戻りました。その際に作られたのが、元老院、大審院、地方官会議です。中央政府だけが勝手にやるのではなく、いろいろな人の意見を吸収するというものです。例えば元老院は、民間から有識者を集めて組織し、法律も政府から元老院に諮問して作ることになりました。ところが、緊急の時には元老院に聞かなくてもいいというような項目があったので、実際にはあまり役に立たなかったということです。

ところで、江華島という島がソウルの西の方にあります。そこには朝鮮の砲台があって、大砲が備えてありました。明治八年（一八七五年）二月に、国交もないのに、日本の軍艦はその近くまで入っていき、海の深さを測ったり、いろいろ測量をやっていたのです。これでは朝鮮側が怒るのは当たり前だと思いますが、向こうから大砲を撃ってきた。そして、こっちも応戦するということで、小規模な衝突事件が起こった。これが江華島事件です。政府は大事件であるということにして、それをきっかけに朝鮮を脅し開国をさせようということになりました。その代表となったのが、薩摩出身の黒田清隆と長州出身の井上馨であった。この二人が中心になって朝鮮と折衝して、とうとう日朝修好条規という条約を結ぶのに成功しました。明治九年二月のことです。江華島事件から六カ月が経過して黒田以下が出かけ、とにかく朝鮮に開国をさせたわけです。考えてみると、ペリーが日本に来て、浦賀の沖で日本を脅かし開国をさせた。それから二二年たったところで、今度は日本が同じようなことをして朝鮮に開国をさせたということです。その間に板垣は、政府に不満を持って辞めてしまう。木戸も事実上は参議を辞めてしまって、顧問という不安定な地位に残りました。

三　殖産興業政策

当時の政府の経済政策について述べておきます。そのころ明治政府はかなり多くの工場とか鉱山とかを持っており、それを自分で経営するという方針でした。政府はまず、幕府や諸藩が持っていた造船所あるいは兵器工場、鉱山を引き継ぎました。代表例を挙げますと、佐渡の金山は幕府のものでしたが、それを継承した。横須賀の造船所もそうです。あるいは長崎の造船所も幕府のものでしたが、明治政府が引き継いだ。

やがて、明治三年（一八七〇年）に工部省という役所を作り、それが官営の鉱山や工場を経営することになりました。明治になって新しくできたものとしては鉄道、それから電信や灯台です。なお、大蔵省が明治五年に群馬県の富岡に、フランスの技術を入れて製糸場を作ったことは第4章ですでにお話ししましたので省略いたします。

明治六年には日本坑法という法律を作りました。これは地面の上は民有ですが、地下に埋まっている鉱物は全部国のものであるという考え方を記した法律です。建前とすれば、地面の下の鉱物は全部国のものだということにしたのですが、そうすると、鉱山を開発するという場合、全部国の許可を得て、鉱業権を国から認めてもらって鉱山の仕事をするというようになっていきました。実際、これから後の明治の前期は鉱山の開発が盛んになっていく時期で、九州や北海道で炭鉱が見つかる、それから、秋田とかいろいろな地方で金、銀、銅の鉱山が開発されていきます。これが全部、日本坑法によって、お国の支配ということになった。それが三池とか阿仁とか小坂とか佐渡とかで、これらが全部いったん国有で経営されて、一〇年ぐらいたってから民間にだんだん払い下げられていくことになりました。

大久保利通の意向を受けて彼の没後に政府は、紡績業が大事だというので、非常に小さい紡績機械を一〇台輸入しました。そして、これを民間に貸し付け、無利子で一〇年分割払いということにして紡績業を民間に行わせた。十基紡と言われるものです。しかし、これは実際はあまり成功しませんでした。

それから、初めは土佐藩のもので、後に長崎に出て九十九商会という海運業をやっていたのが岩崎弥太郎を中心にする三菱でした。これが台湾出兵の時、政府の委託を受けて政府の船を借り、軍隊や軍需品の輸送に当たった。結果として、その時に使った船は三菱がもらったような形になって、それで三菱の基礎ができていく。明治七年（一八七四年）には一三隻、その後、西南戦争の時にはさらに八〇万ドルに相当する八隻の汽船を、三菱は政府のお手伝いをするという理由で事実上ただのようにしてもらって財閥の基礎を築きました。

民間の事業としては、この時期、三井系のいろいろな事業が起こりました。三井銀行、三井物産などです。財閥以外にもいくつかの産業が始められています。西村勝三の桜組というのは、今でも有楽町に残っているのですが、軍人の靴を作る靴屋さんでした。昔の丸ビルには桜組の靴屋というのがありました。藤田組も同じように靴を扱っていました。それから、服部金太郎という人が時計を始めるとか、そうした事業が明治初年代にぽつぽつと始まっていた。しかし、まだ本格的な近代的な産業はないという状況だったと思います。

10　西南戦争

一　士族反乱と地租減額

西南戦争は、西郷隆盛を中心にする薩摩の士族たちの大規模な反乱で、非常に重大な事件でした。政府も、西郷が立ったのでは大変だという意識が強かったのです。ただし、この西郷の反乱をともかく抑えることができたのは非常に大きな事柄であって、これから後、国内の反乱というものは考えられなくなったのは事実です。

ただし、その後も明治三〇年（一八九七年）前後まで、政府は、国内で何か起こるのではないかという意識を常に持っていました。その時には、鎮台が直ちに出動して、これを鎮圧しなければいけない。その場合、自分の師団の管轄の地域において、例えばどこへ行けば家が何軒あって、広さはどれだけあって、兵隊をどれだけ泊められるとか、馬が何頭いて軍馬として徴用できるとかいうような徴発の準備は明治三〇年代まで続けられていました。

「徴発物件一覧表」という資料が、西南戦争ののち明治半ばにかけて、毎年各師団で作られていた事実があります。それが現在になると、地方の経済の状況を知るために大変便利で、一部の経済史家にとって貴重な資料となっています。

すでに申しましたが、明治九年（一八七六年）八月に秩禄処分の集大成ともいうべき、金禄公債証書発行条例が八月五日に発布されて、士族に対して毎年禄を与えないで金禄公債証書を与えることになりました。家禄の四年ないし六年分に当たる公債を与えるというもので、その公債を持って、後は自立して生活しなさい、ということにしたのです。

結局、武士を政府の予算で養っていくことがとても難しい。政府の予算の三分の一か四割近くが吹き飛んでしまうのですから、いつまでもそんなことはしていられない。廃藩置県の時、士族には禄を与えることにしたが、それから五年余りで、最終的に士族の禄を取り上げることにしました。これも前に述べた通りです。

士族たちは、それまで禄をもらってはいましたけれども、その禄はどんどん切り下げられて、大変貧乏になっていきました。そして、この金禄公債証書発行条例によって、最低生活費が確保されることも難しくなりました。前に紹介しましたが、黙阿弥の歌舞伎に、筆屋になった筆屋幸兵衛が非常に苦しみ、最後に一家心中になりかけて気がふれるという芝居があったほどで、そういう者はごくわずかだったのでしょうけれども、その時分の士族は非常に貧乏して困っていたということです。

それと同時に、士族たちの中には、もう少し賢明に自分たちの方針を決めて、例えば子供たちに学問をさせることも当時行われ、上級の学校へ行って法律を勉強する者のほとんどは士族の出身者であった。

これが明治初めの状態です。明治の半ば以後にはそういうことはなくなって、農、工、商の子供たちも学校に行くようになりますが、最初は士族出身者が多かったのです。

続いて、明治九年に廃刀令が出ます。そういう状況のもと、国内で大小の士族反乱が起こりました。その最初の反乱が、この年一〇月の熊本の神風連の乱でした。

神風連というのは、熊本の士族の中にいろいろなグループがあった中の一つです。このグループは林桜園を最初は指導者としていましたが、この人が亡くなった後、その後継者は太田黒伴雄という人でした。彼は熱烈な神道の信仰者で、ほかの宗教を一切否定する。そして、何事も神様の思し召しに従って行動するというような、非常に特異な行動様式を持っていた。同時に、武士意識が非常に強く、廃刀令に憤慨して、とうとう暴発したのです。

この神風連のもう一つの特色は、神様の思し召しというのをくじ引きで決めるのです。いろいろなことについて、どうしましょうかというようなことについては、くじを神前で引くことによって決める。彼らが事件を起こしたのは、この年の一〇月二四日とされていますが、それも実は彼らがくじ引きで決めた日取りだったということです。

彼らがやったのはかなり極端なことで、熊本にあった県令の屋敷を襲う、あるいは、熊本鎮台の司令長官であった人の屋敷を襲って、彼らをそれぞれ一刀のもとに斬り殺す。それから、熊本城に置かれていた連隊を襲撃して、そこにいた兵隊たちを片っぱしから斬り殺す。彼らは鉄砲をわざと使わないで、鎗と刀だけでそういうことをしたのです。

その時、師団や連隊の幹部は襲撃を受け、大部分が刀で斬り殺されたのですけれども、二、三人の者は逃げ出すことができました。そして、その生き残った人たちが城に入って、体制を立て直し神風連に当たった。彼らは鉄砲を持っていますから、神風連の連中が鎗と刀で勢いが良かったのは夜中の最初の方だけで、明け方になるころには散り散りに撃ち崩されてしまい、太田黒以下、指導者たちはいずれも戦死してしまうという状態になりました。神風連の連中は、戦死した者も自殺した者も相当多く、それから、名乗り出て裁判を受けたという者もありましたが、事件自体は一晩で片づいてしまいました。しかし、そういう者に襲撃されて、師団の司令部が一時たりとも占領されるという事件がその晩起こったのです。

神風連の連中といえども、ただ自分たちだけで暴発したわけではないのです。例えば、福岡県の山間部に秋月というところがありますが、そこでも反乱が起こりました。これは二〇〇人ぐらいの士族が一度に反乱を起こしたのですが、これも同じように、ほとんど成すところがなく、小倉に連隊があって、そこから出動した軍隊によって壊滅させられてしまった。

それから、もう一つ、萩の乱というのが起こりました。山口県の萩です。萩に住んでいた前原一誠が中心人物でした。彼は維新のときには長州藩のかなり有力なメンバーであり、戊辰戦争の時には相当の功績があって、その後、新潟の県令になって信濃川の治水を計画したこともありました。治水計画などというものは膨大なお金がかかります。明治政府はとてもそんなお金は出せないので、前原を東京に呼んで、相当の官職につけたわけですけれども、おもしろくないということで辞職し、国に帰ってしまって、いわば反政府的な有力者になっていたのです。ただし、前原という人は、はっきりしない、思い切って決断できないところがあって、反乱の指導者になるにはあまり適当な人物ではなかったのかもしれない。

萩の乱も、やはり軍隊に抑えられて、幹部たちが相次いで戦死してしまう。前原は何を考えていたのかわかりませんが、船に乗って萩を逃れ、日本海の島根県の方に回り、小さな港に入って隠れていた。そこを見つけられて、結局捕まってしまう。前原は、明治政府に対するいろいろな不満があるから、自分を東京に送って裁判にかけてくれと言ったようですが、佐賀の乱の時の江藤新平も同じことですけれども、東京に送られることはなかった。前原は萩へ連れていかれ、裁判の上、首を斬られました。

この時一斉に起こった幾つかの反乱は、いずれも割合簡単に片づいてしまって、政府が混乱するような状況にはならなかったのですが、それには理由があります。薩摩の国、鹿児島の西郷隆盛が立つのを期待してやったことだったのでしょうけれども、その鹿児島が全然動かなかった。各地域で士族たちが反乱を起こしただけだったら、簡単に片づいてしまったのです。しかし、そういう状況が続いていますから、政府は神経を非常にとがらせていた。

秩禄処分をやって禄を召し上げてしまい、それから廃刀令を出したということになると、士族の不満は当然大きかったに違いないと思われます。

一方、第8章でみたように、地租改正が明治六年から始められました。簡単にいえば、ある土地について一定の金額の税金を毎年納めろという制度ですから、米の値段が高くなる時期には地租を納めることはそんなに苦にならないのですが、米の値段が下がると、その場合でも地租は一定の金額ですから、負担がだんだん重くなりました。

明治九年（一八七六年）は、景気も悪かったし、豊作でもあって、米の値段が下がっていく。そこで、各地で大きな農民一揆が起こりました。一方では、士族が何をするかわからないのに加えて、農民まで一揆を起こすということで、明治政府は大変な危機に直面した。そこで、大久保利通が建議して、地租が三％であったのを五厘引き下げて二分五厘にするという天皇の詔勅が明治一〇年正月早々に出され、農民の不満を抑えることになったのです。

また、同じ明治九年に、前に説明した国立銀行条例が改正されることになりました。士族は公債をもらって、その利息で生活を支えることになったのですが、公債が世の中にたくさん出ているのに、ただ士族の生活を支えるだけでは芸がないということで、士族に与えられた公債を活用して金融機関を作ろうではないかという話になり、国立銀行条例が改正されることになりました。

公債を政府に寄託して、それで金に換えて銀行紙幣を発行して金本位制度にするということで国立銀行ができたのが明治五年のことでしたが、これは結局失敗しました。各国立銀行が発行する紙幣を金に交換するということにしていたものですから、お札を持っている人がみんな銀行にやってきて、金と交換しろと要求するわけです。そうして各銀行はいずれも手元の金がなくなって、残るのは公債だけになりました。

そこで、国立銀行法条例を改正して、お札を金と交換しなくてもいいことにしたことが重要です。そうすると、国立銀行は、士族がもらった公債を資本金として出し合うことによって創立される。そして、その公債を政府に預け、紙幣を発行する権限を得て営業する。そういうことが可能になりました。

最初、国立銀行は四つしかできなくて、その後、経営がうまくいかなかったのですが、この条例の改正の後、士族たちはみんな、もらった金禄公債を持って集まり、大小の国立銀行が日本中に一五四できました。その中で一番大きかったのが、大名であった華族たちによる銀行でした。この人たちはもらった金禄公債の金額も非常に大きい。何万石、何十万石という大名だった人たちですから、大量の金禄公債をもらい、それを持ち寄って銀行を作った。それが第十五国立銀行です。この銀行は、小さい国立銀行がたくさんできた中で飛び抜けて大きい銀行でした。後に西南戦争が始まると、政府は早速戦争の費用が必要になりますから、開業間際の第十五国立銀行に話をして、その発行する紙幣を政府が借り上げて戦争の費用に充てるということにもなりました。

それ以外にも、大小の国立銀行が全国にでき、金融を行うことになっていきました。ただし、実際にはこういう銀行がみんなうまくいったわけではありません。いわゆる士族の商法で、銀行がやたらに威張っていてなかなか金も貸してくれないという状況があったようです。しかし、士族に与えた公債を資本金にして銀行を作らせるという制度がここから始まって、銀行の数が大量に増えていったのです。

二　西南戦争

西南戦争は非常に特殊な内乱です。薩摩の侍は、長州の侍に比べて昔から非常に強いので有名でした。島津久光は最後の殿様の父親で、一度も藩主になったことはないけれども、権力を握っていました。この久光は極端な保守派で、明治維新をやったとき、自分が将軍になるぐらいのつもりがあったのではないかと思われます。昔ながらの大名による統治が続くはずだと思っていたところ、廃藩置県になってしまって非常におもしろくない。あらゆる制度を全部徳川時代に戻すように、という極端な意見書を出して不採用になって怒ったとか、左大臣に任命されたのもやめたとか、そのようなことを絶えず起こしていた人です。

薩摩に帰ると、久光と彼に従う旧武士たちがかなりいたのは事実です。そこへ、征韓論の時に辞めた西郷隆盛以下、多くの旧軍人たちがどっと薩摩の国に帰ってきた。桐野利秋とか、篠原国幹《くにもと》とかいうような人たちが一斉に戻ってきて、それぞれ帰農するようになる。それから、そのまた下にいた薩摩出身の近衛の兵隊たちも、どっと国に帰ってくる。

西郷は、いつまでも若い者たちを放っておくわけにもいかないだろうということで私学校を作った。その私学校は、学問を教える今の学校とはちょっと違う感じだろうと思います。学問ももちろん教えたのでしょうけれども、若者を集めて組織しておく所であり、その中心人物は西郷でした。私学校の本校は鹿児島の町中に置くけれども、それ以外に鹿児島県の主立った地域には私学校の分校が置かれて、士族出身の若い者を組織する制度が作られた。

その私学校を押さえている西郷隆盛は何をしているかと言いますと、彼はほとんど鹿児島にいませんし、また、あまり口も出さない。確かに中心人物ということで学校を作ったわけですが、その後は、犬を引いて狩りに出かける。主にウサギ狩りをしていたそうで、罠をかけてウサギをとるのは玄人はだしであったとも言われており、鹿児島の町から大分離れた地方、温泉のある所などに出かけてそういうことをしていた。

西郷の下にいた桐野とか篠原とかいう人たちが私学校の中心だったのでしょうけれども、彼らも大変偉いので、実際にはそのまた下にいた士族たちが若者たちを統括していたと思われます。

県知事は大山綱良という人で、もちろん鹿児島の出身者です。彼は、島津久光と西郷隆盛の間に立って、何とか県内をまとめていこうとしていた。そういうかなりやっかいな立場に置かれながら県の行政を行っていた。

廃藩置県の後、政府は、新しく作られた県知事、当時の言葉でいえば県令とか権令とかに当たる者は、その土地の出身者でない者を持ってくる、その下の幹部職員も、その土地の出身でない者を連れてくるというようにした。全国的な統一のためにそういう政策をとったのですが、鹿児島だけはとてもそれはだめだということで、県庁にいる職員は全部が鹿児島出身者で、それも島津久光、あるいは西郷隆盛の影響を受けた連中が県庁を押さえていた。だから、薩摩の国は、その時分は中央の命令の及ばない半独立国になっていたようです。

西郷はあまり口を出さずに、ただ担がれていることになるわけですが、そういう人間が、また非常に人気があるのも事実です。何にも言わないけれども、みんなが神様のごとく西郷を尊崇する。人を愛し、自分はうるさいことを言わないでじっと様子を見ているという所に西郷の人気の秘密があったのではないかと思われます。今でもほとんどの人が西郷に対して悪い印象を持たないのは、そういう人柄のせいなのかもしれません。

しかし、西郷がこのように鹿児島にじっと居座っていることについて、東京の政府には、彼がいつ何を企てるかわからないという意識があって、絶えず緊張感があったのは間違いないと思います。

『翔ぶが如く』という司馬遼太郎の小説の中心人物は、一方は西郷や桐野ですが、もう一方は東京の大久保利通、あるいはその下にあって警視総監のような役をしていた川路利良という人です。川路はフランスに行って、大変苦労してフランスの警察制度を学んできた。日本でもああいうふうにやらなければならないと思い込んで帰ってきたらしい。川路という人は大久保の下にいたのですが、薩摩の人間ですから、薩摩の若い者を巡査にして、それで東京を中心にする警察の体系というものを作った。だから、明治の初めから、巡査というのは鹿児島の人間ということになったのだそうです。一説によりますと、私の子供の時分まで、警察官というのは「おい」とか「こら」とか言って大変恐いような感じがありましたが、「おい」「こら」というような言葉は、鹿児島の方言ではごく普通に使われる言葉だそうです。しかし、この言葉が東京で使われると、大変威張っているように聞こえるということもあったかもしれません。

東京側では、鹿児島で何が起こっているのかについてとても心配になり、二十数名の鹿児島出身の警官が鹿児島の様子を見るためにそこに送り込まれた。それが明治九年末から明治一〇年初めにかけてでした。

特に鹿児島の地方などに行けば、東京に行っていただれが一時帰ってきたというような噂はすぐ伝わりますから、今回このように大量に帰ってきたのはなぜであるかということが話題になった。そして、もし事件を起こすようであれば西郷を暗殺しろという命令が出ているという話も伝わるようになり、鹿児島の人たちがピリピリするような状況になったらしい。結局、鹿児島県の側がこの連中を捕まえて、拷問にかけたのです。西郷を暗殺に来たのだろうというようなことで取り調べを行いました。「そんなことはない」と言って最初は頑張りますけれども、結局、そういうことをしゃべってしまった者もあったのかもしれない。西郷を暗殺して、いいことがあるとは思えないので、大久保や川路が西郷の暗殺計画を持っていた可能性は多分ないでしょう。けれども、どういった秘密の命令が与えられていたかということは、紙に書いたものがないのですから、本当のところはわからない。ただ、鹿児島の人間がスパイとなって入ってきたということになると、鹿児島の側が大変ピリピリしていたのは事実です。

それから、鹿児島には火薬庫、兵器庫がたくさんありました。これは島津久光の息子の一つ前の領主で、久光の異母兄であった島津斉彬が幕末に工場を設けて、火薬を作ったり兵器を作ったりして、それらを貯蔵していた設備です。その後もそういうものがずっとため込まれており、それらは政府のものになったのですけれども、鹿児島に置いてあるというので心配の種だったわけです。

そこで、明治一〇年（一八七七年）に入ってから、政府は船を鹿児島に送り、そこにある火薬や兵器を積み出してしまうことにしました。私学校の若い者たちは、それを聞き非常に怒って、火薬庫を襲撃したりして、火薬を運び出して自分たちの方に持ってきてしまうような行動をとるようになった。

そこまでいくと、いよいよ摩擦が激しくなる。中央政府の行動に対して、公然と反逆したことになってしまうので、いよいよ戦争という空気になったのが明治一〇年一月のことだったと思います。

そういう情報は、当然ウサギ狩りをして地方の温泉に行っていた西郷の耳に伝わり、それを聞いて彼は「しまった」と思い、急いで鹿児島に帰り事態の収拾を図ったのですが、若い者をはじめとして中堅の士族たちがみんな、「戦争だ、戦争だ」と言っている。そして、その中心人物であった桐野利秋だとか篠原国幹とかいう人たちまで、兵を挙げて政府に問い質そうという空気になっていってしまった。西郷がそこで頑として抑えればよかったのかもしれませんが、その抑えが効かなくなっていたのでしょうか。西郷という人は、前はもっと決断力があって、バンと抑えたのかもしれないのですが、この時は、「それはいかん」と言って抑えることがなかったようです。ただ、そういう状況になって、西郷は「もはや仕方がない」と思って決心したのかもしれません。

この当時、鹿児島に日本海軍の軍艦が入りました。海軍は、その時分から薩摩出身者が中心でしたので、川村純義《すみよし》が司令官でした。彼が軍艦を鹿児島に回し、中央の政府と西郷と直接膝詰めで話し合って、それで暴発を防ごうとする動きが生じたのです。それが二月九日のことです。川村は鹿児島に行って、県令の大山綱良と会い、自分が西郷と話し合って、中央政府の意見を伝えたいと言ったのです。西郷家の親戚に訪ねていき、その家で西郷と川村の会見を実現したいという話にまでいったようです。大山県令もその時は軍艦と西郷の間を往復して、話がまとまりかけたのですが、結局、桐野や篠原が西郷をとめて、会見させなかった。

その間、私学校の若い者が、あの軍艦を乗っ取ってしまおうということで、みんな船に向かって小舟を漕いでいったので、軍艦はそこから離れて、若者を避けるという状況になりました。一日の間に県令が二度も軍艦との間を往復したけれども、結局、その話もできず、そして、とうとう西南戦争になだれ込んでしまう。

当時、薩摩の国は、士族の多い所であったと言われています。士族が多いというのは、城下町に士族がまとまって住んでいるということだけではありません。郷士、つまり農民兼士族が薩摩の士族でした。鎧、兜を畑に持っていって普段は百姓をしていますが、非常呼集があったときには、家にも帰らないで、そのまま駆け出すというような士族がたくさんいたそうです。ただし、郷士は格が低かったので、城下町の士族からは大変軽蔑されている存在だったようです。しかし、郷士ももちろん私学校のメンバーであって、いざとなれば動員がかかってきたのでした。

最初に一万二〇〇〇人ほどの若者が七大隊に組織されて、出発することになった。これが西南戦争の始まりです。一万二〇〇〇人ですから、相当な数です。一大隊というのは大体二〇〇〇人ぐらいです。七大隊の最後の二つの大隊というのは、地方の者をそのままその土地で編成したものであって、これが

図 3

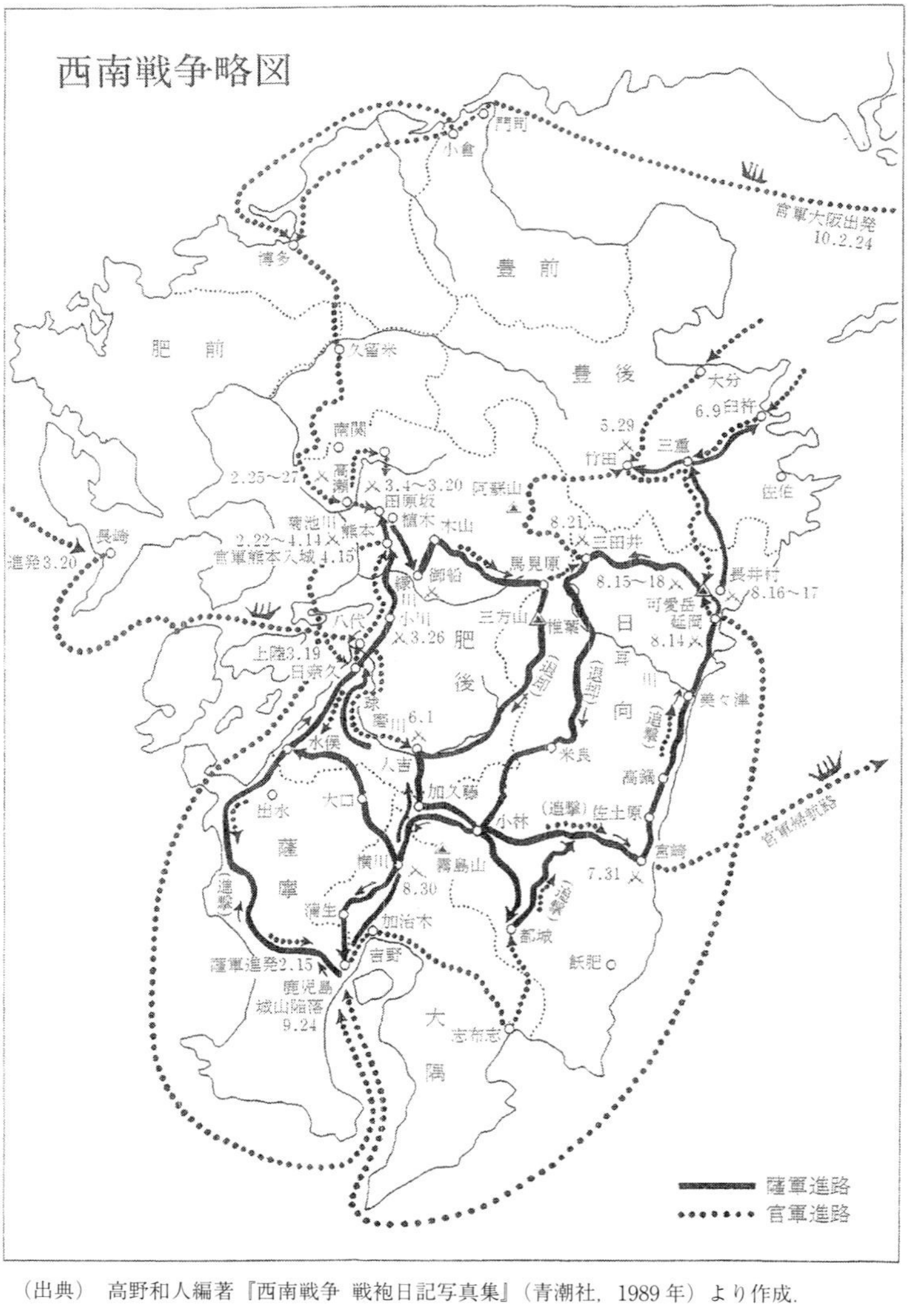

（出典）　高野和人編著『西南戦争 戦袍日記写真集』（青潮社，1989 年）より作成.

一〇〇〇人ずつぐらいの組織であって、西郷がみずから閲兵しました。

西郷は太った人で、馬に乗るのが嫌いだったそうですが、そのときだけは馬に乗って閲兵しました。そして、二月一五日から出発することになったのです。

図3の地図は、西南戦争時の西郷の軍隊の動き方を示しています。前半は、まず熊本へ入っていきました。大隊を幾つにも分けて、一つには西の方の阿久根、出水、米ノ津、水俣といった所を経て、米ノ津あたりから船に乗って熊本の方に入っていく一隊があった。それから、もう一隊は、鹿児島からずっと北の方に上って、横川とか加久藤とかを経ていく。西郷自身は北の方に上っていくのです。加久藤の先に人吉という所がありますが、そこまで行きますと球磨川があって、それを船で下って熊本の方に向かったと言われています。ですから、一万二〇〇〇の軍隊が、今述べたような幾つかのルートを経て熊本の方に向かっていった。

当時、西郷の方でも、どのように戦争をやるかという議論はいろいろとあったようですが、一つの意見は、船で長崎を襲撃してはどうかというものでした。長崎に行けば船がたくさんあるから、その船を奪って、大阪、東京へ一遍に着くのがいいという考え方があったと言われています。しかし、「そういうことは要らん。我々が出ていけば、みんな一遍に降参するであろうから、そうした作戦を立てる必要はない」という主張の方が勝ち、熊本に向かって全部が押し寄せていく作戦が採られました。これが西南戦争の最初のころのことです。

西南戦争は、軍事作戦的には随分無謀なものであったようです。当時、熊本鎮台の司令官は、有名な谷干城《たてき》です。土佐の人で、戊辰戦争の時にも功労があった。がっちりと城を守る作戦、食糧などを城にできるだけ運び込んで籠城するという作戦を立てていました。

実際には西郷の軍隊が熊本に入ってくるその直前、天守閣が火事になって燃えるなど、いろいろなことがあったけれども、結局、この作戦は成功しました。その背後には、熊本城主であった加藤清正の築城が実にしっかりしたものであったということがあるようです。加藤清正が城を作った後、加藤家はすぐ潰され、細川家が熊本に入りました。先に総理大臣をされた細川護熙氏は、この細川家の子孫です。細川家は加藤清正の作った城を何一つ変えないで明治維新までそのままにしていた。そこで火事が起こって天守閣や何かは燃えたけれども、結局、この城は攻撃を受けても落ちなかったのです。西郷以下が熊本に入ってきて、一度に攻めれば城は落ちるだろうと思ったわけですが、これは全然計画のとおりにはいきませんで、攻める方にも守る方にも損害がたくさん出た。しかし、城の方は落ちなかった。

一方、東京の政府は当時、天皇以下みんな京都に行っていました。ちょうど大阪と神戸の間の鉄道の開通を記念する開通式があるなど、いろいろなことがあって京都に行っていたのですが、戦争が始まったので司令部が京都に移動したような形で西南戦争が行われました。

このとき、川路利良は、軍隊だけでは大変だということで、士族を徴募して軍隊代わりに仕立てて現地に送り込みました。そのとき、例えば旧会津藩の武士たちが多数これに応募しました。巡査の資格で九州に出かけていったこともあったようです。

西郷隆盛の人気もあったでしょうし、西郷に必ずしも味方するのではないけれども、中央の明治政府がおもしろくないということで、自由民権運動にかかわっていたような若い者たちが仲間を集めて西郷の軍に投ずることもあったようです。また、鹿児島以外の九州の若い連中が西郷の軍に投ずることもあった。

前にもふれた宮崎八郎は、大牟田近辺の地主の息子でしたが、仲間と一緒に西郷の軍隊に投じた。彼は大変な秀才と言われ、当時、中江兆民がルソーの『社会契約論』を漢文で訳したのを読んで、感激してこういう漢詩を作りました。

天下朦朧トシテ皆夢魂
危言独リ乾坤ヲ貫カント欲ス
誰カ知ル凄月悲風ノ底
泣イテ読ム盧騒《ルソー》民約論

この詩を読むと、明治のころの若いインテリたちの空気が伝わってきます。宮崎は自由民権論者であった。しかし、西郷の軍隊に投じた。なぜそんなことをしたかといえば、当時の明治政府がおもしろくない、とにかく明治政府を倒さなければならない。しかし、自分の力では倒せないから、西郷の力でまずいったん明治政府を倒して、それからまた革命を起こすというような考えでした。

中江兆民は、戦争中、わざわざ九州の西郷の軍隊のところまで訪ねていって、宮崎に、「おまえ、やめた方がいいよ」と言ったのだそうですが、先ほどのようなことを言った後、「今度はどうもやり損なった」と言ったそうです。そして、実際、宮崎は、その後、薩摩の軍隊がおもしろくなくなるわけですが、結局、弾に当たって戦死してしまいます。九州へ行くと、宮崎兄弟は大変有名で、一種の英雄となっています。そういう空気があって、西郷の軍隊に投ずる者が続出する有様でした。

熊本よりちょっと北に田原坂《たばるざか》があり、その近くに山鹿、植木、高瀬、南関がありますが、この辺までが西南戦争の戦地になりました。乃木希典《まれすけ》少佐は、そのとき小倉の連隊の連隊長をしていて、軍隊を率いて小倉から福岡を経由して救援に駆けつけた。そこで、西郷の軍隊とぶつかり、敗れて軍旗を奪われる。後に乃木はこれを一生苦にしたと言われています。最初、鹿児島軍は熊本城を包囲し、一気に攻めたけれども、なかなか落ちない。そこで、一部はそのまま包囲しておいて、一部はさらに北の方に攻め上っていこうとする。そこに乃木少佐の連隊が出てくるわけです。それから、士族の一隊が今度は北の方から攻め上ってくる。そういうことになって、熊本の北の一角が西南戦争では一番激しい戦場となりました。これが二月二〇日過ぎのことです。そして、約一カ月にわたってそこで戦闘が行われました。

しかし、ここでけりがついたわけではありません。政府軍は、長崎の方から船で軍隊を八代まで運んで、熊本の南側から上陸して攻めるという作戦を採り、これが当たった。それから、鹿児島から精鋭の兵士が出払っていましたので、海軍が鹿児島湾に入って鹿児島を占領するという作戦も行われました。そういうことが幾たびかあって結局、田原坂の激戦で鹿児島軍が敗れて追われることになっていきました。政府軍が鹿児島軍を追い払い、熊本城の包囲が解け、内側と外側の連絡がついたのが四月一五日ということですから、五〇日ぐらい熊本の籠城が行われたことになります。

熊本を離れた鹿児島軍は、山の中の椎葉を抜け人吉へ出て、人吉からさらに宮崎県の方に入っていきました。そして、小林、宮崎、佐土原に移っていきます。鹿児島軍は鹿児島を取られているものですから、今度は宮崎県に戦場が移る。もちろん政府軍は西郷の軍を追いかけました。西郷の軍隊は宮崎県の中を北の方に移動するのですが、一方では大分県の方から攻めてこられるものですから、最終的には可愛《え》岳《のだけ》から山へ登って、一番険しい、九州の背骨に当たるような山脈を南に下って鹿児島に帰ってくるというコースを採りました。そして、鹿児島に着いた時には軍隊の数も減っており、どうにもならなくなった。城山の一角に閉じこもり、九月二四日、総攻撃を受けて壊滅する。西郷以下、幹部連中はそのときに戦死し、西南戦争が終わるわけです。

西南戦争は二月に始まって九月までですから、これはほかの士族の反乱とは違い、大体七カ月余りの内戦がずっと続きました。西郷以下、そのときにみんな死んでしまって、鹿児島が特殊地帯であった事態も終わり、以後、全国的な統一が可能になります。

この時かかった戦争費用は、約四〇〇〇万円ということになっています。今どきの四〇〇〇万円とは違って、当時の国家予算が大体五〇〇〇万円ぐらいですから、西南戦争の費用は一年分の国家予算にほぼ匹敵する大きさであったことになります。その半分ぐらいが第十五国立銀行からの借入金でした。したがって、その当時の借金がいかに大きかったかおわかりいただけるかと思います。

三　維新激動時代の終わり

次に、この西南戦争の影響についてお話しします。それ以前には士族が全国的にかなり力を持っており、あちこちで士族の反乱が起こりました。西郷は、それまでは自分の所ではそういう事件を起こさないようにしていたわけです。彼は、アジアに事があったときには自分が鹿児島の若い者を率いて何かをしようという考えを持っていたと言われていますが、はっきりしておりません。ただ、そういう志とは全く別にこういう国内戦争をやった。しかも、作戦もかなり下手であって、熊本城に引っかかって、結局たくさんの若い者が殺されることになった。

日本一強いと言われた鹿児島の士族が、こうやって壊滅した。もちろんその時、ほかの県の士族が動いたことはあったとしても、熊本城にいたのは基本的に農民出身の徴兵令で集められた兵隊でした。つまり、鹿児島の士族が百姓出身の兵隊に後れをとったことになり、これは画期的な事件であったわけです。同時に、士族が自分たちの腰の刀で政府に反抗しようとしてもだめだということが決定的にわかったということでもあります。

しかし、西郷が事件を起こして死んだことは非常に大きい問題となりました。当時の士族たちの中では、西郷を尊敬する者も非常に多かった。それで、翌年五月、石川県の士族たちが、紀尾井町で出勤のために馬車に乗っていた大久保を襲撃し、大久保はそこで暗殺されました。その日の大久保は、朝、ある県の県令が訪ねてきていたということもあって出勤が遅くなったらしいのです。その県令の書き残した、最期の日の朝の大久保の言葉というのは次のようなものでした。

明治維新以後の建設には大体三〇年かかると考えていた。その三〇年のうち、最初の一〇年は兵馬騒擾の時代、つまり戦争と混乱の時代であって、それが今終わった。これからの一〇年間は建設の時代である。自分は内務大臣として、その建設を一〇年やりたい。その先の一〇年が発展の時代であろう。それは自分より若い人たちに任せるつもりである。その三〇年の第二期をこれから自分が一生懸命やるつもりだと言ったそうです。そういうことを言ったその日に大久保は殺されるわけです。大変気の毒な話だとも思いますし、それだけ維新というものは大変なことだったということにもなるのではないでしょうか。これから先は、刀を振り回す時代からインフレーションに対するあと始末の問題、自由民権運動の問題に重点が移っていきます。

II　明治国家の成立

1　自由民権運動

一　自由民権の理論と民撰議院設立建白書

西南戦争が終わって、国内での反乱は大体片づいてしまった。その後、明治二二年（一八八九年）に明治憲法が発布され、翌年に最初の国会、第一帝国議会が開かれます。

西南戦争が終わり、その後、大久保利通が暗殺されましたが、その時代より少し前から外国の自由主義の思想がとうとうと日本に流れ込んできて、非常に強くなっていった。それが自由民権運動の考え方の基礎になったのです。

自由主義を論じた書物は、当時、外国ではたくさん出ていたのでしょうが、特に日本において代表的な例をいくつか挙げます。まず、明治三年に出たスマイルズの『西国立志編』が非常によく読まれたようです。これは別名「自助論」と言われていて、英語では『セルフ・ヘルプ』（*Self Help*）という題だったそうです。自分で努力して、成功した人の伝記を幾つか集めたものです。もう少し理屈っぽい書物としては、J・S・ミルの『自由之理』があります。これは自由主義の原理論のようなもので、明治四年

（一八七一年）に翻訳されました。以上、二つの書物を訳したのが中村正直という当時の大学者です。この人は漢学が非常によくできた人であると同時に、英語を学び、自由主義の書物の翻訳に当たりました。

それから、ジャン・ジャック・ルソーというフランスの有名な自由主義者がいます。フランス大革命の前に、その思想的な基礎を作ったとも言われている人です。彼の『民約論』が、明治五年、中江兆民によって『民約訳解』として翻訳された。当時は部分訳であり、後で本になったのですが、この漢文がものすごく難しい。もう一つ、明治三年に加藤弘之という人が『真政大意』という本を書いています。これは翻訳ではありません。彼はドイツで勉強してきて、ドイツ語が非常によくできました。この『真政大意』は政治の原理を説明したものでして、これも随分よく読まれたということです。

そこで、民約論の考え方ですが、これは別の言い方をすれば天賦人権論と言ってもいい。この考え方は、人は生まれながらにして平等なものであるということです。当時、封建社会の思想からだんだんと自由主義的な思想に変わっていったのですが、民約論は、人を治める身分の者、あるいは治められる一般人民というような区別などは本来ないというものです。人間はみんな平等の権利を持って生まれたものだ、その平等の権利を持って生まれた者が集まって、いわば約束をして政治の体制を作って、だれが王様になるというようなことを決めて、治める者と治められる者の区別ができたのだという考え方です。これは、人民の約束によってだれかが人を治めることになっているのであって、もし悪い王様が出て人民を圧迫するようなことがあれば当然革命を起こしてもいいのだということにもなります。

人権は平等であるというのがこの時代の自由主義の原理の基礎にありました。当然、政治体制というものも民撰議院（みんなが選挙して作る議会）で政治を行う。法律を決めるのもみんなそれでなければいけないという議論につながる。当時、福沢諭吉の慶應義塾が三田にできて、そこに若い学生たちが入り込んで福沢の講義を一生懸命聞いていました。慶應義塾では英語の書物を読ませることが盛んで、先ほど挙げたような書物はみんな慶應の学生たちのテキストでした。したがって、慶應の福沢とその門下生たちが、自由民権運動の一つの基礎になったのは間違いのないところです。

板垣退助は、後に自由党の総理になりますが、彼は土佐藩のかなり格のいい武士でした。そこで、明治維新のときの戦争の際に、土佐藩から出た兵隊を率いて、会津に攻め込みました。その会津の戦争のとき、板垣がしみじみと感じたのはこういうことです。一般の会津の人民は城を応援しようというような気持ちは全然ない。自分の身を守り、自分の財産を守ることで一杯であって、城がどうなろうが、殿様がどうなろうが、そんなことは全然気にしていない。殿様と一般の庶民との間に強い情義があるというようなことは嘘だ。彼はこのように感じたと書いています。板垣の自由党の歴史を書いた本として『自由党史』があります。出たのは明治四三年（一九一〇年）で、上下二冊でとても厚い本です。この本の中に、会津の戦争に従軍したときに感じたことが書かれています。

もう一つ、別の例を挙げます。自由党との関係が深くなっていった政治家に河野広中がおります。彼は侍ではなく、土地の有力者でした。当時、地方には戸長が置かれていました。今で言うと村長さんのようなものですが、誰々がよかろうと、村長に当たる役目を政府が任命していました。河野は戸長を命ぜられ、しばしば福島の町へ出て、県庁との連絡に当たっていた。そんな折、偶然、J・S・ミルの

『自由之理』を買い、馬に乗って読みながら帰ってきたところ、読むうちにだんだん引き込まれて、これは大変なことだ、人間というものはこういう生まれながらの権利を持っている、ということで非常に感激し、やがて自由主義の運動に入っていった。これは河野広中が自分で書いています。

こういう考え方は、当時の若い知識人たちには非常に受け入れられやすかったのだろうと思います。彼らの読解力を考えてみますと、少なくとも古典を読む力ということになれば、我々よりはるかに上だったと思わざるを得ません。当時の士族ですと、中国の重要な古典は子供のときに無理やり読まされる。四書五経や、歴史の本の『史記』や『漢書』など、また、日本史だと『日本外史』などです。そういう読書力は非常に強かったと思われます。したがって、中江兆民の漢文で訳した『民約訳解』でも、手に入れて読むとなれば、早く深く理解したようです。

前に申しましたように、明治六年（一八七三年）一〇月、西郷隆盛が使節になって自分で朝鮮に出かけ、開国を促す交渉をするという原案が否決されました。西郷はもちろん辞表を出し、彼に賛成していた板垣退助、江藤新平、副島種臣、後藤象二郎たちも、全部、政府の参議を辞めました。参議とは、国策を審議する重要な官職です。その時分は参議のほか卿が別に置かれていた。卿とは、例えば大蔵卿とか内務卿とかで、今で言う省庁の大臣に当たります。それよりも上位の閣議メンバーで国の重要な政策を決めるのが参議です。現在のシステムだと、大臣は閣議のメンバーになって、国の方針を決める役職も兼ねていますけれども、この時分には時期によって二つを兼ねている人もあったし、そうではない場合もあったわけで、参議は卿とは別のものでした。

板垣、江藤、副島、後藤らが辞めた後、大隈重信や伊藤博文たちが参議になり内閣は続いていった。このとき、太政大臣は三条実美、右大臣は岩倉具視でした。島津久光が明治七、八年には左大臣になりましたが、彼はすねて、時の政府に対して全然協力的ではなかった。当時、この三人の大臣が参議の上にいましたが、公家の三条と岩倉が三大臣のうちの二つを占めており、形式上はこの二人が偉いことになっていました。ただし、三条や岩倉よりも権力を握っていたのが大久保利通であったのは間違いない。現在では大久保体制と言われています。つまり、事実上の総理大臣は大久保利通であって、その上に三条とか岩倉がいたが、彼らは飾りものに近いような状態であったと言っていいでしょう。大久保が全部取り仕切る大久保体制が明治六年の終わりに成立した。大久保は内務卿になっていましたが、その内務卿が十分にできないほど、いろいろなことが大久保の一身に降りかかってきていました。

板垣、江藤、副島、後藤らが参議を辞めた後、彼らにイギリスから帰ってきた古沢滋たちが民撰議院を作らなければいけないと盛んに吹き込みました。民撰議院というのは現在の国会です。古沢は、法律を作ることは全部国会がやるようにしなければいけないことを伝えた。板垣は、国民の力を何とか発展させないと国は成り立っていかないという考え方だった。この民撰議院の設立は非常にいいということになり、参議を辞めて三ヵ月ぐらいたった後の明治七年（一八七四年）一月一七日、早速、民撰議院設立建白書を提出しました。これは非常に有名な歴史的事件です。

「臣等伏して方今政権の帰する所を察するに、上帝室に在らず、下人民に在らず、而して独《ひと》り有司に帰す。それ有司、上帝室を尊ぶといわざるには非《あら》ず、しかして帝室ようやくその尊栄を失う、下人民を保つといわざるにはあらず、而《しか》も政令百端、朝出暮改、政刑情実に成り、賞罰愛憎に出ず、言路壅弊《ようへい》、困苦告るなし。それ、かくの如くにして天下の治安ならん事を欲す、三尺の童子も猶其不可なるを知る」。これが民撰議院設立建白書の書き出しです。現在の政治の権力を握っているのは、上の皇室にあるわけでもなく、下の人民にあるわけでもない。ではだれが握っているのかといえば、有司（役人）が権力を握っている。役人は、皇室を尊ばないわけではないし、人民のことを考えないわけでもないけれども、あらゆる法律や命令は朝に出て夕方に改められてしまう。それから、非常に感情的であって、人を罰するとかほめるとかいう場合でも、好き嫌いによって評価が決まってしまう。その中で言論が自由でなく、非常に具合が悪い。

「それ人民、政府に対して租税を払うの義務ある者は、すなわちその政府の事を与知《よち》可否するの権理を有す」。税金を払っている以上、政府の活動について知らされて、これをいいとか悪いとか言う権利があるということです。

それから、民撰議院を作るのが大事だと続きます。民撰議院を作るのは早過ぎるという意見があるのは承知しているけれども、決して早過ぎることはない。速やかに作っていただきたい。ついこの間まで閣議のメンバーであった大臣格の人たちがこういう意見を政府に出した。しかも、これが早速新聞に載りました。当時、『日新真事誌』という新聞がありました。ブラックというイギリス人が東京で発行していた新聞で、民撰議院設立建白書が出されて翌日にそれがこの新聞に載って、全国に広がっていき、全国的に大きな問題になっていった。征韓論が抑えられた後、全国的に士族出身の連中が政府に対して不満を非常に強く抱いている時です。そういう中で、板垣退助を中心にして愛国公党や愛国社という政党を作ろうという動きもありました。西南戦争の後になると、愛国社を再興しようという動きが出て、大阪に有志の連中が集まり会議が開かれます。西郷隆盛は、民撰議院設立建白書に加わらないかと言われたとき、これを断りました。このように、政府にしてみれば、かなり有力な反対党が存在する状態であって、しかも、西郷の鹿児島が何をやり出すかわからないという心配も常にありました。

この明治七年には、国内では民撰議院設立建白書があり、外では第Ⅰ部第9章で説明した台湾出兵と、その後始末の問題が出てくるという大変な年でした。

大久保はようやく東京に帰ってきましたけれども、国内政治では有力な反対党がたくさんある。そのうえ木戸孝允は、維新の後になると、自分で積極的に何かやるというより、当時の政府の中心人物に対して常に不満を抱いて、何かというとすねて引きこもってしまうというところがあった。民撰議院設立建白書も出たし、将来国民の意見を政治に十分取り入れるようにしなければいけない。大久保は、その第一歩として、県令や権令を集め、府県の意見を聞いて何かを決める府県会を開き、その議長に木戸孝允になってもらう。こうして話がついて、府県会が開かれることになりました。さらに、明治八年（一八七五年）四月に明治天皇の詔勅が出された。それには、将来において国家立憲の政体を立てるとうたわれていました。これが、木戸や板垣の一連の行動に対して、明治天皇が応えたという形で、国内の対立を解消するように図ったということなのでしょう。

当時、自由民権運動が展開して自由主義が非常に盛んでした。今の常識で考えると、国内における自由は、当然、国際的な自由も含むはずです。国内で、国民が自由であり、政治にも進んで関わっていくのであれば、国際的に自己主張はもちろんしてよいけれども、外国側の主張もまた聞かなければいけない。今で言う国際連合のような議論がそこから出てくるとも考えられるわけですが、その頃の考え方は違うのです。当時の自由主義者たちは、国内において自分たちの意見を展開するのはもちろん大事なので、議会を作れという議論をしますが、一方では、国際的に日本の地位を高めるためには、弱い国を攻撃し、場合によれば合併してもいいと考えていたのです。これは軍部だけではなく、自由主義を唱える政党もまたそういう意見に賛成であった。つまり、当時の自由主義というのは国内の自由主義であって、国際的には競争関係であり、場合によったら戦争してでも相手をつぶすというような話に乗りがちだったのです。

したがって、軍隊を出して、「台湾討伐」もやったのですが、それに対する反対論はないのです。これは征韓論にもつながっているので、自由主義者だから征韓論には反対ということではない。つまり、国家主義を大いに唱える自由主義が、その時代の自由主義だったと考えていただきたい。

小さい国であっても独立を尊重する、それがその国の自由である、というような議論が本気で理解されるようになるのは、大正時代、第一次世界大戦の後だろうと思います。当時のアメリカのウィルソン大統領が民族自決ということを言うのですけれども、それ以前では今言ったように国家主義は自由主義と並んで存在していました。

二 民権論の展開

当時、多くの士族、つまり昔、侍だった連中は読み書きがかなりできて、議論をするのは得意である。しかし、一方、今度は自分で商売をするとか、物をこしらえるということは不得手である。そういう士族たちが民権論を盛んに唱えるようになっていった。

その時分は、何といっても徳川時代からのつながりがありますから、地方には廃止された藩の名残がまだ色濃く残り、町には士族が集まっている。そういう連中の中から出たリーダーがみな自由主義や民権論を唱え、板垣退助の率いる高知では立志社ができる。やがて、愛国社も再興される。そうした士族たちが中心になって盛んに政治運動を始めようとする。

そうなっていきますと、今度は各地方でそれぞれ民権運動、自由主義の政治を要求する運動が展開されるようになっていく。それぞれの地域で、頭もいいし、演説も上手だというような者が選ばれ、そういう人たちが中心になって、盛岡の求我社、山形の東英社、高崎の有信社、金沢の北立社、福岡の向陽社、共愛公衆会というような政治結社が次々に作られていって、これらが全国的には高知の板垣の運動と連携をとり、自由民権運動につながっていきます。

士族に関しては、すでに見ましたが、家禄の奉還があり、さらに、これまで毎年禄をもらっていたのが、まとめて最大で六年分、場合によってはそれよりももっと少ない公債をもらうようになる。この金禄公債の発行で、士族の収入が途絶えることになりました。士族は今度こそ本気で自分の生活に取り組まなければならなくなりました。

そういう連中の中で民権運動の好きな者がたくさんいて、それぞれが各地方でそうした運動を展開し、何か事があると東京へ出てくる、あるいは大阪へ集まるというようなことをして、全国運動につなげていった。それがだんだん大きくなっていくのが明治一〇年前半です。

西南戦争のころには高知でいろいろな動きがありました。「西郷が戦争を始めたんだから、高知でもひとつ立とう」という意見もありましたし、一方では、「西郷とは別だ。自分たちはあくまで議会を作る方向でいくのだ」というような議論があって、例えば立志社の名前で高知の士族たちが建白書を持ち出し、政府に議会を作ってくれと言いました。このときの文章は恐ろしく長いもので、岩波文庫版でちょうど二〇ページほどあります。そういう文章を京都まで持っていって、天皇陛下に差し出しました。まず、太政大臣三条実美に、代表で出かけていった片岡健吉が面会し、建白の趣旨を述べたいと言った。すると、内閣書記官の尾崎三良《さぶろう》が出てきて、この中には民撰議院を作れと書いてあるようだけれども、この文章は甚だ不遜であり、天皇陛下に対して申しわけが立たないので、この建白書はそちらに差し戻す、と言った。そこで、片岡が、この建白書はすでに天皇陛下にお目にかけたのか、と質問したら、書記官は昂然としていわく、「今日の政府たる陛下と内閣とは一体にして、大臣の命はすなわち陛下の命のごとし」。つまり、天皇にはもちろん見せていないわけだが、大臣の言ったことは陛下のお言葉と同じである、という返事をした。片岡はその暴言に驚き、文句を言ったけれども、結局、明治天皇のもとまでその建白書は届かなかった。これは『自由党史』に書かれています。当時の役人はかなり威張っていました。この後、府県会が開かれるのですけれども、その場合でも県知事は大変威張って、昔の殿様のごとくであり、県会議員は家来のごとくおとなしくしていたという話も残されています。

その一方で、豪農の民権がありました。この頃、農産物の値段がどんどん上昇し、農村の景気が非常によくなっていった。士族の方は、もともと金禄公債で禄を奪われてしまったし、物価が上がっていくときに、公債の金額は一定で、士族が受け取るお金はだんだん少なくなり、困るわけですが、農村あるいは都会の商人、物を作っている工業家たちは調子がいい時代であった。そういう中、地主はお米が手に入りますから、年貢米などを高く売ることができ、地方の中以上の農家は一般に有利でした。

例えば、河野広中などを中心に福島県三春で石陽社ができる。同じ県に三師社ができる。これらが高知の立志社と提携して、民権運動につながっていく。そういう政治結社が地方の農村にもできるようになりました。

茨城県守谷町の斎藤斐《あきら》という人は、茨城県で銀行を作って、長くその茨城農工銀行を経営し、土地では非常に大きな政治力を持ち、財界に対しても影響力を持っている人物でした。彼は薄い自叙伝を書いています。斎藤は、寺子屋の教育を受け、東京に出て慶應義塾で学問をしますが、そういう時期に英語の本を読んだりして、自由民権の思想に大いに影響されたようです。ところが、彼は地主の息子ですから、やがて帰って家を継ぎ、郵便局を始める。当時、郵便制度ができたばかりで、地方のお金持ちがみんな郵便局を開設していたのです。彼もそういう仕事をやっていましたが、それだけではおもしろくない。それで、当時、開設された県会に出ていく。そして、県の政治に携わる。将来は国の政治に発言してみたいという希望を強く持っていた。

そこで、中央の名前の通った民権運動のリーダーを呼んできて、講演会を開いたりするようになってきて、後に総理大臣になった犬養毅や、尾崎行雄ら慶應出身者を呼んでくる。演説会をやったその晩は、必ず土地の料理屋で懇親会ということで一杯飲んで騒いでいました。それがお定まりだったのですが、その料理屋がごく普通の何とか楼という名前の料理屋で、これがおもしろくないというので、料理屋に談判して、当時、改進党が盛んだったから、改進楼という名前に変えさせたということです。地方の人たちが、いかに自由民権運動に夢中であったかがよくわかるエピソードだと思います。この種の人物は各地方にもいたと考えられます。

この斎藤斐は県会議員でしたが、国会に出たいというので、一回目の選挙では無理だったけれども、二度目の選挙で当選しました。三期代議士を務めています。ところが、そこで彼は次のようなことを悟ったといいます。地方から東京の国会へ出てみると、そこのリーダーはまたちゃんといるわけで、例えば自由党を実際に牛耳っていたのは、星亨とか松田正久とかいうような中央のリーダーであり、茨城県からぽっと出てきたような人間はだれも相手にしてくれない。結局、自分の意見を国会で述べるようなことはほとんどできないし、演説をするチャンスがあってもだれも聞いてはくれない。先祖から受け継いだ財産を自分の代でつぶしてしまっては申しわけないというので、三度代議士に出て辞めました。そのうちに地方の銀行を作る話が出て、その経営に携わるようになりました。

この斎藤などを見ていると、地方のお金持ちが政治に携わり、やがて、自分の限界を知り、引っ込むことになる理由がよくわかります。

ところで明治一四年（一八八一年）には明治天皇の詔勅が出て、明治二三年に国会を開くという約束がそこに書かれていました。これではまだ一〇年も先の話ですから、おもしろくないという意見もあったと思いますが、しかし、一〇年先でも、国会が開かれることになると、国会開設の運動は明治一四年秋でひとまず勢いが弱くなります。

三　新聞と政府の取締り

第一節で『日新真事誌』がブラックというイギリス人の創立により東京にあったことを述べましたが、これが大新聞のはしりです。大新聞というのは、一般的には難しい漢字をたくさん使い、漢文崩しの文章で時の政治の問題に触れる。もう一つ重要なのは、このごろの新聞のように、ニュースを何でも取り上げるということではなく、中心になる新聞記者が論説を書いて、むしろその論説で読ませる。新聞が政治の議論をやる。当然のことながら政府を激しく攻撃する。そういうような新聞が大新聞と言われていました。

そういう大新聞に対して小新聞と言われるものがありました。非常にやわらかい記事、あるいは昔からの読本のような物語調の記事で、一般の読者を引き寄せる。そのころは花柳界がまだ盛んですから、花柳界における芸者さんの噂話などをおもしろおかしく書き立てるというような新聞です。『読売新聞』は、小新聞がだんだん大きくなって、大新聞に育っていった例と言っていいと思います。

そのころの大新聞は、政府と民間の両方の息がかかっており、『朝野新聞』、『横浜毎日新聞』、『東京日日新聞』、『大阪朝日新聞』などの新聞があちこちにできました。当時、大新聞は難しいものですから、そうたくさんは売れない。しかし、西南戦争のような事件が起こると、当然売れるようになるのですけれども、今の新聞とは違って、一番売れるといっても一日に一万二〇〇〇部とか一万三〇〇〇部ぐらいで、小新聞だと一日に五〇〇〇部ぐらい印刷する。しかし、随分高いものだったようで、新聞を毎日とると、その時分のお金で七〇銭とか八〇銭ぐらいであったらしい。だから、新聞は、当時は大変ぜいたく品であって、それをとるのは相当豊かでないとできなかったようです。

問題は、そういう新聞はだれが中心になって論説を書いているかであって、いろいろな人が新聞記者になったのです。例えばすでに登場した成島柳北や栗本鋤雲です。いずれも幕府時代に相当有力な地位にいて、幕末には一時、幕府を支える立場にあった人です。それが維新になり幕府が倒れてから、みんな引退のような形になっていたのが、明治六、七年ごろになりますと新聞社ができ、学者で名文家であることから引っ張り出され、新聞に論説を書くようになる。彼らの政府攻撃の文章が非常にたくさん載るわけで、これは放ってはおけないということになって、明治八年（一八七五年）に政府は新聞紙条例と讒謗律《ざんぼうりつ》という二つの法令を公布しました。

新聞紙条例と讒謗律は、要するに、当時の政府に対する批判を抑えるための取締りの規則で、新聞紙条例は、新聞社に何かというと発売禁止を命じる。讒謗律では、個人の名誉を傷つけるようなことを書くと、それを書いた者に対して処罰がなされました。

第Ⅰ部第7章で成島柳北という文人を紹介しました。幕臣であった彼は、明治になって政府には仕えずジャーナリズムで活躍するようになりました。ところが、そうすると讒謗律とか新聞紙条例などが出て、何か書いたらたちまち引っかかってすぐにつかまってしまう。蘇東坡の代表作に『赤壁の賦』がありますが、柳北はこれをそっくりもじって『辟易の賦』を書きました。やがて柳北は讒謗律に引っかかり牢屋に入れられます。内閣書記官の尾崎三良と井上毅の悪口を書いたからです。二人を昔知っていたのに、「尾崎毅」と「井上三良」というのがいたと言って悪口雑言を書いたのです。要するに、名字の下の名前を逆転させて、悪口をさんざん言ったからつかまったのです。三カ月か四カ月の禁固となったようです。

当時は新聞記者の受難もしょっちゅうあったし、また、そのぐらいのことを恐れていては新聞記者になれない雰囲気の時代でした。しかし、新聞というものが世論を形成する一つの手段になっていく、そういう時代でもあったわけです。それから後も新聞はどんどん大きくなっていきました。何か事件があると、新聞の売れ行きが良くなり、また、一般の人も新聞を読む習慣をつけていくようになっていきました。このごろはもうなくなりましたけれども、昔はミルクホールという場所がありました。今の安いコーヒー店のようなものです。コーヒーを飲ませるかわりにミルクを飲ませました。このミルクホールへ行き、ミルクを一杯飲むと新聞を読むことができる。多くの人は、新聞を読むためにミルクホールに行っていたようです。

四　朝鮮との関係

明治以来の歴史を考えてみると、日本はアジアに対して随分好き勝手なことをしたのは事実です。明治の前半あたりからそういう問題がずっと繰り返されています。

ナショナリズムあるいは民族主義という考え方は、自分の国の独立を前面に打ち出してほかの国と対立するという姿勢をわざととることが多いのですけれども、共通して言えるのは、新しい国家である場合にそういう姿勢を強くとることがあるのは一般的な事実だろうと思います。中国にしても韓国にしても、第二次世界大戦後にそれぞれ新しい国家を作って、それから六〇年もたっているわけですから、その意味ではナショナリズムの傾向は強いが、それなりに角がとれて丸くなってきている面もあると思います。例えば毛沢東がいた時の中国は、アメリカ帝国主義は張子の虎だと言ってアメリカと対決して戦争になるかと思わせたり、実際には兵力を用いるようなことはしなかったけれども、台湾を解放するのだといって軍隊を集め、台湾に攻め込むような格好をして見せたりしていたわけです。韓国にしても、二〇年間、日本とは国交を持たなかった。二〇年たってやっと外交関係ができたわけです。北朝鮮とはまだ国交はありません。

そういうようなことを考えてみますと、新しくできた国ではナショナリズムが非常に強くなるのは一般的な傾向です。それは韓国や中国だけの話ではなくて、例えばエジプト、イラン、イラクなどという国々も、戦後独立していろいろな国際関係で複雑な問題を起こしています。

明治の日本は、まさにそういうような民族主義の国家であって、周りとの関係で摩擦を引き起こしてきたと言えると思います。と同時に、明治の指導者は、ヨーロッパ大陸あるいはアメリカに対しては、事を起こしたらうまくいかないのがよくわかっていたものですから、特にアメリカ、イギリスあるいはロシアに対しては問題を起こさないように気をつけていた。むしろこっちからお辞儀をしてでも、それらとの関係を何とか良好に保とうとしていた。

そのような西側に対する腰の低さというものが、逆にアジア諸国に対しては非常にきつい顔を見せていたことになるのかもしれません。征韓論が明治の初めから出てきていて、朝鮮に攻め入って、これを属国にしようなどということも絶えずくすぶっており、西郷隆盛は、そのために明治政府を去って西南戦争までいってしまいました。また、台湾で沖縄の人が殺されたことを理由にして、当時、「台湾討伐」と言って台湾に攻め込んだこともあったわけです。とにかくアジア諸国に対しては非常に恐い顔をして臨んでいたことだけは事実です。

朝鮮は非常に複雑な国でした。朝鮮と日本との関係を考えてみますと、豊臣秀吉が朝鮮征伐と称して朝鮮に攻め込んだという歴史があります。それが一五九〇年代ですから、今から四〇〇年以上も昔になります。したがって、秀吉の時代には朝鮮に非常に迷惑をかけました。

しかし、徳川時代になってからは、徳川幕府と朝鮮の政府との間に一定の外交関係が保たれて、対馬を媒介にして貿易がずっと行われていました。当時の日本は朝鮮との貿易で欲しいものを随分手に入れていました。輸入品の一つは絹です。日本で生糸がたくさんでき、そして絹織物もできたのは事実ですが、そういう状態になったのは恐らく徳川時代の後半で、前半の時期には、生糸はできたには違いないけれども、それほどたくさんはできなかったし、いい絹織物は輸入品でした。もう一つの輸入品として入ってきたのは朝鮮人参で、当時は大変高価な薬でした。それから、書物で、その時期、中国あるいは朝鮮で出版された書物が日本に随分入ってきています。

輸出していたのは何かというと、秀吉から家康にかけての時代には日本国内で鉱山が大量に開けて、金、銀、銅の生産が非常に多くなっていました。特に金と銀は随分多かったようで、日本から輸出される金や銀は、中国や朝鮮に入るだけではなく、オランダを通じてヨーロッパまで流れていっていた。その量がかなり多かったものですから、ヨーロッパにおける金や銀の値段が日本からの輸入品によって変動する。たくさん入ってくると安くなるわけです。大げさに言えばヨーロッパの物価を高くする。お金が金、銀ですから、金、銀の値段が安くなるということは、一般の商品の値段が高くなるということです。ヨーロッパの一六〇〇年代は物価が高くなっていく時代でしたが、日本から流れ込んだ金、銀がそれに一役買っていたという話すらあります。

徳川時代には、朝鮮と日本の間にはきちんとした貿易関係もあり、国と国とのつき合いもありました。中国との関係では、国と国との交わりはなかったのですけれども、貿易だけはきちんと行われていました。長崎あたりに中国の船が入ってくる形で貿易が行われていたのは徳川時代です。

ところが、明治維新になって、幕府が倒れ天皇が日本の主権者になった。そういう書類を日本から朝鮮に持っていったところ、文字の国ですから非常に厳しいわけで、将軍ならば問題ないのですけれども、天皇の「皇」の字は中国の皇帝以外は使えないのだから、この字を日本で使うとはけしからんということになりました。それで、朝鮮との国際関係は明治維新以後、断たれてしまった。また、釜山には日本との貿易を扱っていた倭館があったのですが、これが封鎖されてしまった。そうしたことがあったので、征韓論が起こったのです。

結局、征韓は行われなかったのですが、朝鮮は、日本に対してだけではなく、ヨーロッパ、アメリカ等に対しても一切外交関係を持たない特殊な国でした。ただ、中国に対してだけは宗主国ということで頭を下げてつき合っていた。したがって、日本が開国したあともっと遅くまで朝鮮は鎖国状態にありました。

日本では、朝鮮の鎖国状態をやめさせて、国交を結ぼうという考え方が前から出ていて、明治八年（一八七五年）、第Ⅰ部第9章で説明した江華島事件を起こしました。日本の政府の一種の計略であったこの事件をきっかけにして朝鮮に開国を迫ろうということでした。実際、翌年の明治九年初め、薩摩出身の黒田清隆を正使、長州出身の井上馨を副使として、六〇名ぐらいの代表団を朝鮮に送り込み、国交を開くように交渉をした。この時期になると、大久保利通の政府も、その以前に台湾の問題で清国と激しい交渉をやって、かろうじて台湾問題をまとめたばかりで、朝鮮とまた戦争をやるつもりはない。黒田は本来軍人ですけれども、大久保は彼に、朝鮮が国を開くようにうまく話をつけてこいと言い含め、代表団を送り込んだ。その六〇名の大部分は軍人ですから、刀をガチャガチャさせ脅かしたに違いないと思いますが、とにかく日本と朝鮮との間に初めて国交が開けた。

その時に結ばれた条約が日朝修好条規です。その後、ヨーロッパ各国も次々と朝鮮との間に国交を開いていきました。朝鮮との国交を開いた日本のやり方をよく考えてみますと、二〇年ぐらい前にペリーが日本へやってきてやったのと同じことを、今度は日本が朝鮮に対してやったことになります。アメリカのまねをして、今度は日本が朝鮮をおどしつけたということになるでしょう。そういうふうになって、とにかく当時の漢城、今のソウルに日本は公使館を置くことになった。アメリカ、ロシア、イギリスなどの国々の公使館もだんだん置かれるようになって、朝鮮も国を開くことになっていったのです。

ところが、朝鮮の中がまた非常に複雑でした。この時代、大変強い勢力を持った家柄がいくつもありました。国王はもちろん親代々つながっているのですが、当時の朝鮮国王の后は閔《ミン》という家の人であって、この閔氏の勢力が非常に強かった。他方、当時の国王の父親はご隠居さんみたいなものでしょうけれども、実際には非常に政治的な勢力があって、大院君と言われていました。この大院君は閔氏が嫌いで、同時に、日本の公使館が閔氏と仲良くしているのが気に入りませんでした。

そこで、大院君は自分が指導して、閔氏の勢力を打倒すると同時に、日本排斥をやろうということになった。それで、日本の公使館に朝鮮の兵隊が攻め寄せた。日本の公使館の人たちは、保護を求めたけれども、一切だれも保護してくれない。そこで、彼らは、結局、表へ飛び出して王宮に駆けつけたが、王宮でも面倒を見てくれない。これが明治一五年（一八八二年）七月のことで、壬午《じんご》事変と言われています。公使館の人たちは結局、公使館を放棄して仁川までかろうじて逃れて、船に乗って沖合のイギリス船にたどり着き助かった。そういうことで、公使以下がみんな帰ってくる。それから、軍隊を指導するということで、日本人の将校が何人か朝鮮の軍隊に入っていましたけれども、この人たちは全部殺されてしまいました。これも幕末の攘夷のことを考えるとよくわかる話で、その時にはこちらだっていろいろな人を殺しているのですから、そういうことが起こるのは無理もない。しかし、日本の方は怒ったわけです。

清国はそういう行動を指導した大院君を排除して、彼を北京に連れていき保定に監禁した。そして、后の閔氏の政治勢力を復活させた。

そうなってくると、朝鮮を舞台にして日本と清国が勢力争いをするようになっていき、それが日清戦争のきっかけになっていきます。当時、日本国内においては、当然、朝鮮討つべしという議論が非常に大きくなったわけですが、いかんせん日本はその時分、海軍が非常に弱い。海の向こうへ攻めていくには海軍が弱くてだめだ、そこで、海軍の方から、軍艦をたくさん作ってくれ、と申し出てくるのですけれども、明治一五年には、ちょうど松方デフレーションがあって、政府が財政を厳しく引き締め、財政支出を減らそうとしていました。そういう状態だったものですから、軍艦をたくさん作れといっても、財政事情からとてもできないということになり、海軍拡張もはかばかしく進まなくなりました。

明治一五年七月にこの壬午事変が起こり、八月末になると済物浦《さいもっぽ》条約が結ばれ、朝鮮は謝罪し賠償も払うということで、日本と朝鮮の間の紛争はいったんおさまりました。しかし、その後、朝鮮の中で二つの勢力、つまり、中国と親しくしようというグループと日本と親しくしようというグループとが対立しました。このときから日本と大陸との関係がだんだんできてくるようになり、結局、日清戦争までいくわけです。日清戦争はこれから一二年後に起こります。

一方、日本国内に目を転じますと、明治一一年に大久保利通が暗殺されました。事実上の首相であって、日本のリーダーであった大久保が殺されてしまうという事件が起こったわけですから、その後どうなるかが問題となりました。

2　戦後インフレの時代

一　大久保利通の没後体制

大久保が死んだことによって、明治維新を直接指導した人たちはほぼ全員亡くなりました。西郷隆盛、木戸孝允、そして最後に大久保が死んだ。薩摩、長州の一番重要なリーダーはそこで全員いなくなりました。そうなると、次の者がリーダーになるより仕方ない。そのときに出てきたのが伊藤博文と井上馨でした。伊藤は大久保の仕事を引き継ぎ内務卿に、井上馨は工部卿になりました。工部省は、前にも登場しましたが、幕府や藩から引き継いだ工場のほか鉱山や鉄道といった事業を運営していた役所です。

それから大蔵大臣に当たる者が大隈重信でした。大隈は、大久保に非常に信用された人ですが、彼は薩摩でも長州でもなく、佐賀の人でした。その意味で藩閥の背景が弱い。佐賀閥というのもないわけではなかったのですけれども、非常に弱い。この大隈という人は非常に有能な人だったようですが、背景としては弱かった。

こうして伊藤博文、井上馨、大隈重信が中心になって、それから先、明治政府を引っ張っていくことになります。このほかに薩摩の出身ということですと、大隈が辞めた後に松方正義が出てまいりますし、陸軍、海軍の方では長州、薩摩の勢力が強く出てくる。薩長が明治政府の中心だったと言いますけれども、それはこの時代以後にだんだんはっきり出てきます。大隈が明治一四年にやめさせられた後に薩摩、長州の勢力は強くなります。

この時分、勢力があったのは、薩摩、長州以外では土佐や佐賀の出身の人たちでした。こういう人たちは、明治天皇のお付きで侍補《じほ》という地位についていました。侍補だった人たちは、土方久元や副島種臣で、こういう人たちは明治天皇のお側にいるわけですから、直接、政治に関わっているわけではないのですが、このグループがいろいろと仲間で相談し、政府に口を出すことも明治一〇年代の前半にはあったようです。こういう人たちの物の考え方は割合に保守的だったものですから、明治天皇にそういう考え方を吹き込むということもあったらしい。薩長土肥と言って、この時分には土佐と肥前の勢力は政府あるいは宮中にまだ残っていました。結局、土佐と肥前の勢力が明治政府から追い出されて、薩長藩閥政府になっていくのですが、それがはっきり出てくるのは明治一〇年代の後半だろうと思います。

そのころ明治政府では、地方において民間の意見を取り入れて政治をやっていこうという考え方がだんだん強くなっていて、地方三新法が公布されました。三新法の内容には、現在にも引き継がれているものもあります。県があって県の役所がありその下に郡がある。その郡の下に町村が置かれていました。今は、郡は名前だけで、事実上は政治ないし行政の単位としてほとんど意味がありませんが、この時には郡役所もあって、そこに郡長がいて、郡の役人は国に任命されていました。そのまた下に末端の行政単位である町村がありました。こうして明治一〇年代の初めになって県・郡・町村という単位が確立しました。

もう一つは、将来、議会を開かなければいけないと明治政府も考えていましたが、一遍に国の議会を開くわけにはいかない。そこで、その予行演習のようなつもりもあって府県会というものを開かせようということにしました。この府県会は一種の議会で、地方の県単位の財政で支出などについて議論していた。府県会の議員はどうやって選ぶかといえば、地方で税金をたくさん納めており、そして従来もその地方の政治に携わっていたような人たちの中から選挙するのです。

府県会について、最初は地方の偉い人たちは議員などにはなりたくないので、なるべく逃げ回るというようなことだったようです。しかし、やっているうちにおもしろくなるでしょうし、一つの県があっても、その県の中で活動範囲がそれぞれ違うので、地域ごとの利害関係が対立するということが出てきて、いろいろともめるようになっていきました。

山梨県を例にとってみます。そのころ、山梨県の県令の藤村紫郎は非常に有能な行政官で、中央政府に対しても相当顔が利いて政府の予算を分捕ってくるようなこともできる人物でした。藤村は、県の予算を使い道路を作りました。小仏峠を越え、東京につながる道路を作ることが大きな政策になっていたからです。ところが、そうなると、その道路が通る所は非常な利益を得るけれども、道路から遠い地方はおもしろくない。また、山梨県は山に囲まれていますが、川が流れていて盆地ですから、洪水が起こると水があふれて大変なことになる。そこで、道路が通らない方には治山治水のお金をつけた。そういう形で、県令が予算に手心を加えることによって県の中をうまくまとめていく。このようなことが行われたのが明治一〇年代でした。

今の国会でも地方の議会でもそうだと思いますが、道路を作るとか治山治水をするとか、道路や治山治水に関係のない所には学校を作るとか、各議員はそれぞれそういうお土産を持ってそれぞれの地方に帰っていくことができます。これは明治時代に始まり現在に至るまであまり変わっていない、地方あるいは国の政治のあり方です。

ただし、お断りしておきますが、学校などはその時分はまだみんなあまりありがたがらなかった。地方へ行くと、それぞれ塾があって、英語の先生を呼んできて英語を教えさせる、あるいは漢学の先生をつれてきて漢文教育をやるというようなことが行われており、学校ができるのはそんなにありがたいことではなかったらしい。恐らく明治一〇年代後半から二〇年代にかけて、ようやく官立の学校のありがたみがだんだん出てくるのではないかと思います。

それから、もう一つは地方税です。昔から大名がそれぞれの領地で、好き勝手に税金をかけていた。もちろん地租はあったわけで、土地にかけられる税金が税の中心でしたが、それ以外のいろいろな税が地域ごとにたくさんありました。そういうものを整理し、地方で取っていい税金として考えられたのが営業税と戸数割という税金でした。

営業税とは、商店や工場に対してかけられる税です。いくらかけるかということに関しては一々収入まで調べ上げてかけるなどということはできません。石原慎太郎元東京都知事が銀行に対して、貸付の金額か何かで簡単に税金をかけるということでいろいろもめていましたが、これと似たようなことで、店の間口がどれだけ広いかによって税をかけました。

戸数割とは、一軒の家を持った人を何等級かに分けて、おまえのところは小さいから一年に何円、こちらは大きいから何円というふうにかけていきました。

これは考えてみますと、一番ひどい税金です。一軒家を構えていれば、とにかくだれにでも税がかかるわけですから、所得の低い人の負担が重くなる税だったと言えると思います。

以上のような地方三新法ができ、それによって地域の人びとの考え方が県に反映するという体制がだんだん作られていくことになりました。

二　西南戦争後のインフレーション

西南戦争が終結した後、物価がどんどん上がっていきました。簡単に言えば、お札をどんどん印刷してばらまいていったから、このようなことが起こったわけです。当時、政府の予算は大体五〇〇〇万円ぐらいでした。ところが、西南戦争には、ほぼそれに匹敵する四〇〇〇万円余りの戦費がかかりました。そこで、政府はその金をどうやって調達したかですが、まず、政府が、できたばかりの第十五国立銀行にお札を発行させて借り上げたことは第I部第10章で述べました。それだけでは足りませんから、次に、政府紙幣である不換紙幣を増発し、戦争の費用を賄ったのです。

不換紙幣と兌換紙幣についてお話しいたします。昔のお金は金貨と銀貨でしたが、紙幣の中では両替商へ持っていけばこれを金貨や銀貨と替えることができる紙幣を兌換紙幣と言い、交換できないものを不換紙幣と言います。明治以後の政府が発行した紙幣は大体全部、不換紙幣でした。兌換紙幣を例外として発行したことがありましたが、それはたちまち金貨や銀貨に替えられてしまって、お札は流通しませんでした。

そういう不換紙幣を大量に発行したのですから、物価が上がっていった。第二次世界大戦後にもインフレがありました。あの時はまさに大量のお札を政府がばらまいて、それで物価が一遍に上がり始めました。それと似たようなことが西南戦争のあとにも起こったのです。

ところが、もう一つ問題があって、世界中の状況を見てみますと、この時期には大体、兌換紙幣が各国で流通するようになっていた。銀行へ持っていけば、お札を金貨や銀貨に替えることができた。日本も外国貿易をやりますが、お札では貿易相手国も相手にしてくれません。金貨、銀貨でなければいけないというのです。そこで、政府はどういうことをしていたかといいますと、貿易銀という銀貨を作りました。これは、外国貿易を行う横浜とか神戸とかの地域だけで流通する銀貨です。貿易銀は日本のお金の単位ですから、一円とか五円とかいうような単位の銀貨が作られた。ところが、不換紙幣の方でも同じく一円とか五円とかいうお札が発行された。西南戦争に至るまでは銀貨と紙幣とはほぼ同じ値打ちで、一円札を持っていけば一円銀貨が手に入る状態でしたが、西南戦争の後、諸物価が上がり出したとき、お札の値打ちが銀貨に対して下落する問題が発生しました。両替商へお札を持っていって銀貨に替えてくれと言いますと、一円札を持っていっても一円銀貨には替えてくれない。例えばお札を三円持っていくと、銀貨を二円くれる。紙幣の値打ちがそれだけ低くなってしまって、銀貨一円に対して紙幣は一円五〇銭持っていかないと替えてもらえないという状態が発生しました。

これがインフレーションと言われるものだと、経済学の教科書には書いてあります。つまり、同じ一円と書いてあるけれども、紙のお札の値打ちは銀貨に対して下がるわけで、これを銀紙の開きがあると言っていました。銀と紙の価値に開きが生ずる、これが当時のインフレーションでした。

日本国内で物を買おうとしますと、そのお札に対する物価は上がります。ただし、貿易を行う際には銀貨を使いますから、貿易商品の物価は銀貨で払いが行われる限りはそんなに高くはならない。日本国内だけで物価が上がっていく、そういう状態が発生しました。明治一〇年に西南戦争が片づいて、一一年、一二年と、こういう状態がだんだんひどくなっていきました。

こう物価が上がっていくと、得をする者と損をする者があらわれてきます。だれが得をするのかと言えば、物をつくっている人は大体得をするでしょう。例えばお米を作る農民、あるいは生糸を作る製糸業者はもちろんですし、それを扱って売り買いする商人も利益が当然上がっていくので、明治一一年、一二年は農村の景気が非常によくなったと言われています。これは米や生糸の値段が上がるから当然だということかもしれません。

一方、だれが損するか。まず、家の禄を召し上げられてしまって、公債と取り替えられた士族は困っただろうと思います。つまり、公債でもって年に何円かの利息が入ってくる。公債の利息の値打ちがどんどん下がっていくわけで、それで暮らしていくことはできなくなっていく。それから、給料で暮らしている政府の役人なども困ったに違いないと思います。でも、当時は、政府の役人は一般人に比べて給料が非常に高かったわけですから、そんなに苦しいことはなかったかもしれません。一般に働いている者は給料がそんなに上がりませんので、職人などは暮らしが楽ではなかったでしょう。

それからもう一つ、困ったのは政府でした。どうして困ったかというと、政府の収入の中心は地租で、一つの土地について地租は何円と決めていました。それは五年たったら変更するかもしれないということにはなっていましたけれども、この土地の税金は三円だとか、こっちは五円だとかというふうに税金が決まっており、しかもそれは毎年一定の金額でした。米の値段は高くなっていくわけですから、農家の収入、地主の収入は増えるけれども、払うべき地租の金額は一定ですから、事実上は税金が安くなったのと同じです。例えば米が一〇円に売れたものに対して三円の地租を払う。ところが、その米が一五円に売れる、二〇円に売れる、というふうになっても、地租は三円だけを払えばいいのですから、事実上は米の値段が高くなると、地租は安くなったのと同じことであって、農家は楽ですが、政府の方は、いろいろな物価が上がっているのに、入ってくる収入が一定で増えないので困るわけです。

三　明治一三年（一八八〇年）の三つの対策案

政府も、これは何とかしなくてはいけないということになって、そこで明治一三年（一八八〇年）に三つの対策案が提起されました。

一つには、徳川時代と同じように、地租の一部を米で納めさせることにしたらどうだという意見が出ました。地租の米納論です。米で納めるのは昔の話であって、米を現金にするのにさんざん苦労したので、思い切って地租改正をやって、全部お金で納めさせるように何年か前に変えたのに、また米で納めさせようというのですから、これは昔に戻る話であまり感心しない。しかも、農家にすれば、事実上の増税になります。一〇円のうち三円払えばよかったものを、今度は一〇円に売れるはずの米が二〇円に値上がりするのに、その米の一部分をそのまま米の形で払えというわけですから、事実上は農民にとっては増税になる。しかも、税金の形とすれば徳川時代に戻ることになるわけで、これでは相当問題が発生します。しかし、例えば右大臣だった岩倉具視はそういう反対意見でした。また、大阪に五代友厚という人がいて、彼は薩摩の侍でした。明治政府に入っていれば、当然相当偉くなったはずの人ですが、彼は役人にならないで、大阪で商人になって非常な勢力を持つようになっていた。もちろん彼は大金持ちになっており、明治政府に対して発言力がある。彼が岩倉に入れ知恵をして、米納にさせれば政府の収入が増えます、と教えたわけです。確かに高く米が売れるようになれば、地租を米納にするだけで増税をしたのと同じ効果が出ます。しかし、これでは当然、反対論が強くなるわけで、そう簡単にはいかない。

二つ目の案ですが、当時、大隈重信は参議になっていて、大蔵卿を辞めていました。大蔵卿は佐賀の佐野常民《つねたみ》という人物でした。しかし、財政の重要なことは大隈が握っていた。大隈が考えたのはどういうことかと言いますと、外国でお金を借りてきて、五〇〇〇万円の外債を発行しようということでした。五〇〇〇万円を銀で借りてきて、不換紙幣をやめて、国内でも銀貨が流通するようにしようというのが大隈の提案でした。先ほど述べたように、紙幣であるから銀貨との値打ちの開きが発生するわけですが、外国から銀貨を五〇〇〇万円分持ち込んできて、国内で銀貨が流通するようにすればインフレはすぱっとおさまってしまうというわけです。ただし、五〇〇〇万円を借りてくれれば、元金と利息を外国に払わなければいけなくなる。でも、それはだんだんとやっていけばいい、というのが大隈の意見でした。これも一時、大分有力な議論になったのですけれども、潰れてしまいました。一説によりますと、明治天皇が、そういうことはいけない、と言われたということです。明治天皇に、外国から借金すると後が大変ですよ、とお教えしたのは、アメリカの前の大統領のグラント将軍だったとも伝えられています。彼が日本に遊びにまいりまして、明治天皇にお目にかかった時そう言ったと言われています。

いずれにしても、米納論も、五〇〇〇万円の銀を借りてくる案も潰されてしまった。

そこで、最後に残ったのは、結局、世の中にお金がだぶついているのがいけないのだから、これを引き締めるより仕方がないということになり、それまで比較的ざぶざぶとお金を使っていたやり方を変えるという方向が決まった。これが明治一三年の状況でした。

3　明治一四年（一八八一年）の政変と松方デフレ

一　国会開設をめぐる紛争

明治一四年（一八八一年）の政変と松方デフレについてお話しします。西南戦争のとき、全国では西郷隆盛に呼応して、兵を挙げようという連中があちこちにいました。そういう人たちの中で一番慎重な動きを示したのは土佐の士族のグループで、その中心にいたのが板垣退助です。板垣は、西郷の動きに同調しようとすることはなかった。西郷という人に対し少し反感を持っていたのではないかと思われます。征韓論の議論があって、西郷以下、板垣、江藤新平が参議を辞めた時、板垣は西郷に会い、これから先は民撰議院の設立でなければいけないと言いました。板垣が前からそう思っていたのかどうかはよくわかりませんが、イギリスから帰ってきた連中の話を聞いて、そういう考え方を持つようになったと思われます。その建白書を出そうと思うから一緒に署名してくれと西郷に言った時、西郷はこれを断ったのです。これから先も一緒に手を組んでやっていこうという板垣の申し入れに対して、いや、その必要はない、君は僕に反対してくれてもいい、私も君に反対する、お互い独立でやろう、と西郷が言ったという話が『自由党史』に書いてあります。そういうところから推して考えると、板垣は、西郷をそれほど親しいとは思っていなかったし、西郷と一緒にやろうという動きもなかったのかもしれません。

その時分、土佐の士族の中には林有造、片岡健吉というような人たちがおりました。こういう連中には、西郷の勢いが強くなったならば自分たちも兵を挙げたい、という意識があった。

それから、もう一人、後で外務大臣になり辣腕を振るうことになる陸奥宗光という人がおります。彼は土佐の人間ではなく、今の和歌山県、紀州藩の出身で、非常な秀才であったけれども、当時の明治政府の中では薩摩でも長州でもないわけですから、むしろ冷遇されていると意識していたように思われます。実際にはその時分でもすでに明治政府の中でかなり高い地位にいたのですが、それにもかかわらず陸奥はおもしろくなかったのでしょう。それで、林有造などと組んで一旗あげる方に同調したのも事実のようです。

こういう反政府運動があって、結局、林と陸奥は政府にその動きを知られ、検挙されてしまう。いずれも六年とか五年とかいうほど長い間牢屋に入れられていた。

一方、片岡健吉は、その動きにはむしろ加わらないで、京都に明治天皇が行っておられましたからそこまで出かけていき、民撰議院設立に天皇陛下の賛成を得たいということで、恐ろしく長い建白書を京都に持ち込んでいます。結局、その時に政府の役人と片岡健吉たちとはぶつかり合って、そのために片岡は政府の役人を侮辱したようなことになり、短期間ですが、牢屋に入れられてしまった。

前にも少し申しましたが、京都で出した建白書に対しては、「内閣書記官尾崎某出で、接して曰く、建言の趣旨、實に民撰議院を興す可しと云ふに在るが如し。然に議院の事、陛下にも深き叡慮あり、加ふるに本書中記する所、不遜の件あるを以て、返戻《へんれい》すと。片岡曰く、此上書は至尊に奉呈する者に係り、敢て内閣官吏に致せるに非ず」とあります。いろいろと問答があって、結局、天皇陛下はこれを見たわけではないということになりました。「書記官昂然として曰く、今日の政府たる、陛下と内閣とは一體にして、大臣の命は即ち　陛下の命の如しと」。大臣の命令は陛下の命令と同じことだというので、結局、押し問答をしてその意思は達せられなかったということでしたが、そのかかわりで片岡は一時、牢屋に入れられました。

土佐の立志社は、西南戦争が片づいてしまえば、兵を挙げるようなことはいよいよできないから、言論をもって民撰議院を作ることに持っていくより仕方がないと考えるようになりました。それから先、民撰議院を作るべしというようなグループが全国にできました。昔の藩ごとにそういう士族のグループができ、これが土佐の立志社と連絡をとるようになる。立志社ないし立志社のグループの者が全国を演説して歩き、民撰議院の運動をすることになっていく。そして、板垣を中心にして愛国社が再興され、これが年に一度ないし二度、全国大会を開くという状況になってきました。そして明治一三年（一八八〇年）三月、国会期成同盟が作られました。これは板垣をトップとして、その下に片岡健吉や福島県の河野広中がいて、彼らが国会を開くべしと盛んにあおるようになりました。

一方、これは土佐とは関係がないのですけれども、東京におりました福沢諭吉の『福翁自伝』の中にこういうことが書いてあります。西南戦争が片づいてしまい、今は国会を開くことが大切である。慶應義塾の卒業生たちはみんな新聞社に入り編集をやっている。福沢は「国会論」という文章を書き、その連中を呼び、この文章を見せた。この文体だと自分の文章だとすぐわかるので、君たちの方で趣旨を変えないように直し、新聞に載せられるようだったら載せてごらん、と言って渡した。そしたら、それがひと月もたつうちに、いろいろな新聞に「国会を開設すべし」という議論が出てくる。福沢は、「しめた」と密かに喜んだということです。

もちろん土佐の立志社やそうした士族のグループの動きがありますが、東京の慶應義塾もまたそのグループでした。これが明治一〇年代初めの状況です。特に、国会期成同盟ができた明治一三年以後にはその勢いが非常に強くなってくる。

さすがに明治政府の方も、ほうっておけなくなってきたようで、当時、参議に対して、国会問題をめぐる意見書を出すように、という命令が当時の左大臣であった有栖川宮様から出ました。

山県有朋は当時、陸軍の中心人物でしたが、同時に参議になっていて、国全体の政策にかかわる立場に置かれていました。彼は次のように考えていたようです。明治八年（一八七五年）に地方官会議が開かれ、その後、府県会が開かれるようになった。国の政策を国会で決めることになると、一大事である。幸いに今、府県会が創立されているので、各府県会議員の中で主だった者がだれかはすぐわかる。そこで、この人たちを集め、国の憲法についての議論をさせる。それを積み上げた上で議会を作るようにしていったらどうであろうか。この文章の終わりには陸軍中将兼参議山県有朋と書かれています。

また、薩摩藩の中心人物であった黒田清隆の意見はこういうことです。外国の制度を見ていると、まず経済、産業を発展させることが先である。国民の意思を産業の発展に向かわせようとしたのはほんの四、五年前のことであって、まだ十分に成功していない。公債を発行し、場合によったら紙幣を印刷して、それで産業を発展させるのが大事ではないか。国民がみんな産業の発展に力を尽くすようになったら、無用の議論をして、国会開設論などをやっている者の勢いはなくなってしまうだろう。そのときを待って国会を開設しても、まだ遅いことはない。これが黒田の議論です。

井上馨は、このときは工部卿であり、政府の中で力が強かったのですけれども、彼はイギリスでしばらく勉強していましたから、空漠とした議論ではありませんでした。将来のことを考えるならば、世論のおもむくところによって国会を開設し、政府の組織を一変させ、そのよるところを確定することが必要だろう。国会を開くなどということが六、七年前から言われているが、まだまだ早過ぎるというのがその時分の意見であった。そういうことだから、一方ではちゃんと法律を作る必要がある。国会を興すに先立って、まず民法をつくって、戸籍・家督相続・婚姻・契約などの決まりをきちんと定めなければいけない。あるいは、商法、会社法を作り、商取引や企業に関する制度をはっきりさせなければいけない。そうしたことをやろうとすれば、まず憲法を作らなければいけない。そのためには、イギリスの上院に当たるような機関を創立し、華族や士族の中から議員を選ぶ。何人かは選挙で選ぶが、同時に、天皇の命令で選ぶことも必要があろう。このように法制をきちんとすることが大事だ。それができ上がった上で国会を開くのがよかろう。これが井上馨の議論でした。

伊藤博文も、それに近い意見です。上院に当たるようなものをまず作り、それから、国会を開くというふうに持っていくのがいいのではなかろうか、というものでした。井上と伊藤は、やがては国会を開くことが必要だという議論ですけれども、同時に、今すぐという話にはとても乗れない、ということでもありました。

ところが、非常に問題があったのは大隈重信でした。これらの話が起こってくる一方、大隈重信の意見書が出てこない。それで、左大臣だった有栖川宮が大隈にその催促をしました。大隈は、わかりました、ということで、やがて意見書を出してきましたが、その意見書について、有栖川宮に、これはだれにも秘密にしていただきたい、天皇陛下にだけお目にかけることにしてほしい、と言ったのです。

その意見書は、当時の参議の中では過激なものでした。これは矢野文雄という人が事実上代筆したものです。彼は政府の役人だったのですが、非常な民権論者でした。大隈の建議は、国会を開く年月を公示する必要があるというものです。国民が実際に議員を選び、国民にも政治に関係させることが大事ではないか。役人の中で政党官と永久官を区別しなければいけない。政党官とは、政党のメンバーの中で選ばれて官吏になる人であり、参議とか、各省の卿、次官クラス、局長、侍従長などである。永久官は、本来の政府の役人で、軍人とか警察官とか裁判官とかである。要するに、議院内閣制度のようなものを作らなければいけない。そして、政党官が政治の中心に座るようにしなければいけない。それから、天皇陛下の決定によって憲法を至急作った方がいいだろう。明治一五年（一八八二年）末に国民の間で選挙を行わせ、議員を選び国会を開く。そして、一六年初めに国会を開くことにしたらどうでしょうか、というような意見書でした。

大隈の意見書は、ほかの人の意見書に比べ、国会開設の時期がはっきりしていました。その上、これは明治一四年の話で、来年、総選挙を行って、再来年から国会を開けという議論ですので、非常に飛び離れた議論になってしまっていたわけです。しかも大隈は、この意見書をだれにも秘密にしてください、と言って、ほかの参議に一切見せていなかったのです。有栖川宮が、これを伊藤博文などに内々で見せた。伊藤は、自分たちと全く意見が違うといって非常に怒ってしまいました。これまで意見がほぼ一致していたのに、にわかにこういうものを出してくるのは異常であるという議論になった。そして、そういう異常な議論を出した矢野文雄は福沢諭吉の影響を受けており、これは政府の中に一緒にしておくことはできないということになって、伊藤や井上は、大隈重信を追放する方針をだんだん強く持つようになってきた。これが明治一四年前半の状況でした。

岩倉具視も保守的な人間ですから、当然、反対の意見を強く持っていました。このとき岩倉が考えたのは、イギリス流の政治組織ではいけないというものでした。当時のドイツは皇帝の権力が非常に強く、そのもとで議会政治が行われていました。ドイツ流の憲法をまず作って、その上で権限を限定した議会を開くことにすべきだ、憲法を作って議会を開くにしても、それには相当に限定をつけてやるべきで、その研究を始めなければいけないという意見でした。

ところがもう一つ、北海道開拓使の官有物払い下げ問題が起こりました。当時、北海道はほとんど未開拓の状況で、アイヌの人たちが住んでおり、江戸時代から松前藩が函館だけにおりました。お米はとれないが、一〇万石ぐらいの格式となっていたのは、シャケだとかの海産物がとれるからです。そういう産地を松前藩が押さえていて、その海産物を売ることによって収益を上げ、藩を運営していた。そこで、明治政府ができてから、今度はそういうことだけではいけない、北海道全体を開拓して、そこに内地から移民をさせ彼らを定着させなければならない、としたのです。ロシアは北の方から南へ下ってこようとする勢いがあって、北海道は、放っておけばロシアに占領されるおそれがある。そこで、北海道を発展させなければいけない、という議論が明治初めからありました。

明治八年（一八七五年）、樺太千島交換条約が締結されました。北の方の領土についての争いがロシアとの間にあったのですが、結局、日本が樺太については全面的に譲りロシアの領土として認め、その代り千島は日本の領土であるということにしました。それで一応は落ち着いたのですが、それにしても、放置しておけばロシアの勢力が北海道にどんどん伸びてくるおそれがあり、やはり北海道を発展させるべきであるので、開拓使を北海道に置き、今の札幌を北海道の中心の町ということに定めました。そして、そこに碁盤の目のような縦横の市街を作り、札幌農学校を設けた。その農学校にアメリカからクラーク先生を呼んできて、彼に教育を委ねました。

北海道開拓使という役所ができましたが、この中心人物が、さきに述べた黒田清隆でした。彼を中心にして北海道の開拓が進められ、いろいろな産業を北海道に植えつけることが始められたわけです。

例えばアメリカでやっているような農業機械を使った大農式の農業を導入し、あるいは牧畜をやり酪農を行わせ、牛乳やバターを作りました。また、それとの関連でビール工場も置いた。サッポロビールはそこから始まります。こういうことが一種の理想主義のもとで行われたのですが、実際には北海道は寒いし、そう簡単にうまくはいかなかった。

これは後の話になるのですが、北海道でお米を作ろうという話が出る。ところが寒いから、稲をまいてもうまく育ってくれず、さんざん失敗を重ねます。その中で明治二〇年代になるころのことですが、農家の人たちが、ある発明をします。稲の種は寒いところに放っておくと芽を出さないが、風呂を沸かした後、その残り湯の中に種をつけておくと温度がかなり高まって、その種を植えると、北海道でもお米ができるというものです。

開拓使は、一〇年間という期限をつけた役所でした。明治一四年になると、その期限がきましたので、開拓使をやめて、北海道の発展は普通の府県と同じようにやっていくことにせざるを得なくなりました。しかし、開拓使がやりかけたいろいろな仕事がまだあるわけです。牧畜とか、ビール工場を作るとか、農業機械の工場を建設するとか、いろいろなことをやっていましたが、そういうものの後始末が問題になったのでした。

大阪におりました五代友厚と大阪の商人であった中野梧一が、黒田に働きかけて、自分たちが開拓使の事業の後始末を引き受ける、そのかわり払い下げの金額は無利息三〇年賦で三八万円という非常に安い金額で払い下げてもらいたいと言ったのです。そこで、内密のうちに黒田と五代の間で話し合いが進み、政府によっていったん決定されることになりました。

ところが、当時の新聞紙上では、一つは国会開設論が非常にやかましくなってきており、また、開拓使の事業を五代以下に払い下げるという話が表に出てきたので大問題になりました。そして、政府はけしからん、逆に政府の方では払下げに反対の岩崎弥太郎の三菱や福沢諭吉が大隈の陰にあって反対運動を煽っていると反発し、この三菱をつぶさなければいけない、という話になって、払い下げ反対問題が起きました。その矢面に立たされたのが黒田、五代、中野ということになって、ハチの巣をつついたような状況が明治一四年にでき上がっていったのです。

前にみた大隈の政治的な意見に対する反対論と、今述べた開拓使の官有物払下げ問題に対する反対論が重なり合って、政治的な騒ぎが起こってきたと思われます。

二　明治一四年の政変

そういう中、明治政府は、もはや決着をつけなければいけないことになりました。明治一四年夏には明治天皇が日本の東北地方を巡幸された。当時は交通機関もあまりなく、一ヵ月ぐらい掛かって東北地方を回られました。一〇月一一日、ようやく帰ってこられ、そのとき一度に重大な決定が行われました。一〇月一一日の決定の一つは、参議である大隈重信を免職にするというものです。大隈は、このとき政府から放り出されてしまいました。それから、二つ目には、すでに決定していた開拓使の払い下げを全部中止することにしました。それによって、反対論を抑えることになったのですが、続いて翌日の一〇月一二日に天皇の詔勅が出されまして、明治二三年（一八九〇年）をもって国会を開設することになりました。つまり、国内の騒ぎに対して、一度にけりをつける方針が打ち出されたわけです。それも一

○月一○日から一二日の間にばたばたと決まってしまった。これが明治一四年の政変と言われるものです。

結局、大隈は、恐らく福沢などとの連絡もあったのでしょうけれども、あまりにも急進的なことを言ったために、政府から放り出されてしまった。それから、開拓使の払い下げ中止ということになって、黒田以下は非常に困難な立場に立たされることになりました。

一方、民権運動をやっていた連中にとっては、天皇の詔勅が出たことによって国会開設運動が水をかけられたようになって、しゅんとしてしまった。しかし、国会開設運動をやる方は、当然、明日にも国会を開いてほしい、ということで請願をしていたのですから、明治二三年とは一○年近くも先のことになるので、それでは話が違う、しかし、天皇の詔勅が出てしまいますと、もう取り返しがつかない。それで、結局、民権運動の方も勢いが弱まることになりました。

同時に、板垣退助のグループは国会期成同盟に集っていたのですが、一○月一日に開いた第三回大会を二日に自由党結成大会に切り替え、二九日に板垣総理ほかの役員を決めて、自由党という政党ができました。

一方、政府を辞めさせられた大隈重信は、変わり身も大変早いし政治的な動きも強い人ですから、ここでいったん失敗したとしても、すぐに自分のグループの者を集めて改進党を作りました。大隈は、自分の屋敷が東京の早稲田にあって、そこに東京専門学校という学校を作りました。その東京専門学校がやがて早稲田大学になっていく。そういうようなことで、大隈も民間にあって活動を開始しました。

明治一五年（一八八二年）三月一〇日以後、板垣は全国を回って講演旅行に出るようになります。ところが、そういう中、四月六日、板垣は岐阜での演説を終えて出てきた時、男に切りつけられました。男は短刀を持って、板垣の胸のところを突いたのです。これは大騒ぎになりました。刺した男は小学校の教員だった相原という男で、板垣のような過激な者はけしからん、というので刺したというのです。しかし、実際には大した怪我ではなく、しばらく静養して治ったということです。この時に板垣は、「板垣退助死するも日本の自由は滅せざるなり」と言ったと報道され、これが『自由党史』にもありますように「板垣死すとも自由は死せず」の言葉となって全国に広まったわけです。また、後藤象二郎は板垣の昔からの仲間ですが、もし板垣が殺されたら、自分がその場へ行って追悼演説をやるんだ、と言って岐阜に乗り込んできたとか、いろいろな話があります。

それにしても、当時の野党の党首がそういう者に狙われたというのですから、大事件となりました。政府がこれをやらせたのではないかというような噂もあって、その時分、反自由党の新聞の連中が随分捕まったり、いろいろな取り調べを受けたりしました。さらに、天皇御みずから勅使を派遣し、板垣を慰問させるということまで起こりました。

また、愛知県病院というのがあって、この病院長だったのが、後に大変有名になった後藤新平です。板垣が遭難したことを聞くと、彼は医者や看護婦を引き連れて岐阜に乗り込み、それで治療に当たったという話も残っています。板垣に向かい、後藤は「思うに閣下はご本望ならん」と言ったということです。後藤は医者でおさまる人物ではない。後に果たして官になり、大変有名な人物になりました。

そういう中、伊藤博文は、明治一四年一〇月に作られた参事院の議長となり、内務卿を辞めることになりました。そして一五年三月から、憲法の調査のためにドイツを中心にヨーロッパに出かけることになり、岩倉にも頼まれてドイツに出発します。

一方、板垣は怪我がよくなり、外国に出かけるという話が起こってきました。しかし、外国に出かけることになると、相当の金が要るわけです。しかも、板垣は有名人ですから旅費も相当かかる。ところが、自由党は全然お金のない政党で、事実上は板垣が自分のお金を出して政党を運営しているような状態ですから、とても板垣が出かける費用などはなかったわけです。政府としては、板垣が国内にいて政治活動をやられるより、むしろしばらく外国へ行っていてくれる方がいいという事情があり、これは今では有名な事実ですが、三井家に話をして、旅費を出させることにした。ただし、板垣の旅費の出所は秘密にして、板垣はそのお金で明治一五年一一月から一六年六月まで外国に出かけました。板垣がいなくなることは、自由党にリーダーがいなくなることを意味しますので、自由党はしばらく元気がなくなるということにもなりました。

明治一五年六月には、当時、政党活動を取り締まる目的で設けられていた集会条例の改正が行われました。そのポイントは、政党の支部を作るのを廃止するということです。これは大変なことで、つまり、自由党は、東京に本部があって、各県にも支部がありました。そして、支部は本部の指令に基づいて動くのですが、その支部を廃止するということなので、中央の命令で地方が動くことが事実上できなくなってしまいました。

また、そうなると、地方で自由党の活動をやろうと思えば、栃木自由党とか福島自由党とかいうものをこしらえるより仕方がないのですけれども、それらにしても東京の本部から指令を受けて動くというわけにいかなくなったのです。それからもう一つ、結社相互の連絡が禁止されました。例えば今挙げた栃木自由党と福島自由党が連絡をとって共同して動くようなことはやってはいけないことになってしまった。政党活動は、ここで大弾圧を受けて動けなくなってきたのです。

三　松方デフレーション

その一方、松方デフレーションが起こりました。それまで物価が上がり、紙幣の値打ちが下がってくる、これをどうするかが問題になった時、結局は財政支出を抑えて、黒字財政を実施するより仕方がないということになったのです。つまり、税金を余計に取って、政府から出ていくものを減らす。そうすると、収入の方が多くて支出が少なくなる。その結果、政府の手にお札がたまっていきます。簡単にいえば、それがたまったところで燃やしてしまう。世の中に流通しているお札の量を減らすというのがこの時分の緊縮政策であったわけです。

松方正義が大蔵卿になったのは明治一四年夏で、これより大分前に方針は決まっていたのですが、松方はそれを実行しました。

また、農家から地租を集めるのですが、従来、地租は、去年の地租を今年の夏過ぎに取るという形になっていました。それは理屈があることで、農家にすれば、秋に収穫があって、それを売りさばいて初めて現金が入ってくるのだから、税金は去年の分を今年の夏に払えばいいとなるわけです。そして、今年の分はまた来年夏に払う。そのような形で地租が納められていたわけです。ところが、松方は、明治一四年に限って、一三年分は一四年に払え、また、一四年の分も年末に払えとやった。だから、明治一四年だけは農村では二年分の地租を払わされたわけで、これで農家は参ってしまいました。

当時の農家は相当の借金をしていました。彼らは地方の高利貸しから借りていて、利息が高い。その返済が難しくなるということで、農家は非常な困難に陥りました。日本の社会は、その時分はまだ農村社会です。都会の人口は一割ぐらいに過ぎず、農村がそういう状況になったのですから、大不景気が起こった。

図4は米の値段のグラフです。縦軸に米一石当たり（円）と書いてありますが、一石は一〇〇升で、一五〇キログラムと考えていいと思います。西南戦争の前から米の相場はわかっています。戦争の前に米の値段は四円から六円の間でした。戦争の時にはそれよりも安く五円以下になった。

米を主食にしている日本人が一年間に食べる量を平均すると一石だったということです。その一石が五円ぐらいだったのですが、明治一〇年（一八七七年）の西南戦争を底にして、一八八〇年から一八八一年には、約一一円近くにまではね上がりました。だから、農村の景気がよくなったのはもっともなことです。米の値段がそれだけ高くなって、収入が増えたので、農家の消費も増えていく。そこで、酒の生産量が、明治・大正期を通じて二番目に高いというとんでもない年が発生したわけです。そのほか、

図 4

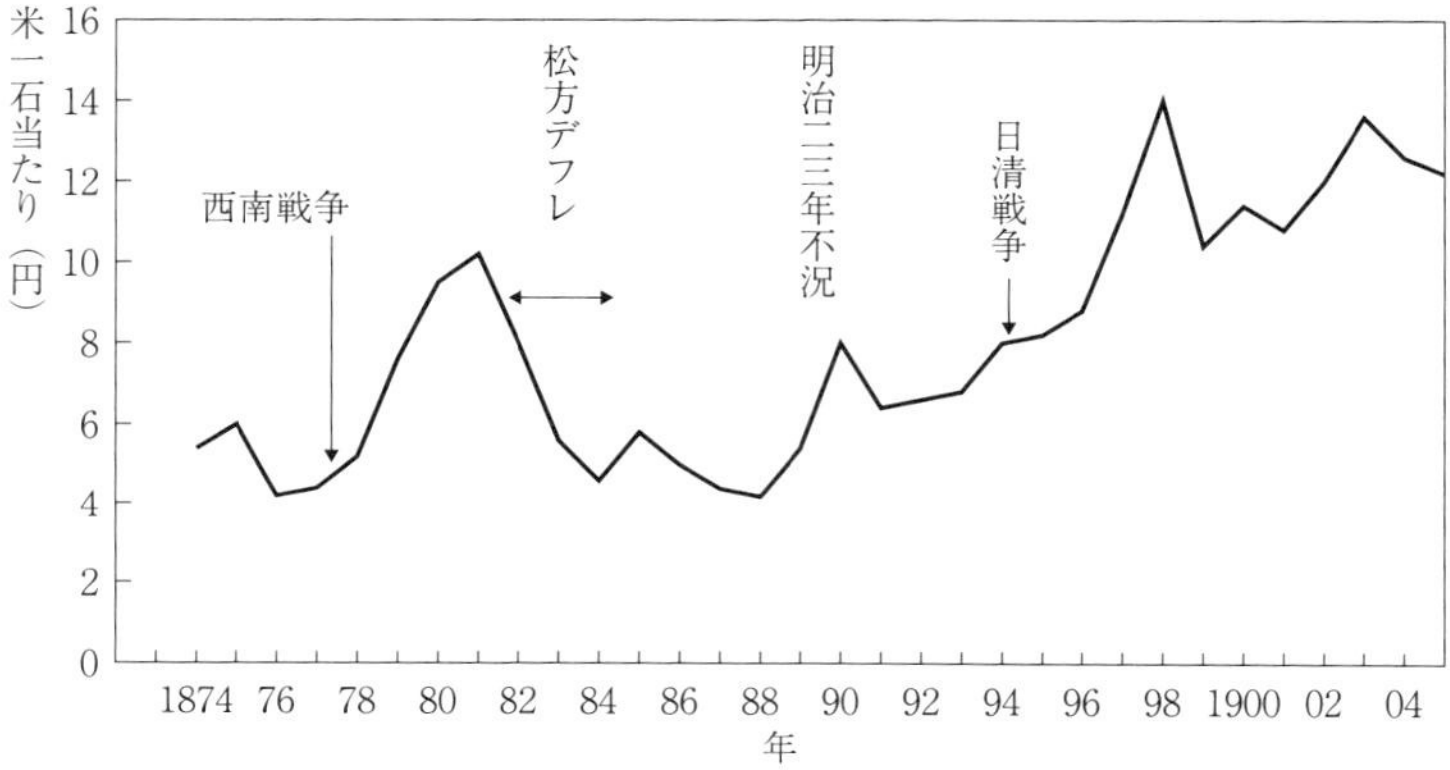

輸入品が農村でどんどん売れる、毛織物も農村で非常に多く需要されるようになりました。

明治時代の文献を見ていますと、赤ゲットという言葉がよく出てきます。赤い毛布ということです。オーバーのかわりにマントを着るように、赤い毛布を羽織るのです。輸入毛織物を農村の人たちが買って、寒いときに羽織るわけですが、そういうものが農村でどんどん売れる。それが明治二三年から一四年前後です。

松方デフレーションでは、政府は、お金が世の中に出ていくのをかなり強引に押しとどめる政策をとりました。その結果、一〇円以上になっていた米の値段が、一八八三年、一八八四年ですと、四円、五円と、半分以下に下がってしまった。借金のかたに土地を高利貸しに取られてしまうような農家がかなり出たと言われています。これでは小作人が増えることになります。自分の土地を耕していた人が、今度は土地を借りて耕して地代を払うことになっていきました。そういうことが急に発生したということになるのでしょう。

この時期の不景気は農村中心ですが、当然、都会においてもその影響が出て、不景気は著しいものでした。明治一四年ぐらいが好景気の頂点であったとすれば、それから三、四年後の明治一六、一七年は不景気の谷底であったと思われます。

そういう不景気の中でいろいろな事件が起こりました。一番有名なのが、自由党の激化事件と言われる諸事件です。

四　激化事件と自由党の解党

自由党の中には年の若い人たちがたくさんいて、こういう連中は、いつの時代でもそうですけれども、追い詰められると何をやり出すかわからないところがあります。昔、学生運動でいろいろな事件が起きましたが、それらと同じようなことがこの時代に起こったと考えていいと思います。

そういう中で一番有名で大きいのが、明治一五年（一八八二年）の福島事件でしたが、これも実はよくわからないところがあります。

三島通庸《みちつね》は鹿児島出身の警察の元締めみたいな人だったのですが、まず、山形県の知事になり、続いて福島県知事を兼任し、それからまた栃木県知事も兼ねるというように、三つの県をつないで知事になりました。これが明治一五年から一六年にかけてのことです。この三島という人は大変有力な人でしたから、当然、政府の中央に顔が利いていました。

当時、政府の政策として交通網を発達させることが重要でした。そのために、道路を造る方針が決められていました。三島は、山形県知事になった時、県の北の方から、南の方の福島県にまでつながる道路を造ろうという方針を立てました。続いて福島県知事を兼任した時、今度はその道路に接続して、福島県を貫通する道路を造ろうという方針を打ち出し、次に栃木県知事になった時には、その道路をさらに福島県につなぐ方針を立てました。現在、奥羽本線という鉄道がありますが、あれに見合うような道路だったわけです。

福島事件とはどういうことであったかを説明します。明治一五年に三島の方から提案して、先ほど述べたような道路を地方の各郡で造ろうという会議を強引に設け、月に一日ずつ二年間、住民みんなに勤労奉仕をしてほしい、と言いました。ただし、出られないのであれば、一日一〇銭あるいは一五銭というお金を出して人夫を雇って進めてもらいたい、と三島は提案したのです。

その道路が通る側の人たちにとっては、少々、勤労奉仕をさせようが、あるいはお金を出そうが、道路ができることによる利益がありますから問題はなかったでしょうが、道路から外れた地域の人にとりましては、何の恩恵もないのに、そういうことをさせられるということで、結局反対運動が起こりました。この反対運動への参加者は約三〇〇〇人と言われていますが、実際はもっと少なかったのではないかと思います。その人たちが県庁に押しかけて抗議行動をしました。

それが大事件に発展したのは、河野広中以下のグループが、自分たちの仲間で密かに約束をして、政府を覆そうという動きを示したからです。河野たちは、明治一五年八月一日、福島の無名館という彼らの事務所にいて、次のような秘密の誓約書を作ったと言われています。「吾黨は自由の公敵たる擅制《せんせい》政府を顚覆し、公議政體を建立するを以て任となす。吾黨は吾黨の目的を達するが爲め、生命財産を抛ち、恩愛の繫縄《けいじょう》を絶ち、事に臨んで一切顧慮する所なかるべし。……」というものです。三島が強行した差押えに抗議した地元の農民や、河野以下が一一月下旬から一二月にかけて、捕まってしまいました。河野は結局、軽禁獄七年、そのほか五人の者、田母野秀顯《たものひであき》とか愛澤寧堅《やすかた》とかいう人たちはそれぞれ六年の軽禁獄という重い刑を受けました。

また、加波山事件について少し述べておきます。これは自由党の若い連中が、茨城県にある筑波山の隣の加波山に立てこもった事件です。事の起こりは、政府が自由党の活動に対して弾圧を加えたことです。三島通庸が栃木県の知事になって、県庁を開設し、そのために新しい建物を作ったというので、東京から参議以下、偉い人がたくさん集まってくる。これを襲撃して皆殺しにしようという計画でした。密かに爆弾をつくっている時、失敗して自分の腕を飛ばして警察に目をつけられ、行くところがなくなって加波山にしばらく立て籠ったのです。警察の方も、彼らが爆弾を持っているというので、恐くて近寄れない。しかし、山の上に十数名の者が立て籠っていても、とても長くは頑張れない。山を降りてきて解散してしまった。解散した者は爆弾を持っていませんし、ばらばらになってしまい、その後、警官にぶつかって、二人ほど斬り殺してしまうという事件もありました。その後、この人たちは捕まって、かなり重い刑を受けました。死刑になった者が七人ぐらいおりますし、残りの者も無期徒役が七人、九年から十五年の有期徒役が四人とか、その種の非常に重い罰を受けました。これが非常に有名な加波山事件ですけれども、内容は、追い詰められた若い連中がそういう事件を起こしたにすぎないと思います。

それから、もう一つ、秩父事件があります。事件は、埼玉県の秩父地方の農民たちが松方デフレーションの不況で非常に困ってしまって、困民党という組織を作った。この組織が、各地方から秩父市に集まって、大宮の方まで押し出していこうという勢いになりました。一時は一〇〇〇人を超える農民が集まりましたし、当時は猟銃を持っている猟師などもたくさんいたのでしょう。そういう人たちが秩父の方から押し出していきました。これは加波山事件に比べると、随分追い詰められた人たちの事件には違いないのですけれども、一種の革命運動、世直し運動というようなことになったのです。

結局、秩父は四日ほどの間、困民党グループの支配のもとに置かれました。当然、高利貸しが襲撃されて、借金の証文や何かが破られるというようなことも起こりました。しかし、やがて軍隊が出動し、この人たちは大体捕まりました。秩父の山を越えて長野県まで逃げたグループもありましたけれども、これも最後は警官隊と衝突してばらばらになってしまいました。この間、戦死者四十数人を出し、指導者たちは、やはり死刑九人、獄死二十数人、約一五〇人が懲役刑を受けるという事件でした。

こういう事件の背景には、一つには自由党の運動が弾圧されたことがあり、もう一つには、松方デフレーションによって地方の農民が非常に苦しんだことがあったと思います。

4　内閣制度の成立と政党

一　内閣制度（薩長藩閥体制）の確立

内閣制度の成立と政党について、明治二〇年（一八八七年）前後の政治状況にふれながら述べたいと思いますが、これまでの政治制度について少し要約をしておきます。太政官制度が明治維新の時にでき上がりましたが、その後、どういういきさつがあったかについて説明します。

太政官制度は大化の改新の時に作られ、それが平安時代まで続いていたのですが、明治維新の時、それを復活させ明治一八年まで続くことになりました。

この制度は、太政大臣、左大臣、右大臣の三人を置いていました。太政大臣をずっと務めていたのが三条実美という公家でした。三条は、若いころは大変気性も激しく、幕府反対運動の急先鋒であって、とうとう京都にいられなくなり、七卿落ちと言いますけれども、山口県から北九州の方に何年か流されたような形になっておりました。

左大臣を、だれにするかは大変難しく、何人か人が代っておりますが、重要な左大臣の一人が島津久光です。久光は相当聡明な人だったのでしょうけれども、幕府を倒すという動きに対しては一度それに乗りかけたこともあるのですが、積極的ではなかった。家来である西郷隆盛をはじめ、大久保利通のような人たちが倒幕運動をやっていたのですが、それに対してはとかく冷淡であった。また、幕府を倒した後、だれが将軍になるかが問題であって、久光としては、徳川家が倒れてしまえば、自分が将軍になって、また幕府を開きたいという気持ちもあったのかもしれない。長州の殿様にもそういう気持ちがあったのかもしれませんが、久光の方がその気持はより濃厚でした。

ところが、自分の家来である西郷や大久保が、長州の木戸らと一緒になって廃藩置県で各藩を潰してしまい、全国を中央政府のもとに統一するところまで行ってしまった。明治四年のことでした。その時、島津久光は大変機嫌が悪かったということです。自分が考えていたのと正反対のことになったのですから、これは当たり前でしょう。久光はカンカンに怒り、一晩中花火を上げ、自分の鬱憤を爆発させたという話が残っています。

中央の政府も、島津久光をどう扱うかで随分苦労したと思うのですけれども、結局、左大臣に任命し、東京へ出てきなさいと言ったわけです。久光は、おもしろくなかったのですが、そこまで言われると出てこないわけにもいかなくて、東京に出てまいりました。そのときの服装は、徳川時代の殿様と同じ衣冠束帯で、明治政府のお役人とは違う服装でした。その上、久光は意見書を天皇に提出しました。万事昔に戻した方がよろしかろう、各藩を復活させ、服装、その他の制度も全部昔に戻した方がいいという、全く時代錯誤と言っていいような意見書でした。結局、これが容れられないということになりますと、久光は憤然として辞表を出し、また鹿児島に帰ってしまった。したがって、左大臣は、いるには違いないのですけれども、大臣としての役目は務まるはずもなく、その後、有栖川宮を左大臣に据えることにしました。

右大臣は岩倉具視で、大臣は三人いるわけですけれども、結局、三条と岩倉ということになった。ところが、三条は、若い時はともかくとして、ある年齢になった後は非常におとなしくなってしまって、下から持ってくる話に対してノーと言うことができない。一番有名な例は、西郷隆盛が征韓論を強く主張した時、岩倉がちょうど外国へ行っていて、これをいったん決めてしまった事件がありました。岩倉や大久保が帰ってきて、今、外国と戦争すべきではないということで、結局、いったんは閣議で決定されていた征韓論をひっくり返すことになったわけです。そのひっくり返す前の晩に、三条はあまりの心痛の結果、人事不省になってしまって、大臣の仕事ができなくなった。それで、岩倉が臨時に太政大臣の仕事を兼ねることにして、結局、征韓論を押さえつけ、西郷以下が全部辞めることになったのは前にお話した通りです。

したがって、三大臣とは言いますけれども、正確に言えば、三条と岩倉しかいないし、その中で政治的な決断力を持っているのは岩倉だけだったということになるかもしれません。

その後、岩倉は明治一六年（一八八三年）、胃癌らしいのですが、亡くなってしまいました。そこで、左大臣有栖川宮、太政大臣三条実美ということになって、右大臣の後任を決めなければいけないという問題が発生しました。右大臣の後任には、公家でも適当な人物がなく、侍出身の人物を据えるよりほかはないということになりました。薩摩出身の黒田清隆は、当時、開拓使問題がこじれ、仕事がなく非常に不平をかこっていた。明治一八年になって後任を決める時、黒田清隆を右大臣にしようという話があったのですが、その案に対してはいろいろと反対があり、本人も結局辞退しました。そこで、右大臣の後任が決まらないことになってしまった。

その三大臣の下に参議が置かれ、三大臣に参議が加わり閣議を開き重要な政策が決定されました。それから、卿がありました。大蔵卿、外務卿、文部卿などで、今の財務大臣、外務大臣、文科大臣などに当たる役職です。

つまり、三大臣がいて参議と省卿が中央政府の中心だったわけですが、現在と決定的に違う点は、参議が、政策決定のための会議のメンバーではあるけれども、各省の大臣である省卿ではない。各省の大臣、例えば大蔵卿とか外務卿とかは、省卿ではあるけれども参議になるとは限らない。参議と省卿を兼ねることもあったけれども、本来、参議と省卿は別物であった。これが太政官制度でした。

一方、太政官制度にはいろいろと問題がありました。例えば宗教や神社のことを扱う教部省は初期には非常に強い力を持っていましたが、国学者たちがそこに入り、いろいろと具合が悪いということで、実際には教部省の力はどんどん削減されてしまいます。そのように、中身が少しずつ変わっていきました。もう一つ、元老院があり一種の国会のようなもので、元老院の議員は政府に任命され、もちろん反政府的な人間は元老院には入れさせない。そして、重要な法律を決める時にはこの元老院の賛成を得ることになっていました。しかし、これもかなり便宜的で、非常に急ぐ時には元老院にかけないで決めてしまって、後から承諾を求めるようなこともあったようで、やり方とすればかなりあいまいであったと言わざるを得ませんでした。

さて、明治一八年（一八八五年）になった時、今述べたような太政官制度では無理だということになってきました。というのは、三条太政大臣がおとなし過ぎて決断力がない。左大臣は宮様だから、まあ問題にならない。また、右大臣にだれを持ってくるかといっても適当な人物がいない、ということで、思い切って外国でやっているような内閣の制度にした方がいいということになり、大きな制度変革が一二月に行われた。

ここでそれまでの太政官制度を廃して、参議や省卿という役職も全部やめてしまって作られた内閣制度は、現在の内閣とよく似ています。そこでは、内閣総理大臣がもちろん中心になりますが、今の総理大臣より権限が大分小さかった。逆に言うと、各省の大臣の力の方が強かった。外務大臣、大蔵大臣、内務大臣、陸軍・海軍の各大臣、司法大臣、文部大臣、農商務大臣（現在の農林水産大臣と経済産業大臣をあわせたようなもの）、逓信大臣という役職を決め、総理大臣は天皇に直属し、そのもとで内閣が国政をあずかるというシステムができました。その後、いろいろ変化がありましたけれども、内閣制度だけはその時分からあまり変わっておりません。

最初の内閣の大臣の顔ぶれを見ますと、当時の政治の中心がだれにあったかを実によく示しています。伊藤博文は総理であり、宮内大臣を兼ねていました。宮内省とは、皇室のことをあずかる省です。井上馨は伊藤の第一の親友、政治上の相棒で外務大臣です。それから、山県有朋は長州出身の陸軍軍人ですが、内務大臣となっており、長州の中心人物です。

大蔵大臣は、松方デフレーションをやって以来、大蔵卿を続けていた松方正義でした。軍の方は陸軍大臣が大山巌、海軍大臣が西郷従道となっていました。松方、大山、西郷の三人は薩摩の出身です。それから、司法大臣の山田顕義は、長州出身の重要人物です。森有礼は薩摩出身で、文部大臣です。農商務大臣は、土佐出身の谷干城です。西南戦争の時に熊本城を守って、とうとう西郷の軍隊を寄せつけなかった人物です。また、逓信大臣の榎本武揚は幕臣であり、維新のとき函館に立て籠った人物です。当時の政府はおもしろいもので、一時、政府に盾をついた人であっても、有能ということになると、ポンポンと引き上げて大臣にさせる。榎本はこの後も外務大臣になるなど重要な役職を次々に務めています。

薩摩が四人、長州が四人、このほかに土佐出身と幕臣が一人ずつというのが伊藤博文内閣の構成でした。これが薩長藩閥と言われるものの内容であって、政治の中心は薩摩と長州とが握る。明治一〇年ごろから薩摩と長州出身の侍だった者が政治の実権を握るようになっていました。しかも、薩摩は、どちらかというと軍部の方に力がありました。大蔵大臣の松方は薩摩出身で、彼の勢力は非常に強かったのですけれども、ほかの部分では長州の力が強かったと言えるのだろうと思います。これが薩長藩閥と言われるものの実態でした。

それから後もこういう状態が続いていきますが、三条実美の行き場所がなくなっていました。しかし、三大臣が廃止された後、内大臣というポストができて、三条はそれに着きました。この内大臣は、天皇のお側にしょっちゅうおりまして、政治上の問題のご相談を受けるというポストでした。ある意味であいまいなポストで、天皇の輔弼《ほひつ》をするということです。だから、内大臣がだれであるか、どのように働くかは、必ずしもはっきりしないのです。

しかし昭和になってからは、内大臣のポストが非常に大きな意味を持つようになってまいります。昭和天皇の側にいた内大臣として牧野伸顕がいました。その後が木戸幸一です。政治上の重要な決定のとき、牧野や木戸が非常に大きな役割を果たしたことはよく知られています。しかも、牧野は大久保利通の息子です。木戸幸一は木戸孝允の孫です。そういう意味でいえば、薩長の影響力は、少なくとも第二次世界大戦が終わるまでそうしたところでずっと続いていたと言え、政治の裏表の両方にわたって大きかったと言っていいかもしれません。

三条は、これから後は政治の表舞台から退いてしまいますし、明治天皇も三条に何かご相談なさるようなこともそれほどなかったようです。

第一次伊藤内閣の後を見ていきますと、黒田内閣、第一次山県内閣、第一次松方内閣、第二次伊藤内閣、第二次松方内閣、第三次伊藤内閣というように、ずっと薩摩と長州出身の人が必ず総理大臣になっています。それは日清戦争の後まで続きます。日露戦争の少し前に、佐賀出身の大隈重信が総理大臣になりますが、大隈が総理大臣になるまでは薩摩、長州出身者だけでした。その大隈内閣が潰れた後、長州出身の桂太郎が出てきました。その後、公家出身の西園寺公望との間で政権のやりとりが続く。その後、大隈内閣がもう一回できますけれども、その次は長州の寺内正毅で、大正半ばになるまで、大隈が二回総理大臣になり、公家出身の西園寺が二回総理大臣になったのを別とすれば、あとは薩長以外の総理大臣は一人も出なかった。大正半ばになって原敬が総理大臣になった時、薩長の支配が崩れることになります。薩長の影響力はそれまでは相当強かったのでしょう。

それから、もう一つ、ほかに優秀な人物がいなかったというと、言葉が過ぎるのかもしれませんが、伊藤、山県、井上、松方というような人たちの政治的な能力が、ほかの政治家に比べて大分大きかったということは言えるでしょう。

この内閣制度は、戦後に至るまで、名前はそのままずっと続いているわけですし、日本の政治組織のもとの形がここででき上がったと言ってもいいと思われます。そして、伊藤博文という人は、そういう中でも特に有能な人であったため、明治の終わりに亡くなるまで非常に強い力を持ち続けた。ただし、伊藤という人は女性が大好きでありまして、随分強引なことが多かったし、人目もはばからず、芸者と二人で人力車に乗るようなことは平気だったと言われています。その時分の政治家は、どの人も似たようなもので、その種の噂がない人はいなかったと言っていいでしょう。しかし、山県だけはそういうことが少なかったと言われています。

太政官制度の後半の時期から内閣制度ができた時期にかけてですが、政府の役所ができると、その役所の中で、有能な役人、官僚がだんだん育ってきます。そして、そういう官僚たちが政治家を補佐する。政治家としても、そういう手足になるような官僚を大事にするという関係がはっきりしてきます。

例えば井上毅《こわし》がおります。彼は薩長の出身ではありませんが、法律に詳しく、またドイツに留学してドイツ語が非常によくできる。と同時に、漢文の力も非常に優れているという人物で、こういう人が役人の中に育ってくる。

それから、伊東巳代治《みよじ》、金子堅太郎の二人が出てまいります。伊東は長崎の町人の家に生まれた人物です。明治維新の時にはもちろんまだ子供でしたが、英語が非常によくできるということで政府に登用され、それからいろいろな仕事をどんどんやっていった。伊藤博文に重用されて、伊藤の一の子分のようなことになっていった。金子も薩長出身ではなく福岡出身です。彼もアメリカに留学しました。英語もでき法律もわかるという人物で、やはり役人として頭角をあらわした。井上毅と伊東巳代治と金子堅太郎は、後に伊藤博文が明治憲法を作る時の相談役として明治憲法の原案の作成に当たりました。そして、この三人はいずれも後になると、伊藤のもとで大臣になったり、あるいは内閣書記官長というようなポストについたりして、彼を支えていきます。

それから、白根専一と平田東助がおります。彼らは内務省の役人で、山県有朋が内務大臣になったとき山県に仕え、その信頼が厚かった人たちです。彼らも、後に県知事になったり、あるいは大臣になったりしました。明治憲法ができてからは貴族院議員になって、政党にとってはあなどれない敵になっていきます。山県は軍人ですから、もちろん軍部の内部で自分の部下を育てていたわけで、山県の子分は当然陸軍の中にいたわけですけれども、内務大臣を担当したことによって内務省の中にも山県閥というものができ上がっていきました。後に第二次伊藤内閣の時には司法大臣になって、裁判関係でも山県閥ができ上がった。山県という人は、結局、陸軍のほかに内務省あるいは司法省の中に自分の息のかかった人物を配置していきました。そして、配置された人が偉くなっていく。山県の影響力が後になって非常に大きくなるのは、そうしたことがあったからです。伊藤という人は、どちらかといいますと、自分の派閥を作って子分を大事にするようなことは比較的多くなかったようです。逆に言えば、伊藤という人は自分の能力を信じておりましたから、部下をうまく使って何とかしようという気持ちがあまりない人でした。山県の方は、むしろ自分の部下を育てて、彼らを跡継ぎにして自分の権力を維持するというところがあったように思われます。

大蔵省においては、松方が長い間、大蔵卿あるいは大蔵大臣として居座っていました。ですから、松方の影響力は大蔵省の中に非常に強く残りました。大蔵省はおもしろい所で、明治の初めから大蔵省の歴史をずっと編纂しています。『明治財政史』、『明治大正財政史』というふうにして、現在に至っても『昭和財政史』、そして『平成財政史』を出し続けています。最初の『明治財政史』は、明治三六年（一九〇三年）までの財政史ということになっておりますが、これには「松方伯財政事歴」という副題がついています。つまり、役所の歴史でありながら、松方正義の業績・仕事の履歴であるというような書き方をしており、いかに松方が大蔵省で大きな意味を持っていたかを示しています。

そのほか陸軍と海軍では、それぞれ長州と薩摩の影響が強かった。陸軍というところは薩摩と長州の勢力がバランスしていました。山県有朋がいましたので、長州系の軍人というものがいたに違いないのですが、一方、大山巌という薩摩人がおり、その下にも薩摩出身の軍人がいましたから、陸軍では薩摩と長州の勢力がバランスしていたと言っていい。

ただし、陸軍大臣では、やがて長州系が増えますし、陸軍次官も長州の系統の人が多い。実際に軍隊を率いて戦争をやるのは薩摩出身の軍人の方が多かったと言えるでしょうけれども、山県の一番の跡継ぎが、後で総理大臣になる桂太郎で、そういうことを考えますと、陸軍でも、後になると長州系統が強くなる。

これに対して、長州系統の勢力が全くなかったのが海軍でした。海軍では、明治の初めから薩摩の人がイギリスに留学し、そこで海軍の勉強をしてきて、ずっと薩摩の系統が支配する、海軍だけは薩摩ということが長く続きました。薩摩の海軍がなくなってしまう時期があるとすれば、大正の半ば以後ということになると思います。

二　条約改正問題

岩倉使節団は明治四年（一八七一年）以後、アメリカとヨーロッパを回ってきましたが、使節団が訪米に出かけた建前は、不平等条約を改正する提案をしてこようということでした。安政元年（一八五四年）にアメリカとの間で条約が結ばれましたが、最初の和親条約では国交を打ち立てるだけでした。安政五年に修好通商条約が結ばれましたが、それが不平等条約だったのです。

不平等のポイントは二つあって、一つは裁判権です。外国人が日本の法律で裁判を受ける時、日本の法律が不備であって不利益を被るおそれがあるから、例えばアメリカ人が日本で裁判にかけられる場合に、アメリカから来た領事が裁判をするという領事裁判権が認められていました。各国についても同じことになってしまった。これが裁判の問題です。

もう一つは関税の問題です。慶應二年（一八六六年）の改税約書では従価五分という決まりがあって、例えば一〇〇ドルの品物が入ってくると、一〇〇ドルの五％しか関税を掛けてはいけないと定められていました。銀相場の下落によって従価五分が三分以下になるというように関税の率がだんだん下げられ、ほとんど関税がかけられないような状態にまでなりました。外国にすれば日本に商品を輸出しようという場合、関税が高いと困りますから、何か事件があって日本にそれに関する条件を押しつける時に、関税率を下げろと言うわけです。これでどんどん安くなってしまった。明治政府になってから外国からの輸入品の増加が大きな問題になっていました。

このころ、イギリスのランカシャーでは綿糸や綿織物を生産して、これらを世界に輸出するのがイギリスの重要な経済政策でした。日本に開国を迫ったのはアメリカですけれども、すぐにそれに乗って日本にやってきたイギリスの商人たちは、当然、日本に対して綿製品を輸出しようとしました。幕末までは日本の綿製品というのは、畑で棉をつくって、それを農家の女性たちが糸に紡いで織物を作っていました。それは一概に悪いものとばかりは言えません。日本の昔の綿製品は、それなりに味があって、いい品物も多かったのです。女性の方はご存知だと思いますが、例えば木綿の絣がありました。ああいうものはなかなかしゃれていて、いいものだと思います。私も子供のときに着た覚えがあります。

しかし、日本の綿糸は手で紡いだもので、糸が非常に太く厚地の綿織物ができるのです。下着類にしても、やはり同じように白木綿で作るのですから、糸が大変太い。二〇番手というのが日本で使われる白木綿の材料になる標準的な糸でしたが、それに対してイギリスから入ってくる綿製品は、機械によって紡がれた細い、良い糸でできていました。

また、瓦斯糸というものがあります。機械を使ってでき上がった木綿糸をガスの火の中を大変なスピードでくぐらせると、糸そのものの本体は火でどうなるというわけではないのですが、糸から出ている毛羽が全部焼けてしまって、くるっとしたきれいな糸ができるのです。それで織物を作りますと、絹織物のような光を持った、つるっとした綿織物ができ上がり、それを瓦斯糸と言います。しかも、それは細い糸ですから、非常に高級な綿織物ができる。例えば洋服の裏地に随分使われていました。私は木綿問屋の息子ですから、そうしたことを子供の時からよく見ていましたけれども、着物の裏などにしましても、瓦斯糸で織ったものを使うと、まるで絹を裏に付けているように見えたものです。

毛織物も随分入ってきています。毛織物では、毛布などは別ですが、洋服地がたくさん入ってきていました。当時の日本人は着物を着ていましたが、洋服地であるサージなどの毛織物を着物にして着ると、また具合がいいのです。そうしたことで、外国品がどんどん日本に入ってくる時代でした。凝った人になりますと、しゃれた背広地で和服を仕立てて着るのが、男でも一種のおしゃれになる。女性にしても、ふだん着に毛織物を用いることが続いたものです。

明治一一年（一八七八年）に外務卿になった寺島宗則がアメリカとの間で領事裁判権の撤廃その他、不平等条約の改正に関する条約の締結に初めて成功しました。ただし、これには条件があって、ほかの国がこれに倣ってくれれば批准して、正式に条約を発効させる、という話が付いていました。これが寺島改正と言われるものです。

日本はこの条約を結んだことをイギリス、フランス、ドイツといった国々に話して、アメリカに倣って条約改正を認めてくれないかと申し入れた時、各国の答えはいずれもノーでした。結局、アメリカとの間でだけ話がまとまったけれども、結ばれた条約が流れてしまったこともあって、条約改正はその後一大問題になっていきました。

明治政府としても、この条約を改正したい。それから、自由民権運動で反政府的な動きをしている自由党あるいは改進党は、いずれも政府を攻撃して、条約の改正を早く実現しろ、とやかましく言いました。

伊藤内閣ができ、井上馨が外務大臣になりました。そのとき、日本は文明国であって、昔のような野蛮国ではない、法律制度その他もきちんと改善するのだということを示そうというので、民法あるいは商法といった新しい法律を次々と作る動きが出てきました。その中で重要なのは刑法です。それまでの刑法は、徳川時代に行われていた非常に厳しい定めで、お金を一〇両盗めば首が飛ぶというような内容ですから、相当乱暴な刑法だったに違いありません。その後、明治になってからは一遍にヨーロッパの刑法をモデルにした法律を作るのではなく、中国の明や清で施行されていた法律を手直しして日本で適用しようということになりました。明治三年に発布された新律綱領と言われるものがそれです。ところが、これもヨーロッパの法律に比べれば大分違いましたので、刑法もヨーロッパ並みのものにしなければいけないというようなことから、法律の改正運動が国内で盛んに進められた。

こういう法律は、慌てて作ったので、いろいろと手直しを重ね、結局明治二〇年代になって日本の法律が大体落ち着いてくることになります。とにかくヨーロッパ並みの法律体系を作ってみせようとして、当時のお役人たちが非常に努力したのは事実です。

それより前、江藤新平という佐賀出身の人物がおりましたが、明治五、六年ごろ、彼は、フランスの法律をそのまま翻訳して、とにかく日本の法律にしてしまおうとして、それをやりかけたのですが、江藤はやがて司法卿を辞め、佐賀の乱に巻き込まれ死刑になってしまいましたから、その話は飛んでしまいました。いろいろないきさつが明治の初めからありましたが、政府は本格的にヨーロッパ式の法体系を持ち込もうとしたのです。

同時に、一部の日本人は日本は野蛮な国であると盛んに言っていました。その極端な例が青木周蔵という外交官です。青木は長州の出身で、ドイツに留学し、外交官としての訓練を受けた。県知事を一時やったこともあるようですけれども、外交官として外国に長くいて、明治の終わりごろまでに外務大臣を何度もやりました。ところが、彼は極端にヨーロッパを崇拝し、日本を軽蔑するというタイプの人物で、明治天皇に文書を差し出す時に、今に至っても東京の町を歩いている者を見ると蛮服を着ている者が一〇中の八、九を占めている、と書いていました。蛮服と書いても天皇陛下にはおわかりあるまい、と人から言われても、おれが御前で説明する、と言って、蛮服の文字を変えさせなかったというエピソードがあります。このように当時の一部の人たちは欧米崇拝のあまり、和服を着ていること自体を野蛮とみるような空気があった。その中で鹿鳴館が設立されました。有名な西洋式の建物です。それは、現在の帝国ホテルの隣あたりでしょうか、そのあたりに西洋式のその建物ができて、そこで夜会を開いた。それはヨーロッパでもやることだから、こちらでもやる、ということで、みんなが仮装してダンスパーティーをやったのでした。明治一九〜二〇年の井上馨外務大臣の時代のことでした。

井上馨は外務大臣になり、欧化政策を採ってパーティーなどを盛んに開く一方、各国公使と交渉して、何とか条約改正に持ち込もうという努力を重ねた。話がだんだん煮詰まっていき、外国人の裁判官を採用することで話がまとまっていきつつあった。これは表に漏れたら反対意見が殺到しますから、当然のことながら、一切秘密のうちにその交渉を進めていました。野党につながっている当時の新聞記者たちがそういう情報を手に入れてくる。その結果、井上は外国に譲歩して、形だけの条約改正をやろうとしているのではないかという批判が強まってきて、結局、井上馨は嫌になって外務大臣を辞めてしまい、彼の条約改正は失敗に終わりました。

井上は、その後、自治党という政党を作ろうとしました。当時、自由党や改進党による民権運動が非常に盛んで、それらの息のかかったグループがたくさんできました。過激な主権在民論を唱えるのが自由党でしたし、大隈重信の改進党は、それよりはややおとなしいけれども、天皇と国会と両方に主権がある、という議論を唱えて、当時の政府から見ると、随分激しい意見を唱える者が多かったのです。明治二三年には国会を開設しなければいけないが、そこで、今述べたような、当時の政府から見れば過激なグループが多数を占めることになったら大変である。そこで、井上馨は大臣をやめ、自分が自治党という政党を作り、その首領になろうという動きをとった。

地方の市町村に行きますと、その町なり村なりで一番有力な家柄が今でも多少残っています。昔はもっとはっきりしていました。名主とか庄屋とかあるいはそれらに準ずるような家柄が必ずあり、相当大きな屋敷を構えていた。そういう家は地主であったほかに、例えば酒造りをしたり質屋をしたり、あるいは織物工場を持っていたり、明治になってからは郵便局長になっていた。そうした仕事をいくつか兼ねていて、相当の財産家でもあった。町の者、村の者は、そういう家の主人に対しては一目も二目も置いていました。

井上は、そうした素封家を集め、政党を作ろうとしました。地元に帰れば、村長、村会議員、あるいは町長、町会議員というような地位にある人が、国政の方でも自治党の党員としてこれに与ってくるようになるのが望ましい。そのような党を作り、その勢力が大きくなり、自由党や改進党と対立する。そして議会が円滑に動くようになる。これが井上の期待だったようです。

しかし、これは相当問題で、井上のそうした運動は、当然、新聞その他の反対を受けますし、自由党や改進党でも黙っていませんので、結局、うまくいきませんでした。しかし、そのような動きがこの時期には盛んに出てくる。

総理大臣の伊藤が辞めて、伊藤の後を引き継いだのが黒田清隆でした。薩摩の大将である黒田は、今や野党の党首であるけれども、昔は明治政府の有力な一員であった大隈重信を引っ張ってきて外務大臣にした。大隈は、明治政府から追い出されたのですが、この時期になると、昔のことは昔のこととして、自分の政策を実行してみたいという希望を持っていたのでしょう。それで、政府に入って、外務大臣を引き受けた。

それからもう一つ、明治一七年（一八八四年）には華族令が出され、一般人も華族になれるようになりました。明治の初めの版籍奉還の後、華族制度ができましたが、この華族令によって、昔の公家とか、大名とかいう人たちは、みんなそれぞれ爵位を与えられました。爵位には公侯伯子男の五つのランクがあって、一番偉いのは公爵、一番下が男爵となったのですが、この時には維新の時に働いたような普通の士族などにも爵位が与えられるようになりました。それで、伊藤とか井上とかいうような人たちも、みな伯爵になりました。

大隈もこの時、爵位を受けることになったのですが、最初は断りました。板垣も断ったと思います。しかし、与えると言われて、受けないとなりますと、天皇に傷がつきますから、ぜひ受けろということで、大隈重信や板垣退助もちゃんと爵を受けることになってしまいました。大隈は明治二〇年（一八八七年）に伯爵になった上に、翌年、外務大臣になって条約改正の仕事に当たった。ところが、この条約改正は、そう簡単にはいきませんでした。現在の最高裁に当たる大審院に外国人の裁判官を入れて、外国人問題に関してのみ外国人裁判官を用いるということが考えられました。それでもいけない、ということならば、外国人裁判官を必要な間だけ帰化させてしまったらどうだ、というようなことまで、大隈改正の時には議論されたようです。

しかし、そういう話がだんだん煮詰まってきたとき、福岡県の壮士、来島恒喜《くるしまつねき》が大隈に爆弾を投げつけて大隈の馬車にそれが当たり、大隈の足が一本飛ばされてしまうという大事件が起こりました。明治二二年一〇月のことです。結局、黒田内閣は潰れ、この時にも条約改正は失敗に終わりました。

反対した連中は、完全な平等ではない条約改正ならいっそう反対だというような意見だったと思われます。それから、もう一つ、条約改正ということになると、日本国内で当時心配されていたのは内地雑居でした。当時、外国人が住んでいた所は、居留地と言って、東京であれば築地、横浜であれば関内のあたりというふうに外国人の住む場所が決められていて、そこから先に出てはいけないことになっていました。外国人の国内旅行は条件付きで認めるけれども、住んでいい地域は限られていた。条約改正でその居留地が撤廃されることになると、外国人は日本国内をどこへでも自由に行けるし、自由に住むことができる。そうなると、外国人に国内の経済力を奪われてしまうのではないかというような心配もあって、内地雑居反対という意見が随分強く出ていたようです。このように条約改正はなかなか難しかったのです。

三　政党活動再開

一方、自由党が解散するのは明治一七年（一八八四年）で、それから二、三年間、政党活動はすっかりおとなしくなっていましたが、やがて明治二三年（一八九〇年）が近づいてくると、土佐の後藤象二郎が中心になり、政党活動の復活がまた問題になってきました。その時、後藤が企てたのは、いろいろな自由主義の運動があるけれども、それらがお互いに仲間うちで争っていたのでは仕方がない、大同団結をしてやらなければいけない、と言いまして、主だった旧政党活動家たちを招来し、そこで演説をしたわけです。細かい点ではいろいろ違いがあっても、一緒に集まって大同団結をやろうではないか、と提案をした。その後、後藤は全国を遊説するということで、大同団結運動を開始しました。

ところが、政府の方も、後藤象二郎が中心になって、自由主義の連中がまた勢力を盛り返してくるのは非常に困るわけです。そこはうまいものでして、逓信大臣というポストを分けてやって後藤に内閣に入れと言ったわけです。後藤は、すぐに大臣になって内閣に入ってしまいました。周りについていた連中は、せっかく話が盛り上がってきたのに、そういうことをするとは何事だ、と大分文句を言ったのですけれども、後藤は、自分が政府の中に入って実行できるならば、外で騒いでいるよりはよっぽど成果が上がるのだという理屈をつけて大臣になってしまいました。こういうところが昔から野党の弱点なのでしょう。

とにかく後藤が大臣になって大同団結運動は頓挫したわけですが、その後でまた知恵を出す者があって、三大事件建白運動が盛り上がってきました。これは、条約改正、言論の自由、そして地租軽減という三つのトピックについて政府に建白書を提出し、その実行を迫るという運動でした。もちろんそう簡単にできることではない。条約改正は相手のあることですから、こちらの都合のいいようにできるわけはないのですが、建白書を出して運動家たちが東京に集まり、盛んに運動を展開しました。地方の有志や素封家の中で、自由党などにかかわりのある連中が、また喜んで東京に出てきて、毎日のように集まって気勢を上げるという動きが出てきたのです。

そうした中、明治二〇年（一八八七年）の終わりに政府は保安条例を出しました。この条例は乱暴な話で、活動家を、東京を去ること三里以外の所まで追放する、つまり三里以内の場所に住んでいてはいけないということで、自由党の運動家などが指名されて、東京の町中から全員追い出されました。なお板垣退助は、このとき高知県にずっといて、何があっても出てこなかったから関係はありませんでした。

政府は、一人一人の活動家の自宅に命令書を直接持っていき追放を命令した。それを受け取った者は、仕方がないから、みんな引っ越しをせざるを得なくなって、東京を出ていったのです。人によっては、その命令を受けた時、これはいけない、ということで、横浜まで行って、そこからすぐに外国船に乗る手配をして外国へ逃亡したとか、あるいは中江兆民のように東京を離れ、大阪へ行って『東雲《しののめ》新聞』を発行するとか、いろいろな連中がいました。

しかし、当時の政府は、政党の復興を大変恐れていたのです。

断っておけば、当時は大臣の顔ぶれが大きく変わりませんでした。総理大臣が入れ代わっても、大臣の半分ぐらいはずっとそのままで、特に大蔵大臣などは、だれが総理大臣になろうと松方正義という時代が続きました。

四　民権運動のヒーローたち

自由民権運動を支えた人々について述べます。板垣退助は土佐の人で、その影響もあり、自由党は土佐から出た人が非常に多かったという事実があります。土佐の士族、侍の出身である板垣自身、土佐藩でかなり偉い方でした。ですから、戊辰戦争で会津を攻めに行った時の指揮官だったわけです。板垣は藩の重役であり、その後、参議になります。そして、征韓論の時に辞め、今度は民撰議院の設立建白に加わり自由党を作る。そのように、常に土佐派のリーダーに終始いたしました。そういう板垣のような高級士族とその下の士族たちが初期の自由民権運動を支えていくことになります。

土佐の場合、自由党の運動に加わった者の中に、農民や一般の商人がいないわけではなかったのでしょうけれども、自由党としてはそういう者を相手にしないという動きがあり、武士出身の自由主義になっていました。土佐に限らず、初めのころの自由民権運動のリーダーたちは、ほとんどが士族出身で、お高くとまっている連中が多かった。そして、外国から輸入したミルとかスペンサーとかの翻訳から入ってくる自由主義だったと思われます。

植木枝盛は土佐の士族の出身者で、驚嘆するほど頭のいい人であったようです。演説も非常にうまかったし、文章も上手であったけれども、政治活動を実際にやって人と折衝したりすることは苦手でした。彼は小さい時から自由主義を学び、二〇歳そこそこでもって自由党の代表的な論客ということになってしまった。彼はいろいろと活躍し、東京にしばしば出てきて、新聞や雑誌に原稿を投書するのですが、ある時、新聞社の方で植木の送った原稿の題名をちょっと変えたのです。「猿人君主」というものでして、読み様によっては天皇陛下が猿だとでも言わんばかりになったのです。それで、植木は捕まって、牢屋に二カ月ぐらい入った。ほかの題名であったなら問題なかったのでしょうが、新聞記者が文章の題をちょっと変えたお陰で牢屋に入らなければなりませんでした。

憲法問題が盛り上がった明治一四年には国会開設運動が絶頂に達しました。その年に、明治二三年（一八九〇年）に憲法を発布し、国会を開くという明治天皇の詔勅が出ました。そういう時でしたから、非常にたくさんの憲法論が民間からも出て、土佐の自由党も憲法論を作りました。当時は憲法の案を発表する人が非常に多かったのです。

植木が作った憲法草案もあります。これは、当時とすれば一番ラジカルな憲法論として有名です。この案は、日本は四十幾つの県があるが、それぞれの県が国となり、それの連邦組織にするというところから始まっています。至るところに人権の主張が強く盛り込まれていて、また、その人権が実に細かく規定されていました。ただし、植木という人は言行不一致なところがありました。特に女性の人権を非常に強く主張して演説をぶつのだけれども、夜になると酒を飲みに行って女性と遊んでいたりしていました。

彼の書いた論文は天賦人権論に関するものが多く、非常に読みやすい。現在でも岩波文庫に植木枝盛の論文集が入っています（『植木枝盛選集』、一九八二年）。これには彼のつくった憲法草案も入っています し、当時の民権運動の空気を非常によく伝えたものであると言っていいと思います。

ただし、植木自身は若死にしました。明治二三年、いよいよ国会が開かれ、彼はそこで代議士になったのですけれども、先ほど述べたように、政治家としての政治力があまりないものですから、大きい仕事ができず若くして亡くなりました。植木という人は民権運動に非常に熱心で、名前もよく売れた人ですけれども、本人は割と気楽に政治活動をやっていたと思われます。

片岡健吉はあまり有名ではないようですけれども、彼も土佐の出身で、海軍中佐までいきました。ただし、板垣が征韓論で野に下ると、彼も軍人を辞めて、それから板垣の政治活動にずっとついていた。政治家も長く続けましたが、表に出てこないで、必ず板垣を助けるような役回りに徹するという人物でした。西郷が西南戦争を起こした時、土佐派の一部の連中は兵を挙げるといって騒いで捕まったのですが、片岡は、土佐の立志社の建白書を持って京都まで出かけていく。そして、天皇にその建白書を取り次いでくれと言って、押し問答をしたという程度の話しか残っておりません。しかし、実際には土佐の自由党のナンバー2となっていたと思われます。

それから陸奥宗光は、征韓論の時、林有造という土佐の人物と組んで、西南戦争に乗じて兵を挙げようとした。陸奥は紀州の出身で、薩長に関係がありませんので、常に自分が正当に評価されていないのを恨んでいた。そこからいろいろな動きをして、とうとう西南戦争の後、牢獄に入れられるということになってしまいました。ただし、陸奥の有能さを示すのは、山形の牢屋に入っていた時、ベンサムの本の翻訳をやったことです。その翻訳は後々ずっと読まれました。「利学正宗」というもので、功利主義の原理のような本です。それから先が陸奥の変わり身の早いところですけれども、反政府的な動きを止める。そして、伊藤博文と親しくなり、彼と組んで政府に入って政府側の政治活動で活躍する。陸奥は、ほかの政治家に比べ段違いに有能だったものですから、農商務大臣をやり、さらに外務大臣をやり、有名な条約改正の成功があったのです。

星亨という人は、明治一七年（一八八四年）に自由党が解党する二年前、一五年夏に自由党に入って政治活動を行うようになった。彼は東京の貧しい左官屋の家に生まれましたが、大変な勉強家でした。そして、イギリスに渡りバリスターという弁護士の資格を取って帰ってきた。明治の初めのことですから、大成功です。それから東京で大変羽振りのいい弁護士として活躍し、何か難しい事件があると、星のところに弁護の話が来るというようなことだったようです。ですから、大変な金持ちになりました。そのまま弁護士をやっていれば安楽に暮らせたのでしょうけれども、その後明治一〇年代の終わりに、政治活動に入りました。そして、自分の財産を自由党に注ぎ込んだと言われています。

自由党はお金のない政党でした。というよりも、今の政党と違って、自由党を後援するような金持ちがどこにもいなかったのです。だから、しょっちゅう貧乏だった。板垣にはいろいろお金の入るルートがありましたし、前には高い給料を取る役人でありましたから、そのお金を自由党に注ぎ込み、何とかそれを支えていたのですが、板垣もお金が無限にあるわけではないから、やはり困っていた。そういう時、星が自由党に加わり『自由燈』という新聞を作りました。それまでも時事新聞はあったけれども、大変難しい字ばかり使ってあって、なかなか読めないものも多かった。それに対して星は、絵入りで小説を入れたりして、だれにでも読めるような新聞を作ったのです。その費用も星が出したと言われています。

明治一七年（一八八四年）に加波山事件などの激化事件が相次いで起こった時、自由党は大阪で大会を開いて解党しました。そのとき、裁判で引っかかっていた星は、新潟にいて大阪に出かけられなかったのですけれども、解散反対の電報を打ちました。しかし、とても通らず、自由党は解散になってしまったのです。

その後、明治二四年（一八九一年）に自由党が再建されてから星は、今度こそ自由党の事実上のリーダーになり、翌年は第二代の衆議院議長になるなど、いろいろな活躍をしました。このように、自由党きっての政治家が星でした。彼は土佐とは全然関係ありません。彼は、自由党の中で関東派というものを率いて動きをなしていました。伊藤内閣の時代は主に土佐派と関係が深かったのですが、星亭の関東派の方もだんだん伊藤内閣との関係ができていきました。

陸奥と星は、その前から非常に親しかったらしい。陸奥は伊藤内閣の大臣になっていますし、星は自由党を牛耳っている政治家ですが、この二人は非常に縁が深かったようです。藩閥政府と自由党とは、正反対で対立しているふうに見えますけれども、実際にはパイプがつながっていて、陸奥の言うことですと星は大抵聞くという、親分、子分の間柄だったようです。後になりますと、藩閥と政党が正反対に対立していたように見えますが、その間がつながっていくのが明治二〇年代の後半から三〇年代にかけてで、中心人物が陸奥と星だったのです。

5　教育とその影響

一　教　育

次に、福沢諭吉などを中心に教育や思想に触れたいと思います。

徳川時代の特に終わりのころの日本の教育水準は、一般的にかなり高いものでした。それも二種類あって、まず武士を中心にする儒教・漢学の教育は、全国的に各藩で行われていました。それぞれの藩でみんな藩学または藩校を作って、そこで教育が行われ、特に成績のいい者は江戸へ出てくる。今の湯島に昌平黌《しょうへいこう》があって、そこで漢学、主に朱子学を教えていた。これが日本の代表的な大学でした。朱子学に反対する陽明学というものを教える民間の学者もありました。これらが武士の学問です。

それとは別に、一般庶民の学問となると、寺子屋があったのでしょうが、問題は寺子屋教育のレベルの高さです。いろいろな数字があるので、正確なことはもちろん言えないのですけれども、幕末のころになりますと、農民まで含めて、一般の平民の男性の半分近くは読み書きそろばんが一通りでき、女性も一割以上がそれをできるということでした。

イギリスにロナルド・ドーアという、日本の社会を研究している学者がいて、『江戸時代の教育』（松居弘道訳、岩波書店、一九七〇年）という本を書いています。その中に、江戸の一〇歳ぐらいの女の子が、お母さんが厳しくてちっとも遊べない、と友達にぐちを言っているところがあります。それは当時の式亭三馬か何かが書いた読本の黄表紙の中にひょっと出てくるんでしょう。朝起きると、まず寺子屋へ行って、お清書をしてくる。それから、常磐津の稽古に行って、踊りの稽古に行って、と稽古に何カ所も回るわけです。それで大体昼過ぎまでかかって、毬をついて遊ぶことができないわけです。母親はそれを監督していて、一々うるさく言う。親父さんの方は、まだ小さいんだから遊ばせてやれ、と言うのですけれども、ちゃんと仕込まないと、いいところにお嫁にいけないから、私に任せておいてください、と言って母親が頑張る。徳川時代、江戸では女の子にまで教育がかなり進んでいたということです。

幕末になると、本居宣長以後の国学が盛んになってきて、維新の時には国学者が活躍しましたから、国学が一時大変盛んになった。明治に入ると、神祇官とか教部省とかいう役所が一時できました。廃仏毀釈などといって、お寺を潰してしまい、仏像を放り出してしまうことが盛んに行われたのも明治の初めのことです。

明治四年（一八七一年）ぐらいに、漢学および国学重視という昔からの教育のやり方を根本的に変え、外国流の学問を日本で広める方針が決まりました。明治五年には学制が発布されます。この学制では、きわめて画一的な学校の体系を全国に作ってはどうかと考えています。まず、全国を八つに分け大学区を作る。それぞれの大学区の下には三二の中学区を作り、その下に二五六の小学校区を作る。全国を大学区、中学区、小学区に分け、それぞれに大学、中学校、小学校を設けようとしたのです。ただし、お金がないし、そこで教えるような教員だっていない。本当は中学校まで全部外国人を配置して、そこで英語で教えたかったのでしょうけれども、先生がいるわけでもありませんし、これは理想倒れでした。

次に、教育の内容ですが、学校では、四書五経のような、実際にはあまり役に立たないような難しいことを教えるのではなく、現実に役立つことを教えようというものでした。第I部第7章で紹介した福沢諭吉著『世界国尽』もその一つの例でしょう。ただし、そんなにたくさんの学校は一遍にはとてもできませんでした。例えば実際に村に小学校を作るといっても、先生になる者がいない。ですから、実際には昔の寺子屋のようなものが小学校の代りということで、代用小学校が存在していました。これは明治の終わりぐらいまで続きました。

久保田万太郎という、芝居を書いた大変有名な作家がおり、その代表作に『大寺学校』という戯曲があります。大変よくできた作品で、現在でもときどき舞台で上演されています。舞台は東京・浅草です。万太郎は、浅草で生まれ育った浅草っ子です。昔からある寺子屋まがいの塾のようなものが代用小学校ということになっていて、その辺の子供はみんなそこへ通ったのです。大寺というのは校長先生の名字です。

『大寺学校』の筋を少し述べたいと思います。東京市の方で、代用小学校ではない本物の小学校を作っていこうとする動きがある。大寺先生はそれに全然関心がなく、自分の子供たちに教えることだけで頭が一杯である。その学校の卒業生たちが創立記念日の会で集まってきて、いろいろ情報を持ち寄ると、すぐそばの空き地に今度小学校ができるらしい、できたらこんな学校は一遍で潰れるという話が出てきた。しかし、校長先生の耳にその話を入れるわけにはいかない。みんなは複雑な思いでその創立記念日の祝賀会をやっている。そこで芝居は終わります。そういうふうに、明治の終わりぐらいには、東京の中でも代用小学校が消えていき、とにかく義務教育ができるようになった。

もう一つつけ加えておきます。その時分、小学校では授業料を取るのです。そうしますと、男の子はともかく、女の子まで学問は要らないということで、なかなか学校に通わせられない。そうすると、義務教育の普及率が一〇〇％というわけにはいきません。五〇～六〇％ぐらいでとまってしまう。維新から後、三〇年ぐらいも経ったところで義務教育の普及を進めると同時に、先生の給料を国で補助して、授業料を無料にする体制ができ、それでようやく小学校教育がほぼ一〇〇％に近い普及となりました。したがって、義務教育が完全に行われるのは三〇年ぐらいしてからで、昔からの教育の体制がかなり長く続いていたのです。

明治一二年（一八七九年）、アメリカ流の自由教育を内容とした、教育令という一種の法律が出ます。この時は、学制の場合のように全国を同じ体系で統一するのではなく、県ごとに特色を出していくと教育内容を謳うようになりました。アメリカ人がその時相談にのったと言われていますから、そのせいもありますけれども、非常に自由な教育が行われるようになり、教科書なども自由に選ばれるようになった。だから、明治一二年以後の教育は、一種の自由教育だったと言っていいと思われます。

元田永孚《ながざね》という人がいました。この人は漢学者で、明治天皇についていた非常にやかましい人だったようです。彼が中心になり、今の教育はどうもよろしくない、特に福沢流の教育は実用主義であって、仁義忠孝の道をちゃんと教えないということで、不満が大変募っていった。特に元田は、明治天皇の教育係であり、発言力も大きかったのでしょう。明治天皇の言葉として、教学大旨が下されました。これは、仁義忠孝の道をちゃんと教えなければいけない、智識才芸はその後にすべきものである、というものでした。

さらに、その後、一〇年経ち、明治二二年（一八八九年）ぐらいからその動きが強くなって、翌明治二三年に教育勅語が明治天皇の名前で発布されました。この勅語が出されると、全国の学校で式典の際には校長が必ずこれを読み上げ、子供たちに聞かせることになりました。我々も小学校のときには年に何遍か校長先生が読む教育勅語を聞いたものです。教育勅語の中身自体は、道徳とすればごく当たり前のことを言っていると言えるでしょうけれども、天皇は万世一系であり、そのご先祖以来の徳目がここに盛られているというのが趣旨です。道徳のようなものでも、天皇陛下に結びついて権威付けられていたわけで、それが教育勅語以後重要な問題になったと思われます。

教育勅語の浸透とともに、教育は国家統制になっていき、明治三七年（一九〇四年）からは教科書も小学校の場合は全部国が決めた国定教科書を使わせるようになりました。

教育を担当するのは小学校の教師で、その教師を養成するために師範学校が設けられました。この学校は、授業料は無料でしたが、そのかわり全寮制で、寮に入って教育を受けることになっていましたし、師範学校にいる間かあるいは卒業してから、軍隊に入って訓練を受けなければいけないという体制もでき上がりました。貧しい家の子供たちで、上級の学校へ行きたいと思う者にとっては、師範学校は非常にありがたい教育機関であり、学校の先生の供給源はそこに求められていたと言えるでしょう。

私は東京生まれですが、実は東京では先生が足りなくて、先生は師範学校卒業者ばかりではありませんでした。昭和の初めのころ、大学や専門学校を出て就職できない人がたくさんいたので、そういう人たちが先生になって、小学校にかなり来ておりました。ただし、これは待遇の差が非常に大きかったようで、師範学校の卒業者の方が給料が高く、私立の大学を出た人はむしろ安い。そういう状況が続いていたようです。師範学校を出た人でなければ教頭や校長にはなれないというような差別は随分大きかったと思われます。

二　福沢・兆民とその影響

福沢諭吉は、自分の主義主張を述べる論文を書くこともちろんありましたけれども、それよりもむしろ一般の人に対して、ヨーロッパの事情、アメリカの事情、あるいは外国から入ってきたさまざまな知識をわかりやすい言葉で解説した本を出すというような仕事にかなり熱を入れていました。慶應義塾においては、英語の本をテキストにして学生に読ませるという形で教育を行っておりましたが、福沢が書く本は、啓蒙的といいますか、外国事情を紹介する本が多かった。さきに名前を挙げた『世界国尽』、あるいは『西洋事情』『訓蒙窮理図解』などです。『訓蒙窮理図解』は、物理学の一番簡単なところを説明した本で、理科系統の本まで書いていました。水圧機の原理といったようなものをごく簡単に説明していて、これがまた結構売れたのです。

徳川時代から一般向けの読物を書いていた仮名垣魯文が『胡瓜遣』という本を書いて、福沢をからかったということですが、これも結構売れたそうです。福沢の本は、戯作者が利用するほど有名でした。また、『帳合之法』という複式簿記を説明した本があります。やや理屈っぽいほうでは、『学問のすゝめ』も出ています。また、『通俗民権論』、『通俗国権論』という本が続けて出ています。これらは、民権とは何か、国権とは何かというようなことを非常にわかりやすく説明したものです。

『福翁自伝』の後ろに年譜がありますが、そこにどの本がいつ出たかが書かれています。福沢全集は三〇冊以上の大きなものです。福沢は明治一五年から『時事新報』という新聞を発行しましたが、その中の論説は福沢自身が書いたものが多く、その全集にはそれらまで入っています。また、福沢は手紙を実によく書いた人で、その書簡集が再編集され、新しく刊行されているという状況です。

福沢は中津藩の出身で、家は貧しい士族でした。でも、彼は侍に向いていた。居合抜きが非常に上手で、晩年に至るまで運動のかわりに腰に刀を差して居合抜きをやっていたという話もあります。自分は知らん知らんと言いながら、実は漢学がかなりよくできた人で、漢学の本もちゃんと読めるという人物であった。侍気質が染みついたところがあったが、それを表向きには出さない。着物を着てもわざと袴などははかないし、前垂れをかけているというような生活をしながら、武士気質が抜けない一面があったと思われます。

そういう中で、各時代にいろいろな事件が起こると、彼は感想を文章に書くわけですが、その中で、これは世に発表しないと決めていたもので、亡くなった後に発表された文章が二つあります。一つは『丁丑公論』で、これは西南戦争を起こした西郷隆盛が何を考えていたかについて福沢が自分の感想を書いたもので、西郷に対して大変同情的です。もう一つ第Ⅰ部第5章で紹介した『瘦我慢の説』があります。これも非常に有名なものです。

幕末に幕府に仕え、明治に入ってから政府の高官になった勝海舟と榎本武揚に対して、武士として二君に仕えるのはけしからんということを書いた文章ですが、非常にいい文章で、武士気質だった福沢の一面を示しています。

慶應を卒業した人物の中には重要な人物が何人かおります。例えば小泉信吉、小幡篤次郎の二人は学者でした。そして、小泉、小幡とも慶應の塾長というような職務についています。また、中上川彦次郎は福沢の甥です。いったん明治政府に勤務しましたが、後には時事新報に入りました。その後、山陽鉄道社長を歴任し、さらに、三井財閥から理事として招かれ、三井財閥を切って回しました。それから、後々、政治家として活躍した二人が、犬養毅と尾崎行雄です。この二人はともに最初は新聞記者だったのですが、政治家になり、大隈の改進党の系統で、ずっと政治家として活躍しました。

会社へ入った人もたくさんいます。阿部泰蔵は明治生命という保険会社を作りましたし、三井銀行にいったん入って、その後、三井銀行がいろいろな会社の経営権を握った時、その会社に出ていって経営を任された人たちも少なくありません。例えば藤山雷太は、三井銀行にいて、その後、王子製紙などに行きましたが、後に大日本製糖（日糖）が潰れそうになったのを建て直した。池田成彬は三井銀行を日本一の銀行に仕上げた人です。藤原銀次郎は三井銀行に入って、王子製紙を建て直し、大会社にした人です。高橋義雄は、三井銀行から三越などいろいろな所を渡り歩きましたが、ちょっと変わった人でした。一生、会社勤めであくせくしているのは嫌だというので、ちょうど持っていた株が値上がりをしたようなこともあって大金をつかんだのでしょうが、それで一生お茶を楽しみにし、茶人として暮らしました。この人には『箒のあと』という自叙伝があります。今は手に入りにくいと思いますけれども、これを読んでいますと、その時代の財界人のエピソードとか、つき合いとかがわかります。武藤山治は三井銀行に入りましたが、その後、鐘淵紡績（鐘紡）に移って、日本一の優良会社と言われる会社に仕立て上げた。この鐘紡の貸借対照表を見ると、短期借入金は少しあるかもしれませんが、長期借入金ゼロが続いている時代があります。要するに、借金をしないで、利益だけで会社を大きくしていったという大変な人です。彼にも『私の身の上話』という自叙伝があります。

そのような人がたくさん出ましたから、慶應は実業家の学校だといまだに思われていますけれども、それにも理由がないわけではない。当時、東京帝大がまだ大きくなく、役人にも慶應の卒業生が多かったのです。しかし、やがて役人になるのはむしろ帝大卒ということになりました。そうなった時、三井銀行をはじめとする大銀行及び財閥に慶應の卒業生が流れていったのです。今まで述べた人たち以外に、大会社を一人で経営した人もたくさんいました。

ある意味で過激な自由主義者だった中江兆民も自由民権運動では最も重要な人物ですが、第Ⅰ部第5

章で紹介しましたので、ここでは割愛しますが、その門下生に幸徳秋水がいます。彼は新聞記者でした。兆民は幸徳秋水に、おまえはけんか早いから、春靄《しゅんあい》という号をつけたらどうだと言ったところ、秋水は、そういうのは嫌いだ、もっとすっぱりした号がいいと言ったので、それならば「秋水」という自分が使っていた号があるから、これをおまえにやろう、と兆民は言い、幸徳秋水はその号をもらい受けたという話があります。それがよかったのかどうか、秋水は後になって大逆事件に引っかかって死刑になりました。

横浜あたりの民権運動についてですが、三多摩の壮士のことがよく話に出ます。三多摩は今では東京都に入っていますが、その時分は神奈川県に入っていました。先に名前を挙げた星亨の下に三多摩の壮士がいて、これがデモなどがあると、大挙して東京へ出ていって暴れるのです。そういう中で有名な人物として村野常右衛門、森久保作蔵などがおりました。こういう人たちが頭目で、何かあると政治運動に駆けつけていく。それが自由党の実動部隊だったのです。何かやろうという時、壮士と言われる連中が大量に出ていってデモをやる。場合によったら腕力を振るう。それも棒どころではなくて、長い刀を一本持っているわけですから、命に関わることが結構あったようです。こういう壮士たちの運動が明治一〇年代から始まりました。激化事件に加わっていたような連中の中で、自由党についていく者がだんだん増えていきました。もちろん政府党にくっついている者もいました。三多摩の壮士は特に有名になったようです。その地方に特有の現象ではなく、政治活動をやっている壮士と言われる連中は全国的にかなりたくさんいました。

壮士の一番終わりぐらいになるのが大野伴睦《ばんぼく》という人です。後に自由党の流れが政友会ということになっていきますが、彼はその政友会の壮士だったのでしょう。大正の終わりのころが伴睦の青春ですが、当時はまだそういう運動が盛んに行われていました。帝国議会が開かれて、最初に解散になったのは明治二五年です。そのときの選挙とは、政府が警官を動員して、反対党を押さえつけにかかったものですから、壮士と政府あるいは警官との間に血の雨が降って、随分たくさんの人が怪我をしたり死んだりしたと言われています。大野伴睦は、晩年、思い出話としてそういうことを書いています。日ごろ、いろいろな事件があると、警官が白墨を持ってきて、背中に印を付けるというのです。暴れている時には捕まえるわけにはいかないけれども、解散したら捕まえるということです。伴睦は、自分も大分捕まったと述べています。

6　団菊左・寄席・新しい文学

一　黙阿弥と団菊左

明治のころは、今と違って楽しみが大変少ない時代だったと思います。若い者が遊びに行くとなると、一つは遊廓があって、江戸でいえば吉原があり、また、四宿と言って品川、新宿、板橋、千住に遊廓がありました。

もう一つは芝居だったようです。これは男女ともに楽しみにしていたものでした。これにはお金もなかなかかかりますから、しょっちゅう行かれるものではない。しかし、年に何回かは芝居見物に行くのが大切な娯楽でした。

それから、もっと手軽な娯楽としては寄席がありました。これは現在の映画館に当たるもので、落語、講談などです。また、三味線を使ったいろいろな芸があって、代表的なものは義太夫でしょうけれども、そのほか音曲といいますか、歌を歌う、三味線を弾くというようなことがあったようです。

私は東京の下町に生まれましたから、戦前の寄席も少し見ておりますが、そういう所に行きますと、大阪から来た音曲の芸人などで、普通の三味線の倍ぐらいあるような大きな三味線を抱えて巧みに弾きこなしてみせ、歌を歌うような者もいましたし、結構いろいろな芸が昔の寄席にはあったと思います。それらが昔の都会の遊びでした。

農村に行くと、そういうものはずっと少なくなります。村の農民たちは、秋になり、米の取り入れが大体済んで一段落ついたところで素人芝居をやっていました。素人芝居といいましても、なかなか凝ったもので、衣装もかつらも全部町に注文して、ちゃんとしたものをそろえて、三日ぐらい幕を開けます。そうすると、周りの町や村から、何々村で村芝居があるからというのでみんなが集まってくるし、また、旅回りの講釈師とか義太夫語りとかがやってくる。もちろん大きな町に歌舞伎の一座があって、それが周りの地方を巡業して歩くようなこともあったと思います。それから、素人が、落ちのついた簡単な短い芝居みたいな茶番というものをやる。都会の若い者などには、自分の商売に身を入れないで、そういう遊び事に熱中している人も多かったようです。

徳川時代の芝居といえば歌舞伎ですけれども、それには不思議なことにその時代ごとに名優が出てきています。同時に、芝居を書く作者にも徳川時代の初めの方からいろいろな人たちが出ています。最初のころは近松門左衛門です。彼は義太夫の人形浄瑠璃の作者ですが、近松の書いたものが人形浄瑠璃の方で当たると、すぐに歌舞伎の方に移ってきて上演される。そのあと大阪の文楽座が定着して、文楽座で上演される人形浄瑠璃の脚本で名作が続々出てくる時代がありました。徳川吉宗の時代からもう少し後でした。一七五〇年前後の二～三〇年の間に、現在でも上演されているような人形浄瑠璃の代表作が全部できたと言ってもいい。芸術というのは、パッと満開に花が咲くような時期があるものです。『菅原伝授手習鑑』とか『義経千本桜』とか『仮名手本忠臣蔵』とかというような有名な作品は、その時代に大体全部書き下ろされて、人形浄瑠璃の舞台にかかってから歌舞伎の方に移ってきた。今でも歌舞伎界の財産になっています。それより後になると、後にまで残る作品の数はぐっと少なくなってきます。歌舞伎だと、幕末に近づいてからようやく鶴屋南北という人が出ました。この人の代表作が有名な『東海道四谷怪談』です。お化けが出るとか、非常に頽廃的な芝居がだんだん出てくるようになっていくのが幕末です。

幕末から明治にかけて活躍した歌舞伎の役者と作者についてですが、まず河竹黙阿弥《かわたけもくあみ》に関して述べたいと思います。彼は、晩年隠居した時に黙阿弥という名前になったわけで、最初は二代目河竹新七と言っておりました。現在もこの人の作品がたくさん残っており、上演されています。歌舞伎座で毎月、黙阿弥の何かが上演されていると言っていいぐらい、彼は多作でもあったし、また名作が残ったということになるのでしょう。書いた芝居の数はもっともっと多いと思いますが、今生きているものだけで毎月、歌舞伎座で一本や二本はやれるわけですから大変なものです。

黙阿弥は江戸に生まれて、子供の時から青年期にかけてはむしろこれという特色もなく、道楽者でした。親父さんは質屋だったのですが、勘当され親戚の間を居候するようなこともあった。一七歳のころから貸本屋の手代になりました。貸本というのは、その時分の移動図書館みたいなものです。本を大きな風呂敷に入れ、背中に背負って人に貸して歩く。決まった時期に回ってきて、読み終わっているとまた新しい本を置いていくというような商売です。こういうことをやると、当然のことながら本をたくさん読むことになり、読書量は非常に増えた。そのうちに芝居に入り、芝居の作者の修行をするようになっていったようです。また黙阿弥は、字を書くのが非常に速い、それから、台詞《せりふ》を覚えるのが速いという才能があったらしい。

今でもやっていますが、役者が台詞を覚えていないので、陰に入って、小さい声で教えてやるプロンプターという役があります。黙阿弥はそれもやっていたようで、台詞覚えが非常に速い人だったといいます。

この時分は八代目団十郎とか海老蔵とかいう人が江戸にいて人気がありました。また、大阪から下ってきた市川小団次《こだんじ》という役者がおりました。この人は大阪の人で、家柄があまりよくない、田舎の方の芝居をやっていたのが、だんだん大きい芝居に引き抜かれるようになって、やがて江戸に下ってきて大変な人気になったという人物です。小団次は不思議な人で、体もあまり大きくないし、いい男でもない。だけど、やることはうまいし、台詞は上手でした。それで、お客が小団次の芝居に引きつけられて、彼が何かやると人気が出るのです。この小団次と組んだのが黙阿弥で、小団次のためにいろいろな作品を書きました。

最初のころには『忍ぶの惣太』という芝居をやって、それからどんどん年に四つも五つも新作を書いて、その新作を小団次がやると大体みんな当たるということになっていきました。小団次時代のもので今でも名前が残っているものに『蔦紅葉《つたもみじ》宇都谷《うつのや》峠《とうげ》』があります。これは、殺して金を奪ったあんまが化けて出るという芝居で、今でもやっています。そのほか、『鼠小僧』、『小猿七之助』、『黒手組助六』、『小幡小平次』、特に有名なものとして『三人吉三』があります。それから、『村井長庵』も、またあんまの悪党の芝居ですが、小団次がやると実に当たったそうです。そのほか『腕の喜三郎』などがあります。こういうものが上演されて、しかもそれが当たり、小団次とともに河竹新七の名前が有名になりました。

江戸には有名な芝居小屋が三つあったのですが、黙阿弥は、やがてそれらのすべてを代表するような地位につくようになります。黙阿弥の実力ということになるのでしょう。

もう一人、名前が残っているのは瀬川如皐《じょこう》です。瀬川如皐には『切られ与三』という芝居と、もう一つ佐倉惣五郎を扱った『佐倉義民伝』がありますが、この二つを除けば、あとは有名な作品はありません。

ところが、幕末になり、江戸幕府が非常にヒステリックになって、民間でやっていることはよろしくないということになりました。今、述べた黙阿弥の芝居は、世話物という、その時代の町人の間の争いとか恋愛とかを脚色した芝居でした。最後に小団次が上演したのが『鋳かけ松』という芝居です。鋳掛屋という商売がありますけれども、鋳掛屋の松五郎とかいう男が両国橋を鋳掛の道具を担いで歩いてきて、橋の上まで差しかかると、ちょうど川の上を、芸者などを乗せてにぎやかに騒いでいる屋形船が通る。それを見て、あんなことをしているやつもいる、鋳掛屋なんかをやっている自分のような者もいる、ということに気がついて、自分も泥棒になろうというので、鋳掛の道具を川の中にほうり込んで、「こいつは宗旨を変えざあなるめえ」という台詞を言って引っ込む。それから泥棒になるという芝居です。いかにも黙阿弥らしい芝居です。

そのような芝居をやって評判がよかったのですが、だんだん幕府の方からにらまれて、世話狂言をやってはいけない、ということになった。その申し渡しがあったことを聞いて、小団次は大変がっかりして、これからは世話物は務められないと言い、病気が重くなって間もなく亡くなりました。亡くなったのは慶應二年（一八六六年）ですから、明治維新のわずか二年前です。もう少し元気であったならば、明治の時代になって、また活躍できたかもしれません。

この時分、若い役者が育ってきていました。九代目の市川団十郎と五代目の尾上《おのえ》菊五郎という二人の役者でした。維新のころにはどちらも二〇代、三〇代の若さで、役者としてはまだこれからという年代だったのですが、ほかに役者がいないものですから、こういう人たちが中心になりました。

そのほか、非常に天才的な女形《おやま》の役者がおりました。澤村田之助です。彼は一六歳ぐらいのときから、女形の役なら何でも務まるという一種の天才で、たちまち伸び、人気が出ました。ただ、大変気の毒なことに脱疽という病気になり、明治に入ってから両足を切断し、後になると両手を切断しました。黙阿弥は、そういう不自由な体になった田之助に、何か役をつけて芝居をさせていたそうです。最後には両手両足を失ってからもなお舞台に出ていたという話が残っています。しかし、それも黙阿弥がいたからできたことだったと言われています。田之助は、大変惜しまれて若死にいたしました。

五代目菊五郎は、若い、いい男でありましたし、また世話物が得意で、小団次に書き下ろされた幾つかの役ももちろんやりましたけれども、その後、黙阿弥が書いたのが、五代目菊五郎の出世作になった有名な『弁天小僧』という芝居です。娘に化けて買い物に行って、見顕わされ肌脱ぎになって、たんかを切るという有名な芝居です。これは五代目菊五郎にぴったりだったのでしょう。大変な当たりをとったということです。黙阿弥は、その後も菊五郎のために新作をどんどん書いて、たくさんの作品が五代目菊五郎のために残っています。

それから、亡くなった小団次の息子に左団次という役者がいました。この左団次は、親を失い芸も未熟であって、大変苦しい状況に追い込まれました。そこで、黙阿弥の小団次への恩返しというような意味もあったのでしょうけれども、有名な『慶安太平記』の丸橋忠弥という役を与えた。これは未熟な左団次を主役に立てるような芝居だったから、周りの役者に随分恨まれたり、いじめられたりしたそうですが、これが大当たりになって、左団次の人気がどんどん上がっていった。また、左団次自身もそれを恩に着て、一生懸命勉強して、いい役者に育っていきました。

明治七年（一八七四年）、河原崎座という、それまで一時絶えていた芝居小屋が復興して、そこで河原崎権之助と言っていた役者が九代目市川団十郎になったのです。九代目団十郎と五代目菊五郎は、それから約三〇年、歌舞伎界を背負って立ちます。

新歌舞伎という、明治になって書かれたたくさんの歌舞伎のうちで一番有名なものが岡本綺堂《きどう》の『修善寺物語』です。明治三六年（一九〇三年）、団十郎、菊五郎という二人の役者が、半年違いで死んでしまいました。ちょうど日露戦争の前です。『半七捕物帳』を書いた綺堂が、その時分、新聞に月評を書いており、毎月のように欠かさず芝居を見ていたようです。彼が後に書きました『ランプの下にて』は明治時代の思い出話を収めた本ですが、その二人が死んだことについて次のように言っています。「今日、歌舞伎劇の滅亡云々を説く人があるが、正しく言えば、真の歌舞伎劇なるものは、この両名優、団十郎、菊五郎の死とともに滅びたと言ってよい。その後の者は、やや一種の変体に属するものかとも思われる」。

このように、団十郎と菊五郎が死んでしまったら歌舞伎というものはなくなったのと同じだと昔から言われていたのです。逆に言えば、そのぐらい二人の芝居はおもしろかったし、立派だったということになるのでしょうか。二人が華々しく出てきたのは明治初年で、二人が中心の歌舞伎が盛んになっていった。当時の芝居は、朝早く幕が開いて、照明がうまくいかないので、昼間のうちにおしまいになる。朝早く行かなければいけないから、女の人がおしゃれをして乗り込もうということになると、徹夜仕事で大変だったそうです。幕末のころには浅草の方に芝居小屋が移されていましたが、現在の京橋の裏、新富町に新富座ができ、それが芝居の中心になりました。また、明治二〇年代になり、現在の歌舞伎座ができました。それから、秋葉原の近くに市村座がありました。この三つが中心になって芝居が繁盛していたということです。

黙阿弥は、その後も五代目菊五郎のために新しい芝居をどんどん書き下ろしました。もちろん失敗作もあるのでしょうけれども、成功したものが非常に多く、五代目菊五郎が黙阿弥の芝居で引き立てられるようなことになり、また、今残っている芝居がその時分にたくさん書かれました。代表的なものとして、『弁天小僧』のほかに、『髪結新三《かみゆいしんざ》』という有名な芝居があります。これは今でも年に一遍ぐらいはどこかでやっていますけれども、実によくできた芝居で、小悪党の新三という髪結が、大きな店のお嬢さんをかどわかして金にしようとするわけですが、大家さんにとっちめられ、最後にわずかの金で取り返されてしまう。新三に恥をかかされた土地の親分が、悔しがって深川閻魔堂橋で新三を切り殺す。筋とすれば、どうっていうことはないのですけれども、実に生き生きとした台詞のやりとりがあり、昔から菊五郎以来の型がたくさんちりばめられていて、現在でも飽きない歌舞伎ということになっています。

明治になって、男がちょん髷をやっていたのを、その髷を切れと言うようになりました。もちろん一生ちょん髷で頑張っていた人もいたでしょうけれども、かなり多くの者が髷を切りました。そうなってくると、黙阿弥は、その時代の空気をいち早く取り入れた芝居をどんどん書き始めました。それを散切《ざんぎり》狂言と言います。髪を切った後は散切り頭と言いますが、それから来ているわけで、その散切狂言が後から後から世に出てくることになりました。そういう中で今でも名前が残っているものに、『女書生《おんなしょせい》繁《しげる》』があります。地方から東京へ出てきて、袴をはいて勉強している女性が、いろいろなことで事件に巻き込まれていくという芝居で、明治の空気を写したものです。

散切狂言は黙阿弥の手で九本書かれています。結局、黙阿弥は現代劇を書いているのです。書き方は昔の歌舞伎と同じで、三味線で歌が入ったりするには違いないのですけれども、題材は、扶持を離れた幕府の侍がどうなったのかというようなことです。

一方、団十郎は、世話狂言はあまり得意ではない。やわらかくなく堅いもの、侍が出てくるようなものが得意です。『勧進帳』の弁慶などが当たり狂言ということになっていました。

ところで、歌舞伎については、いろいろな演出のやり方があります。例えば主人公の役者が見えを切りますと、付け板といって拍子木のようなものでタンタンと音をたてます。終わって幕が閉まる時にも拍子木を入れます。そうしたことが歌舞伎の伝統ですが、団十郎はそれらをなるべくなくして自然にやってみたいというのでした。

それからもう一つ、その時分に学者と言われるような人たちが、日本の歌舞伎というものは昔の歴史のことなどを勉強しない作者が書いている、着ているものにしろ、当時の風俗とは全然無関係である、いかにもでたらめな風俗でやっているのはけしからん、元通りにしなければいけない、というふうなことを言い出しました。歌舞伎の昔からのやり方を壊してしまって、歴史どおりにやらなければいけないということを盛んに主張した。

そのとき、団十郎はそういう話に乗ってしまって、昔から舞台でやられている型をみんな壊してしまい、歴史学者の言うとおり、その時分の本当の姿をあらわすということで、着るものから履物からそっくり変えてしまうようなことになり、黙阿弥に対しても、そのような脚本を書けという注文を出した。それで、黙阿弥は大分困ったらしいのですけれども、仕方がないので、そういう芝居も幾つか書いたそうです。

団十郎がやると、そういう芝居でも結構おもしろく、当たることもあったようです。口の悪い仮名垣魯文という戯作者が、その時分、新聞記者になっていましたが、彼は「あれは活きた歴史である」という批評をしました。それから、そういうものを団十郎の活歴物《かつれき》と言うようになり、どんどん上演されるようになっていった。

団十郎という人は、品のいいといいますか、高尚な芝居をやりたがって、黙阿弥以下、舞台の関係者が随分迷惑したらしい。黙阿弥あたりが書いた台詞では気に入らなくて、もっと学者の言うような難しい漢字を使った台詞が言いたかったらしい。ですから、どちらかといえば、黙阿弥は菊五郎の方と近くて、団十郎からは離れていたようです。もちろん団十郎のためにもたくさんの活歴物を書いていますし、それから時には、団十郎のような柄の役者にはまるような世話物を書きました。それが「河内山《こうちやま》」という芝居です。坊さんに化けて、大名屋敷でつかまっている娘を取り戻しに行く芝居です。最後にたんかを切るわけですけれども、あれは団十郎に当てて書いて、非常に有名になりました。団十郎でも世話物をやらないわけではなく、やればそうした大当たりになることももちろんあったわけです。団十郎、菊五郎と黙阿弥が組んで、明治時代の歌舞伎ができ上がっていったと言えるのではないかと思います。

黙阿弥は晩年、渡辺崋山と高野長英の二人のことを芝居にしました。これは団十郎の注文で書いたものです。団十郎が何役も早変わりをして、いかにも気が入った舞台を見せたといいます。ただし、そういうことはあまりやらない方がいいというふうになってきたようで、現在では、当時評判がよかったものでも上演されておりません。岡本綺堂の『ランプの下にて』を読んでいますと、これからの芝居はだんだん渡辺崋山と高野長英のような芝居になっていくのでしょうな、というのが世間一般の世論であったと書かれています。ただし、その後の芝居が本当にそうなってしまわなかったのは結構だったと岡本は思ったらしい。

黙阿弥はたくさんの歌舞伎を書きましたが、結局、崋山と長英についての芝居を書いたのは七〇代に入ってからで、その後も多くの作品を書きました。黙阿弥は、明治二六年（一八九三年）に亡くなって、幕末から明治二六年まで大体四〇年近く立作者《たてさくしゃ》として活躍しました。その後も団十郎と菊五郎の時代が続いたのですが、明治三〇年代に二人とも亡くなりました。

団十郎は活歴が好きだったと申しましたが、実は彼は、昔からの歌舞伎を非常によく勉強して身につけていた。だから、昔からの歌舞伎をやると、本当に非の打ちどころのない立派な舞台を見せたと言われています。例えば『助六』とか『暫《しばらく》』とかいう、昔からある作品がありますが、ああいうものも、団十郎がやるとまことに見事であった。

それから、これは本当かどうかわからないのですが、団十郎の顔は非常に長く、そして、いかつかった。ところが、この人が「娘道成寺」だとか「鏡獅子」だとかいう美人の踊りをやると、顔が気にならないくらいうまかったと言われています。そういう女性の踊りをやるのも実に見事であった。菊五郎にしても、もちろんそうでした。

団、菊の時代というのは、明治以後、ずっと語り種になって残ったということです。井上馨は自分の別邸に舞台をこしらえ、明治天皇をお招きして歌舞伎を見ていただいた。そういうときは、団、菊をはじめとして、当時の名優が勢ぞろいをして芝居をやったという話が残っています。そうした歌舞伎は明治時代の一つの代表的な芸術であったということになるのでしょう。

二　三遊亭円朝の話芸

三遊亭円朝が寄席で語った話の速記録が残されています。長い話がたくさん残されており、それらは文学の源流とされています。円朝は昔からの噺家《はなしか》の弟子になり、噺家になりました。噺家は、今でもそうですけれども、昔からある話を覚えて高座で話すことになるのですが、円朝は非常な秀才で、二〇歳ぐらいのとき真打ちとなって、高座に上がり芝居噺というものを演じた。芝居が非常にはやっている時代ですから、落語家が高座で話をしますが、そのときに後ろに背景をこしらえて、だんだんいいところへ来ると肌脱ぎになって、ちりめんの真っ赤な襦袢を出して見えを切る。そして、芝居がかりの台詞を言う。そうすると拍手喝采。そんなものがたくさん行われていたのだそうです。円朝は、若くもあり、いい男でもあったから、娘さんたちに非常に人気がありました。

ところが、師匠であった三遊亭円生が、弟子の円朝の人気が出るのをやっかんで、円朝の一つ前に出て、円朝が今日やるはずの話を先にみんなやるのです。そうすると、円朝の方は、せっかく準備しているのに、やることがなくなって非常に困った。結局、円朝は昔からの話はできない、自分で話を作ってやろうということで、自分で話をこしらえるようになっていきます。幕末から明治の初めのことです。

当時の寄席では真打ちと言われるものが円朝でしたけれども、真打ちは、少なくとも半月、場合によっては一月、一つの話を続けていかなければいけない。いいところで切りまして、またこの次は明日、となるわけです。そうすると、お客さんがまた明くる日も来てくれる。そういう芝居噺を円朝は続けていました。しかし、そのうち、円朝は芝居噺に背景をつけてやることが嫌になってきて、そういうものは弟子に譲ってしまい、自分は一切ほかの道具を使わないで、地味な着物を着て、扇子を一本持って、話だけでお客さんに満足してもらおうとして、今お話しした続きものをやったと言われています。

有名な作品としては『怪談牡丹燈籠《かいだんぼたんどうろう》』があります。女の幽霊が二人で、下駄の音をさせて男の家を訪ねてくるという話です。それは怪談には違いないのですけれども、実は全部悪党の仕組んだ悪事であって、だんだんそれがばれてくる、それにかたき討ちが重なるというような複雑な筋です。それから、もう一つ非常に有名になった『塩原多助一代記』があります。塩原多助は、茨城県の農家の出の青年ですが、継母にいじめられるなど、いろいろなことがあって、生まれ故郷を出て江戸へ来る。その途中で、かわいがっていた馬と別れる。その馬との別れが非常に有名になっています。江戸で炭問屋に奉公して、それから、炭のくずまで惜しんで、ちゃんとため込んで、粉炭や消炭のようなものを集めて炭を売り、一代で大変な金持ちになるという話です。それだけでは修身の教科書みたいですけれども、実際には悪者が出てきたり、それと組んでいる女が出てきて多助を苦しめたりと、いろいろなことがあるのですが、これが長い話として完成され大変人気を呼んだ。実際、当時、小学校の修身の教科書に載ったそうです。小説以前の高座のおしゃべりが、そのまま修身の教科書に載るのは大変なことですけれども、そういうことにまでなった。『怪談牡丹燈籠』にしても、『塩原多助一代記』にいたしましても、大体、五代目菊五郎の手で歌舞伎になり、舞台にかかりました。これがまた人気を呼んだようです。

円朝の代表作としましては、そのほか『名人長二』とか『真景累ヶ淵《しんけいかさねがふち》』とかいう話があります。『真景累ヶ淵』は怪談です。円朝は、お化けが気になるのはみんな神経のせいだというので、その「神経」という字を「真景」の字に代えて怪談噺をやった。そのほか円朝の話は随分たくさん作られたようでして、最後の『名人長二』は自分の手で書いています。『怪談牡丹燈籠』などはみんな大体、本になって世に出たわけですけれども、これは速記という技術が日本で発達するようになったからです。円朝が寄席の高座でやる話をそっくり書き取って、本にするのです。ですから、円朝の話しぶりが、ほぼそのままに書き取られて本になった。そういうものは非常に読みやすいので、よく売れましたし、当時の新聞も読物を何か載せないといけないので円朝のものを少しずつ載せていく。現在の連載小説のようなものです。そういう形で、速記が新聞に載るようになりました。

ちょうどこのころ、松林伯円《しょうりんはくえん》という講談師がいて、この人の講談がまた大変人気を博していた。最初は「泥棒伯円」とか言われて、黙阿弥と同じように泥棒を材料にした講談ばかりやっていたのですが、明治になってからは、その時代のいろいろな事件を直接仕組むようになりました。例えば明治七年（一八七四年）に佐賀の乱が起こり、江藤新平が反乱を起こした。そうなると伯円は、途端にその話を仕組んで高座でやる。これも速記になって新聞に載るようになります。

三　文学の新潮流

その後、小説家になった二葉亭四迷が出てきます。本名は長谷川辰之助です。彼は東京外国語学校でロシア語を勉強した人で、ロシア語が非常によくできました。二葉亭が小説を書いて、翻訳をするという時、それまでの文語体ではないもので翻訳をやろうと考え、当時、人気者だった坪内逍遥のところに相談に行った。

坪内は文語体の小説『当世書生気質』を書き、その前にシェークスピアの『ジュリアス・シーザー』の翻訳「自由《じゆうの》太刀《たち》余波《なごりの》鋭鋒《きれあじ》」から始まる『シェークスピア全集』を出しました。それから、小説とはどういうものか、を説いた一種の小説論『小説神髄』を書きました。出てくる人間が生きているように、その性格がきちんと書けてなければいけない、それが小説というものの基礎であると明治一八年に坪内が初めて言ったわけです。江戸時代からの戯作者が書いたものとは違う、ヨーロッパの文学をそのまま日本に移す、そうしたことを坪内は唱道していました。

二葉亭四迷が、自分も何か書かなければいけないということで逍遥先生に相談に行った時、講談や落語の速記と同じような文体でひとつ書いてごらんなさいと教えてくれた。それで、二葉亭四迷ははっと気づき、ちょうどその時分に出た円朝の速記をながめて、文体をだんだん創り出していった。

その時分にもう一人、山田美妙という人がおります。この山田も、同じような形で、言文一致の文章を作るようになっていった。それが現在の日本の文章の元です。それまでは「何々なり」とか、「何々ならずや」とかいう文章であった文語体が、これから先、現在の言文一致に近づいていく。「何々である」とか「何々であります」というのはこのころから出てきたわけです。速記ものなどだと「何々であります」が多いのですけれども、それでも弾みによって「何々である」「何々だ」と、切っていくところがあります。両方がその時分から生まれてできてくる。

二葉亭四迷の『浮雲』の書き出しの所を読んでみます。

「千早振る神無月ももはや跡《あと》二日の余波《なごり》となッた二十八日の午後三時ごろに、神田見附の内より、塗《と》渡る蟻、散る蜘蛛の子とうようよぞよぞよ沸出《わきい》でて来るのは、孰《いず》れも頤《おとがい》を気にし給《たま》う方々。しかし熟々《つらつら》見て篤《とく》と点検すると、これにも種々《さまざま》種類のあるもので、まず髭から書き立てれば、口髭、頬髯、顋《あご》の鬚、暴《やけ》に興起《おや》した拿破崙《ナポレオン》髭に、狆《ちん》の口めいた比斯馬克《ビスマルク》髭、そのほか矮鶏《ちゃぼ》髭、貉《むじな》髭、ありやなしやの幻の髭と、濃くも淡くもいろいろに生分《はえわ》かる。髭に続いて差《ちが》いのあるのは服飾。白木屋仕込みの黒物ずくめには仏蘭西《フランス》皮の靴の配偶《めおと》はありうち、これを召す方様《かたさま》の鼻毛は延びて蜻蛉《とんぼ》をも釣るべしという」。

後の方になると、「出てまいった」とか、「気づかいはあるまいか」とか、「おうらやましいことだ」とか、今の文章に大体似たような文章で、「である」体で書かれています。他方、山田美妙は「でございます」という文章です。

言文一致体が出てきたこのころから明治三〇年代にかけて、文語体と言文一致体が文学の世界でも両方存在したようです。しかし、後になりますと、「である」体が強くなって、現在の文体に近いものになっていきます。

この時分のほかの小説では、外国の翻訳が多くあります。語学のできる人が非常に多かったものですから、イギリスあるいはフランスの小説の翻訳が多く読まれた。リットンとかジュール・ヴェルヌとかです。ヴェルヌは冒険小説『八〇日間世界一周』があり、今でも翻訳が出ています。それから、デュマは『三銃士』や『モンテ・クリスト伯』を書き、スコットは歴史小説を執筆しましたが、そういう作品の翻訳がたくさん出ました。

当時はまた自由民権の時代で、政治を種にした小説も非常にたくさん出ました。例えば東海散士《とうかいさんし》の『佳人之奇遇《かじんのきぐう》』、矢野龍渓が書いた、古代ギリシャの歴史上の英雄の話『経国美談』などがあります。

そういう中でさきほどの二葉亭四迷『浮雲』が出たのです。これはロシアのツルゲーネフの小説に似ていて、非常に優柔不断の若い男が出てきて、美人と親しくなろうとして悩むというような小説です。ただし、二葉亭四迷という人は非常に筆の遅い人で、一年かかって四〇〇字の原稿一〇〇枚ぐらいしか書けなかった。それでは小説で飯は食えません。本人は真剣に悩んだようで、結局、この『浮雲』は中断しました。その後、二葉亭四迷は小説を二篇しか書いておりませんが、ロシア文学の翻訳で有名なものはたくさんあります。

この時代になると、新しい物の考え方がいろいろな分野で出てきます。その時分は自由主義の経済を研究した経済学が非常にはやりましたが、それをもとにして、田口卯吉は、神代以来の日本の歴史を大変簡潔に要約した『日本開化小史』を書きます。この本は、今読んでみますと、まことに大胆な本だと言わざるを得ないのですが、それにもかかわらず、自由主義の経済学というものを武器にして、日本の昔からの物語を全部ずばずばと批判してしまう非常に見事な本です。この後も、田口は『東京経済雑誌』を刊行し、経済を中心にして政治、経済を縦横に論評する仕事を続けていきました。これが経済ジャーナリズムの最初ということになりましょうか。

それから、もう一人熊本から出てきたのが徳富蘇峰です。彼は、日本の将来について非常に自由な発想で、大胆な批判を書きました。それが『将来之日本』という本になりました。これが田口卯吉の周旋で経済雑誌社から出版され好評であった。それで、徳富は東京に出てきて、雑誌『国民之友』を刊行するようになる。それは、政府に盾突くような文体とも違い、非常に新しい平民主義的な論文がたくさん載りました。

森鷗外と幸田露伴も、ちょうどこの時期に出てきましたし、また、尾崎紅葉もいました。尾崎は、山田美妙と大学で一緒だったのに山田に出遅れたのですが、そのあとは作家として硯友社というグループを作って大をなしていく。これが明治二〇年代初めごろです。

森鷗外は抜群の秀才で、第一大学区医学校（現在の東京大学医学部）を二〇歳ちょっとで卒業し、陸軍の軍医になりましたが、ドイツ語が非常によくできた。翻訳もする、ドイツの書物も自由に読める、ドイツに留学して、帰ってきて本格的にいろいろなものを書き始めるのが明治二〇年代初めのころです。

当時、「文壇を代表するのは紅露逍鷗である」と言われておりました。これは尾崎紅葉、幸田露伴、坪内逍遥、森鷗外の名前の頭文字を並べただけですけれども、彼らが実際、文壇を代表していました。

しかし、考えてみますと、坪内逍遥だけが三〇歳をちょっと超えていたぐらいで、あとの三人はみんな二〇代でした。頭の押さえ手がいない時代、これが明治二〇年代だったのです。そういう中で小説を書き出した女性が樋口一葉でした。こういう人たちが大をなすのは明治二〇年代終わりから三〇年代のことです。

四　美術と音楽

最後に、美術と音楽です。この時分には昔からの日本の伝統の絵や音楽が全部否定されてしまうのですから、昔からの日本画の絵描きさんはみんな絵が売れない、習いに来る人もいない、ということで非常に苦労しました。そういう中、何とか絵を描き続けていたのが、橋本雅邦や狩野芳崖という人たちでした。

そういうとき、東京大学に経済学の講師として招かれたのがフェノロサでした。彼は経済学を教えるために来て、実際に教えていたのですけれども、日本の美術、特に古美術はすばらしいと気づき、美術学校にいた岡倉天心と組んで、日本の古い美術品を見るため、奈良や京都を旅行し、次々にすばらしい美術品を掘り出しました。例えば仏像などは信仰の対象ですから、それまで美術品だと見る人はいない。法隆寺の有名な百済観音を初めて見たフェノロサは、それらの美しさに感動した。それから、救世観音は秘仏ということで、昔から白い布でぐるぐる巻きにされていて、うっかりあけたりすると目がつぶれると言われていたのを、その布をほどいて中を初めて見て、すごい仏様だということを発見した。

そういうようなことで、日本の美術についての評価が上がっていきます。しかし、それまでは日本の美術は二束三文の値段になっていましたので、当時はフェノロサもそうでしょうけれども、日本の美術品を買い集めて、外国にどんどん流したのです。その結果、例えばニューヨークやボストンの美術館に日本のすばらしい美術品がまだ眠っていて、今でも整理もされずにそのままになっています。

日本の伝統的な音楽についても、三味線や琴の評価ががた落ちになりました。学校で教える音楽、当時の唱歌は全部、西洋音楽に切り替えられてしまった。だから、三味線や琴などは民間のお師匠さんによって伝えられるようになっていって、学校で学ぶ音楽は西洋音楽になっていきました。そういう中、外国に留学して、外国音楽を覚えてきた人が、やがて日本の音楽界のリーダーになります。その代表は、「荒城の月」の作曲者である滝廉太郎、あるいは幸田露伴の妹二人です。幸田家は有名な秀才家系でした。幸田延はピアノ、下の妹の安藤幸はバイオリンをドイツで学んできて、日本に伝えました。日本では、このようにして西洋音楽が広まっていきました。

7 日本鉄道・大阪紡績・企業勃興——明治前期の経済

一 農業と在来産業

明治時代の社会や経済はどのような状況だったのかについて述べたいと思います。もうだいぶ前になりますが、ベトナムへ行って、ハノイで講義をするため一〇日ぐらい滞在したのですが、その時のベトナムの様子が戦前の日本の農村とほとんど同じなのです。アジアの農業はこんなものなのだなとしみじみ思いました。昔の日本の農業は、青々とした水田に苗代を作って、一本一本田植えをして、虫を取ったりして米を作るわけです。ベトナムは暑いから二期作で年に二回お米が取れるのですけれども、農村ではたくさんの人が田んぼに入って仕事をしており、稲が青々と茂っておりました。明治時代の農村は、まさにそういうものだったと思います。

江戸時代の後半から二毛作が始まりました。春から夏・秋にかけてお米を作りますが、その田んぼを遊ばせておかないで、一一月か一二月から今度は麦をまいて、春に収穫し、その後、また米を作る。つまり、一つの田んぼで米と麦を季節に分けて作るというような技術が発達しました。したがって、日本の農業は、幕末にかけ生産が増えてきていました。徳川時代の農業は、他のアジア諸国に比べればレベルが高かった。面積当たりの米の収穫量を比較しますと、太平洋戦争が終わった後の東南アジアの諸国に比べ、日本の方が多いか、少なくとも同等であったと言われています。

日本の農村は、生活がちゃんと成り立っていくだけの基盤を持っていた。冬のような暇なころになれば、例えばみんなで村芝居をして遊ぶとか、鎮守様のお祭りの時にはみんなで御馳走をこしらえ、呼んだり呼ばれたりするとかいう、それだけの余裕を持っていたのです。年貢はもちろんありましたけれども、幕末のころになると、地域によって違いますが、年貢で持っていかれるのが収穫量全体の三割ないし四割であった。特に幕府直属の領地、天領は大体三割ぐらいだったから、相当余裕があった。そういうような農村は、明治維新があろうとなかろうとあまり関係なく、明治時代に引き継がれていました。

特に幕末になってくると、いわゆる商業的農業が発達してきました。その代表的なものは、蚕を飼う養蚕です。そのほか、西の方では綿の木を植え、綿をとり、それで糸を作り、さらに織物を作る綿業が農家の副業として非常に盛んになりました。綿業が盛んになってくると、養蚕地帯が、綿業地帯よりも北の方にだんだん寄ってくる。長野県、山梨県、群馬県、福島県という地域が主要な養蚕地帯へと変わっていきます。それより南の中国地方、岡山、広島、大阪の周辺のような地域は綿業地帯となっていきます。その地方で作られた生糸あるいは綿製品などは商人の手で買い集められ都会に運ばれてくるようになりました。

そういう産地も、細かく言えばいろいろと変遷があります。後になるとすたれてしまった地域でも、幕末から明治の初期には綿製品が非常にたくさん作られていた所もありました。代表的なものでは、例えば大和があります。これは現在の奈良県で、この辺が綿製品の産地としてかなり重要でした。しかし、だんだん廃れていきます。

江戸時代の日本の農村はかなり豊かでした。年貢も相当重かったには違いないだろうけれども、決して食うや食わずというような貧しい状態ではありませんでした。と同時に、農村では領主が年貢を取り立てることはもちろんありますけれども、徳川時代の初めから、商人が土地を買って、それを開墾させる。そして、その土地を農民に貸すというようなことが行われていました。明治の初めごろ、地主から土地を借りて農業をやる小作地は全体の農地の三分の一ぐらいでした。明治から大正にかけ小作地がだんだん増え、ほとんど半分が小作地というようになっていきました。小作農が非常に貧しくみじめだと昔から言われておりましたが、実際、小作農は幕末に随分と増え、明治になり、それが三分の一ぐらいまでになったということです。

小作地がいつごろ増えたかというと、それは松方正義のデフレーションの時代です。明治一四年から一七、一八年までの松方デフレのひどいころ、借金をしていた農家がそのカタに自分の土地を手放すことがかなり多くなり、小作地が四割ぐらいになった。その後もずっと増えていき、大正の終わりになると五割近くが小作地になってしまいました。

なぜ農家が借金をするのかですが、これにはいろいろな理由があったようです。例えば娘が嫁に行くとかいう事情があると、借金をして嫁入りの支度をする。農産物の価格が高ければ、その借金の返済も可能だったと思いますけれども、価格が下がって借金が大きくなったような場合もあったでしょう。特に、松方デフレでは農産物価格ががたがたに落ちて、米の値段が約二年間に半分ぐらいに下がったのです。副業の綿織物とか生糸とかも、不景気ですから、やはり売れない。生糸はその時分から輸出品でしたから、比較的不景気の影響を受けないで済んだのかもしれないのですが、国内で売れるような産物は不景気の影響で打撃を受けました。

それから、もう一つ地租という税金が非常に重い負担になったことも挙げられるでしょう。地租は、一定の土地に対し金額が決まっており、この土地の地租は何円となっていたわけです。明治六年（一八七三年）から一二、一三年までに地租改正は完了しました。地租は地価の三％、地方税を合わせると四％とされていましたが、後に下げられて全体で三％ぐらいになりました。農産物価格が値上がりすると、農家の収入は増えますが、払う税金は一定ですから、インフレになると農家は税金の負担が低くなる。反対に、デフレになって農産物の売り上げの金額が減っても、やはり同じ金額の税金を納めなければいけませんから、農家の負担は非常に重くなる。松方デフレのときは、まさに農家の負担が重くなる時期でした。松方デフレは明治一七、一八年が谷底で、一九年から少しずつ良くなっていった。したがって、この時期の税金が一番重かったと考えていい。そのころ、地方でいろいろな事件が起こりました。その代表的な事件である秩父事件も、デフレの一番ひどい明治一七年末に起こりました。これは、自由党が政治的な主義主張で起こした事件ではなく、農家の方が、本当に年貢が払えない、地租が払えない、ということで、竹鎗、筵《むしろ》旗で起こした事件でした。

しかし、明治二〇年（一八八七年）ぐらいになると、経済の状態はかなり良くなってきました。それから後は農村の景気も回復していきます。このころ、日本の円が、アメリカのドル、イギリスのポンドと比べてどんどん安くなっていった。明治四年当時には一ドル＝一円でした。ところが、明治二七年になると、一ドル＝二円になって、ドルとの比較でいえば、円はちょうど半分に切り下げられています。この切り下げは、日本の政府がやったのでも何でもありません。国際的に見ると、アメリカやヨーロッパ諸国は金本位制であって、おカネの値打ちは金に結びついていた。ところが、日本では、当時は金本位制度にできなくて、円が銀と結びついていた。だから、銀貨一円が日本の国際的な支払いのための手段でした。

ところが、西暦一八七〇年代から一八九〇年代にかけては、銀が余ってきていて、需要と供給の関係で、当然、金に対する銀の値段が下がっていく。ところが、日本の通貨は銀ですから、銀の値打ちが下がっていくと円の値打ちも下がっていったのです。

重要な輸出品であった生糸の例で考えますと、ドル建ての生糸の値段は高くなっていきます。仮に生糸の一塊が一円とします。それが明治四年当時だと、一ドル＝一円でしたから、一ドルです。ところが、明治二七年（一八九四年）になると、一ドル＝二円になって、アメリカではいつでも一ドルですが、これを日本円に替えると二円になる。要するに、円の値打ちがドルに対して切り下げられると、日本の生産物はドル建てで見て安くなっていく。だから、日本からの輸出が増えると同時に、日本の輸出業者の手取りも増えるというわけです。円が安くなったおかげで輸出が増え、輸出業者や農民の手取り収入が増加することが起こりました。国内の景気は、輸出に引っ張られて良くなっていったのです。

そうなれば、国内でも全体として物価が上がっていく。国内物価が上がれば、物を作っている人や商売人の収入が増え、景気が良くなっていく。事実明治一八、一九年で不景気が底を突いて、明治二〇年代に入ってから景気は良くなっていき、それとともに農家や商人の収入は増加しました。

農村が非常に貧乏でかわいそうだったという話は確かにありますけれども、明治期にそう言えるのは松方デフレの時期に限られ、それから後は農村でも景気がかなり良くなって、農家の生活も楽になっていきます。もちろん都会と農村の差はかなり大きい。都会の方が所得のレベルが高く、農村の方が低いということには変わりはないのですけれども、しかし、絶対的な水準でいえば、農村もかなり良くなり、都会も良くなってきたということです。

先ほど述べた通り、生糸の輸出が増加したのは、日本にとって幸運な次のような事情にもよっていました。その時分、微粒子病という蚕の病気が、フランスとイタリアを中心とするヨーロッパの養蚕地帯に蔓延し、その辺では生産が大きく減りました。そこで、中国あるいは日本の生糸が、ヨーロッパに輸出されるという状態が幕末から続いたのです。明治二〇年代に入ると、その病気は抑えることができるようになり、ヨーロッパの養蚕も復興してきたのですが、日本製品はマーケットをすでにかなり確保していましたので、生糸の輸出は続きました。しかも、最初はヨーロッパ向けの輸出が多かったのですが、アメリカの絹織物産地で日本製の生糸がたくさん使われるようになったので、生糸はヨーロッパからアメリカに市場を大きく変えて輸出されるようになりました。大変な勢いで輸出が増加していった生糸が日本の最大の輸出品になったのは、明治二〇年代ごろにはっきりしてきます。

また、幕末に、イギリスから綿織物が入ってきますが、後になると、イギリスのほかインドで機械によって紡がれた綿糸を輸入して、それを日本国内で織物にするということが一般的に行われるようになっていきます。

イギリスやインドから綿糸を全部輸入して、それを使って織物を織るとなると、日本の農村で江戸時代から続けられてきた手紡糸の生産が壊滅します。これは大変だということで、国内で機械製の綿糸を作る綿紡績業を発展させようとする動きが非常に強くなります。そして、とにかく国内で糸を作ることになったわけですが、その時、関係者たちは国産の綿花の品質が良くないことに気がつきました。繊維が非常に太く、紡績機械にかけて綿糸を作るには具合が悪いことがだんだんわかってきて、国産綿花を使うのを諦めて輸入綿花に切り替えようとする動きが明治二〇年ごろから出てきました。

最初は中国の綿花を輸入しましたが、それも品質があまりよろしくない。綿業関係の最大手の商社を意味する三綿という言葉がありますが、それに含まれる日本綿花（現・双日）、東洋棉花（元・三井物産綿花部、現・トヨタ通商）、江商（現・兼松）はみんな綿花の輸入商でした。そのうち日本綿花や三井物産が海外で綿花を探して歩き、見つけたのがインド綿でした。インドの綿花は安い。ただし、ごみが混ざったりしていて、見た目は非常によくないのですが、一定の方法でこれを整理して糸にすると、日本の紡績会社に適当な二〇番手の糸を織るにはインド綿がいいことがわかってきました。結局、インド綿をたくさん輸入し、日本の紡績会社がみんなこれを使うようになった。それに続いて、やがてアメリカの綿花がもっと品質がいいことがわかってきて、それを輸入するようになります。

日本の紡績会社は、最初はインド綿、あとではアメリカの綿とインドの綿を混ぜ合わせて綿糸を作るというように変わっていきました。そして、国産の綿花はだれも相手にしなくなり、明治二〇年代から日本の綿花の生産は急激に減っていきます。もちろんゼロになったわけではない。例えばふとん綿とか、そういうものとしては長く残ったのでしょうが、国内で綿花を作ることは減っていきました。したがって、農家の副業として養蚕が非常に発達したのですけれども、綿を作ることはだんだん消えていった。

ただし、最初は輸入の綿糸を使い、その後は国産の紡績の綿糸を使って、農家が副業として綿織物を織るということだけはずっと後まで続きました。第二次世界大戦前まで続いたと言ってもいいと思います。これはどういうことかというと、日本人は和服を着ています。男物にせよ女物にせよ、昔は農家で織った綿織物が用いられていました。下着にする白木綿はもちろんのこと、上に着る着物用の綿布（絣《かすり》とか縞物とか）も全部、農家の手織りによる綿織物を買い集めて、それから作った和服を都会の人間もみんな着ていました。夏になると浴衣《ゆかた》を着ますが、これは白木綿を染めるわけです。地方によっては、絣の産地とか縞の産地とかいって、それぞれ特産の綿製品が流行しました。絣を例に採りますと、久留米絣、伊予絣、備後絣、所沢絣というように、いろいろな産地の製品があって、それぞれに特色がある。人は様々な好みがあり、それぞれを着たものでした。私も、子供の時久留米絣を着せられた覚えがありますから、そういうものは昭和一〇年（一九三五年）ごろまでは一般にまだ残っていたのでしょう。

つまり、農家は、副業として、長い間、織物を作っていたわけです。純粋に農業だけで生活できる農家は、よほど大きな経営でないと不可能でした。大きな土地を持った地主であれば、農業だけで十分にやっていけます。地主の場合、土地を貸して、毎年、小作料として米などが入ってきますので、楽に経営していますが、一般の農家、特に小作の場合、取れたお米のかなりの部分は地主の所へ持っていかれるのですから、とてもそれだけでは経営が成り立たない。そこで、いろいろな副業をしていたのです。

その代表が、今述べたような綿製品を作る、あるいは農家で養蚕をやり、繭から生糸を作る。これは主に女性の副業でした。男は何をしていたかというと、一つは行商です。近隣の農村に品物を持っていき、売って歩くようなこともあったと思いますし、逆に農産物の仲買ということで、例えば鶏を飼っている所だと、卵を買い集めて、それをまとめて売るというような行商が結構あったようです。

昭和三〇年代の初めぐらいでしたけれども、私は夏、福島県に遊びに行って、山奥の村に着きました。そうしたら、ちょうどそこへバスが来て、おばあさんが木の箱を抱えて降りてくるのです。実はそこは山奥の村なので豆腐屋がないので、そのおばあさんは、毎日、夕方になると、木の箱に豆腐を何丁か入れて売りに来るわけです。豆腐を売りさばいて、またバスで帰っていく。そのころまではそうした行商が随分あったのです。

そのほかに大工とか左官とかというような建築関係、これも農民がちゃんと兼ねていたわけで、農業が暇になる時節になると、そういう人たちが大工、左官の仕事をしていました。つまり、商業にしても、大工左官のような建設業にしても、みんな農民の副業になっていました。明治五年（一八七二年）ぐらいに人口調査が初めて行われたわけですけれども、その中で職業別の割合を見ますと、農業が八割ぐらいであった。あとの二割が、商人とか役人とかお坊さんとか神主とかでした。これでは、農業が多過ぎるのではないかとは思いますけれども、農民は先に述べたようにみんな副業を持っているわけです。第一の職業が農民であるから八割が農業になるわけで、実際にはその八割のかなりの部分が副業を持っていて、その副業で工業とかサービス業とか商業とかが賄われていた。確かに、昔の農家が自給自足であったことも間違いない。この時代、商業やサービス業の割合が少ないのは、農家の副業がそれらを支えていたからだと思われます。

後になっても、日本では農業の比重が非常に高く、太平洋戦争が終わった後の人口調査を見ても、半分ぐらいが農業でした。しかし、半分が農業だということは、副業が入っての話ですから、実際に国民所得の半分が農業の所得だということにはならない。所得の割合でいえば、農業所得の割合というのはぐっと低くなります。

明治時代においては副業をやる人がだんだん多くなり、農業が主、商業は副業だと言っていたのが、村の中でも人がたくさん集まるような地域に店を持って、そこで呉服屋を始めるとか酒屋を始めるとかいうような人がだんだん増えてくる。あるいは、副業で大工をやっていた人が大工専門になってしまうというふうにして、副業だったものがだんだん本業に変わっていく。明治三〇年（一八九七年）前後からだんだんそうなっていき、大正期にかけ、そういうことが一般的になっていって、農業人口の割合がだんだん下がり、それとともに工業、商業等の割合が高まっていきます。このように、農家の副業でやっていたものが本業になっていくのですけれども、その本業はみんな国民の生活に直接かかわる仕事でした。昔からあるこうした在来産業が拡大していったのです。

それと同時に、村の中で農業ではない、商業などが集まる地域ができる。それが町場《まちば》と言われるものです。都市というと大げさですけれども、都市に近いものがあちこちにでき上がっていき、それがやがて町になっていく。

江戸時代には大きい都市は少なかったようです。三都というのは江戸と大坂と京都ですけれども、江戸の人口が、多い時で一〇〇万でした。これはロンドンより大きいと言えますが、大坂が四〇万、京都が三〇万でした。ほかの諸大名の城下町などがどうかといえば、名古屋とか金沢とかいう大大名の城下町でも人口三万、四万という程度であったと言われています。したがって、もっと小さい大名の城下町は、ごく小さいものであっただろうと思われます。

二　近代産業の展開

明治時代における近代的な産業の発達について述べたいと思います。明治の初めに政府が、工部省で幕藩営工場を引き継ぎ、さらに鉱山や鉄道を運営していたこと、大蔵省も富岡製糸場を設立して、フランス式製糸技術を日本に定着させたこと、北海道開拓使が北海道の産業開発を進めたことは、すでに述べました。そのように明治の初めに幕府や諸大名から引き継いだ産業、あるいは明治になってから明治政府が導入した産業があるのですが、もう一つ、岩倉使節団がヨーロッパへ行き、ヨーロッパのいろいろなものを見てきた。これは明治四年から六年（一八七一—七三年）までになりますが、この時日本の使節団は、かなり真面目にアメリカ、ヨーロッパのいろいろなものを見てきた。鉄道を見ればびっくりしますし、工場につれていかれればびっくりしますし、取引所へ行けばまたびっくりするということでした。当時、外国ではデパートなどもできていたでしょうから、それも見てもびっくりしたようです。

大久保利通は非常な秀才でしたから、ヨーロッパのいろいろなものにびっくりすると同時に、これを日本に植えつけなければいけないという強い信念を持って帰ってきた。朝鮮に攻め込むなどというのはもってのほかだと言って、征韓論を潰したことのほか、紡績機械も彼の意向を受けて輸入されました。

その代表が十基紡の設置です。政府が、綿糸を紡ぐ紡績機械一〇基を輸入し、民間有志に無利子一〇年分割払いで払い下げたのです。ただ、実際はその機械は大変小さいもので、わずか二〇〇〇錘でした。錘とは、でき上がった糸を巻き取る糸巻です。この二〇〇〇錘の紡績機械にはかなり問題がありました。まず、機械を回す動力が水車でした。水車となると、水がなければいけませんから、工場は川のそばにしか建てられないことになりますし、また、季節によって、水が枯れると工場が止まることもありました。この十基紡は栃木県から長崎県にかけて設けられました。また、国民の中で、同じく二〇〇〇錘の紡績工場を持って経営してみたいと志願する者があると、政府の方でその輸入機械の代金を一時立替払いしていました。

ところが、二千錘紡を始めると、みんな損をしたようです。機械自体にも難点があったらしい。したがって、これを引き受けた人には、財産をすってしまった者もあったようです。

それから、政府が経営をしていた鉱山には、例えば足尾とか小坂とか有名な鉱山がありますけれども、こういうところも大体経営がうまくいきませんでした。経営がうまくいかないのは、お役所仕事ということもあったようです。一生懸命やらなくてもやっても同じ給料であるので、どうしても身が入らない。だから、鉱山の中も不整頓だし、そろばんをはじいてみると損が出るというようなことが多かったようです。セメントやレンガの工場も政府が作ったのですが、こういうものも大体赤字になっていったと言われています。

政府は、外国からいろいろな技術を取り入れ、模範工場と称して工場をつくってみましたが、結局、経営はうまくいきませんでした。ただし、新しい産業を日本に持ち込んできて、こういうものだと言って見せることはできた。こうしたところが官営工場の役割だったのではないかと思います。明治政府は、そういうものを日本に持ち込んでこようと一生懸命努力したのです。

明治一三年から一四年（一八八〇―八一年）にかけて政府の政策が変わり、お金をどんどん使って経済発展を図るのをやめ、むしろ財政のバランスをとり、赤字を出さないようにするという方向に変わりました。官営の工場は赤字が出て仕方がないから、これらを民間に払い下げてしまえという話が起こる。鉱山にしろ工場にしろ、民間払い下げが行われます。すでに述べましたように、開拓使の官有物を五代友厚その他に払い下げるのも、そういう方針の一環ですが、これは反対が多くて潰れました。

深川のセメント工場が、浅野総一郎に払い下げられました。浅野は富山県の人ですが、ほとんど裸一貫で出てきて、コークスをこの工場に納入していた人ですが、渋沢栄一の引立てでその払い下げを受けて作られた浅野セメント会社をだんだん大きくしました。この企業は浅野の死後の戦時期に日本セメントとなり、現在は、小野田と合併してさらに大きな太平洋セメントになっています。

政府が所有していた代表的な鉱山に足尾銅山がありましたが、これは古河市兵衛に払い下げられ、後の古河財閥の起点になります。

石炭は、主に九州と北海道にあり、常磐にも少しありましたが、本州と四国にはあまりありませんでした。九州の炭坑は、以前から少しずつ炭坑に手を出していた九州地方の人たちが払い下げを受けました。代表的人物の一人は安川敬一郎ですが、今でも安川電機という電機会社が残っています。また、貝島や麻生がいます。麻生は現在大臣をしておられる麻生太郎氏のご先祖です。そのほかの地方でも山っ気のある人たちがみんな払い下げを受けて、石炭掘りに取りかかった。そのうち、三井、三菱、住友も、九州や北海道で石炭を掘る仕事に乗り出しました。

明治二一年（一八八八年）に三井が三池炭鉱の払い下げを受けました。三池炭鉱は日本一いい炭鉱だと言われていました。石炭の質がいい上に、石炭の層が厚く、人間が立って歩けるぐらい石炭が詰まっている。三井物産は、政府がこれを持っている時分から、シンガポール、香港、上海というような地域に船の燃料として輸出した。ですから、これがもし他人の手に入ってしまうと三井物産の輸出が止まってしまうので、ぜひ三井が手に入れたいということで、三井は、四五五万円もの大金を出して払い下げを受けました。これに対して、一般の払い下げは安かった。例えば先ほど述べた浅野は、深川セメント工場の払い下げを受けましたが、その金額は非常に安かったようです。一〇年賦、二〇年賦というような年賦でしたから、結果とすれば、いい買い物をしたことになるのだろうと思います。

財閥を助け育成するために官業を安く払い下げたと言う人もありますし、そのように書いてある本もありますが、それはやや言い過ぎかもしれません。先ほど述べたように、官業時代の鉱山や工場は、管理も行き届いていないし、生産の技術も非常に不十分で、どうにもならない状態だったのです。だからこそ、安い払い下げで当たり前だった。恐らくこれが正しいでしょう。誰かを儲けさせるために安く払い下げたというのは、思い過ごしではないかと思われます。

そういう官業払い下げの中で非常に意義深いものとして挙げておかなければいけないものは、三菱が長崎の造船所を払い下げてもらったことです。三菱は、岩崎弥太郎、弥之助という兄弟の事業でした。兄の弥太郎は、写真で見ると、いかにも剛腹そうなといいますか、大変な面魂をした男です。彼は土佐の人間で、明治政府にもいろいろと関係が深かった。明治七年（一八七四年）に台湾出兵がありましたが、その時、軍隊を運ぶ船が要りますが、その船を動かすことを一手に引き受けます、ということで、政府の持っていた船を借りました。ところが、いつの間にか岩崎がそれをもらってしまった。続いて西南戦争が起こって、やはりまた軍事輸送が増えます。この時も岩崎が引き受け、また、政府の船を相当借りて運用して、いつの間にかこれも頂戴してしまった。とにかく岩崎という人は大変なやり手で、後になりましても、明治政府の役人とはツーカーの関係で、偉い人を毎晩のように自分の別邸に呼んでは宴会をして、というようなことを盛んにやっていたらしい。これに関しては手紙が随分残っていたようで、宴会をやっていたというのは間違いない。その辺は弥太郎の仕事でした。

ところが、例の北海道の開拓使の官有物払い下げ問題が起こります。これは、開拓使を長年担当してきた黒田清隆が、同じ薩摩藩出身の五代友厚たちが経営する関西貿易商会に開拓使の施設を安い価格で払い下げる話でしたが、この極秘情報を暴露し批判した自由民権運動系の新聞にリークしたのは大隈重信で、その後ろについていたのが岩崎と福沢諭吉だということで、大隈が明治一四年秋に政府から放り出されてしまい、福沢の弟子たちも明治政府を追われ、政府と岩崎も対立することになりました。

岩崎弥太郎は、名称はしばしば変えましたが、三菱の名のついた海運会社を経営し、国内の海運業で圧倒的な地位を築いていました。政府は、大久保利通の時代から三菱の海運事業に補助金を出しており、この時期でもそれを続けていましたけれども、明治政府や経済界の一部の人たちは、岩崎に対抗するため、ほかの小さな船主を集めて共同運輸会社を作り、岩崎が運営している国内の航路で競争を始めさせたのです。競争になれば運賃を下げるのが一番重要で、どんどんそれが続き、折からの松方デフレの影響も加わって、両社とも潰れそうな状態になりました。

岩崎弥太郎が長崎造船所を借り受けたのは、この大競争の最中の明治一七年のことでした。政府は、これを引き受けろ、と大ピンチの岩崎に言いました。これを断ったら、喧嘩がもっとひどくなるというので、岩崎は渋々引き受けた。翌年、弥太郎は胃ガンで亡くなり、弟の弥之助が三菱の主宰者になります。弥之助の頑張りもあって、競争をしている二つの船会社が共倒れになるといけないということになり、明治一八年（一八八五年）、両社が合併しました。今もある日本郵船という会社はその時にできました。海運業の独占を続けられなくなった弥之助は、明治二〇年に先ほどの長崎造船所の払い下げを受けて、それをそのあとの事業の柱の一つにします。当時は、岩崎も一つ間違えば潰れるという状態になっていたわけです。

三　日本鉄道・東京海上保険・大阪紡績

そうした事件もあった松方デフレの時分に大きい会社が三つできています。日本鉄道、東京海上保険、そして大阪紡績です。渋沢栄一の『雨夜譚《あまよがたり》』には彼の若いころのことが書いてあります。渋沢は大蔵省に勤めていて、明治六年、井上馨と一緒に辞め、同八年に三井家から第一国立銀行を引き継ぎました。後に、「国立」が取れて第一銀行になりましたが、渋沢はこの銀行の経営を四〇年間ぐらいやりました。ただ、渋沢家は財閥としてはそんなに大きくならなかった。渋沢は人格者であり、公益に非常に熱心な人であって、経済人たちも渋沢栄一の言うことなら聞いていました。渋沢は、この時分、自分が中心になって二つの会社をつくりました。一つが東京海上保険、もう一つが大阪紡績でした。

話は明治五年（一八七二年）に戻りますが、たびたび登場した公家出身の岩倉具視の勧めもあって、元大名の家の出身でイギリスのロンドンに留学中であった蜂須賀茂韶《もちあき》など華族有志が、東京から北へ青森に至る鉄道を動かす会社を華族の資産運用のために作りたいと政府に建言しました。政府はその後の内憂外患のために、なかなか対応できず、明治一四年にようやくそれを認めて日本鉄道会社が設立され、一六年からは政府が、国有地をただで貸してくれたり、建設工事を実施したりして、実質的にはいわゆる半官半民の企業として鉄道建設が進められました。上野、青森間が全通したのは明治二四年（一八九一年）のことです。日本鉄道は、群馬県や栃木県の織物地帯を貫く鉄道も加えました。これらが、日露戦争の後に国有化されて現在のＪＲの東北本線や両毛線に至っています。日本鉄道が設立されたころ明治政府は、重要な路線を官設にしたかったのですけれども、お金がない。そこで、東京から北へ青森に至る鉄道を運行する会社の設立を民間人に認めたのでした。なお、渋沢栄一は、日本鉄道の実現に努力し、同社の成立後には華族ばかりの理事委員の中に、唯一の民間人として選ばれました。

ところで、日本鉄道会社ができるまで足かけ十年の歳月が流れ、その間に鉄道会社の経営に関心を持つ蜂須賀らの華族たちは、明治五年に開通していた東京―横浜間の官有鉄道の払下げを望むようになり、渋沢栄一にその業務を依頼しました。日本鉄道の建設に向けて華族有志がすでに作っていた鉄道組合に対して、明治九年に工部省が鉄道を払い下げることを決めたまさにそのころ、金禄公債発行条例が施行され、鉄道組合の資金繰りは苦しくなりました。同じころ、岩倉具視がリーダーシップを発揮して、第十五国立銀行を創立することになりました。実現はしませんでしたが、当初この銀行は華族の公債を集中する予定であったため、第十五国立銀行の設立も鉄道払下げ計画の実現を妨げました。

結局、鉄道組合は明治一一年（一八七八年）に解散し、組合がすでに政府に払い込んでいたお金も華族たちに返されることになりました。解散時の会議で渋沢は、今後有望なビジネスとして損害保険業を華族たちに強くすすめた結果、今触れた余ったお金をもとに東京海上保険会社（現・東京海上日動火災保険株式会社）が明治一二年に設立されました。この会社ができたことによって、その後設立される日本郵船や大阪商船のような海運企業、そしてそれらに荷物を託した人たちが安心してビジネスに専念できる基礎が作られました。

渋沢は、もう一つ、大阪紡績会社を計画し、自分が中心になって作りました。先ほど述べた十基紡は政府が作らせたのですけれども、小さくて、みんな経営がうまくいかない。イギリスの紡績会社は、この十基紡の二〇〇〇錘に比べはるかに大きいということに気が付き、渋沢はそういう会社を大阪に作ろうと考え、彼の信用でお金を集めました。この場合も先ほど述べた余ったお金をもつ華族や、金持ちを口説いたのです。そして、信用のできる人間に経営を任せなければいけないということになりました。山辺丈夫《やまのべたけお》という人がいて、今の島根県の津和野出身の彼は元殿様の息子にお伴して、ロンドン大学に留学しておりましたが、渋沢はこの人に目をつけ、山辺に、それまで彼が専攻していた保険学をやめて、紡績の技術を勉強してくれと頼みました。山辺はその話に乗って、自分でランカシャーの紡織会社に渡りをつけ、わずか一年弱の短い期間でしたが、現場で職工の仕事をしながら技術をマスターした。そして、プラット社という、紡績機械をつくる会社に機械を注文し、帰ってきました。山辺が中心となって、やがて大阪府の三軒家に工場を作った。この工場の大きさは、二〇〇〇錘ではなく一万錘をちょっと上回る、従来の工場の五倍ぐらいのものでした。しかも、動力は石炭を焚いて蒸気機関でやることにした。そして、明治一六年（一八八三年）に大阪紡績が動き出しました。

山辺も随分苦心したのでしょう。最初から、損をするといけないというので、二四時間工場を動かすことにしました。実際は一時間や二時間は休みがあったのでしょうけれども、徹夜作業をしていました。

ところが、そうなると、どうやって灯りをともすかが問題になってきました。ランプにすると、綿がランプに飛び込んだら危ない。ちょうどこのころアメリカでエジソンが電灯を発明したので、エジソンが発明した電灯の技術を早速使って深夜操業を始めました。これが日本初の自家発電による電灯となりました。ある時、大阪府の知事の奥さんが、夜会をやるので、あの電灯を知事の官舎に貸してくれと言いに来たという話があります。これは断ったのでしょうけれども、貸そうと思ったって貸せるわけはありません。とにかくこの深夜操業が当たって、大阪紡績は最初から黒字経営でどんどん伸びていきました。

これを見た大阪近辺の金持ち、特に綿糸商や織物商などは明治一九年ごろから景気が良くなってきますと黙っていられませんので、みんなでお金を集め、紡績会社を続々と作った。このように、大阪紡の成功が契機になって、平野紡、摂津紡、鐘紡などの紡績会社が関西地方を中心にどんどんでき、日本の紡績業は急速に発展することになります。

やがて、明治三〇年（一八九七年）ごろになりますと、製紙、製糖、ビール、セメント、造船などの近代的製造業も展開するようになります。まずは綿紡績や鉄道といった近代的産業の発展に支えられて明治期の経済は、明治二〇年前後からめざましい発展を示すようになっていきます。

8 憲法制定と帝国議会の開設

一 憲法制定

明治一四年（一八八一年）一〇月に天皇の詔勅が出て、明治二三年の帝国議会開設が公約されました。民権運動をやっていた連中は、来年にも議会をつくれと言わんばかりであったのですけれども、とにかく一〇年後でもそういう約束が出てきたものですから、それで民権運動の方は一応目的を達したことになって、議会開設の要求はいったん落ちつきました。もちろん、その後も、もっと早くしろという上奏や建議があったには違いないのですけれども、明治政府とすれば、一〇年後に議会開設ということで一応、事は終わりました。

そういう中、民権運動をやっていた連中は、国家の基本法である憲法を作れと言ってきました。明治政府の方も、議会を開設するとすれば、それまでには憲法を作らなければいけないという考え方があって、そこで、伊藤博文をヨーロッパに派遣し、彼が憲法の研究をしてくるという話になりました。

伊藤博文と一緒に憲法をつくった者として、伊東巳代治、井上毅、金子堅太郎がおります。伊東巳代治は伊藤と一緒にヨーロッパへ行き、通訳をしたと言われています。それから、法律に詳しい井上は後に大臣をやったり、いろいろなことをします。明治政府にとっては非常に重要な人物です。

伊藤と組んで、明治憲法を書く中心になったのは、この三人でした。

そのころ、私擬憲法草案と言われるものが政治青年たちの手によりあちこちで作られました。憲法を作る場合にはこういうのがよかろうというような、いろいろな提案があったわけです。この私擬憲法の中で古いほうでは、名前も知られていない団体ですが、筑前共愛会の「大日本国憲法大略見込書」があります。

有名なものとしては、交詢社の「私擬憲法案」があります。今でも銀座に交詢社のビルがあって、これは慶應義塾の関係者の社交クラブと見られていますが、当時、そこに慶應の卒業生たちが集まって、案を作ったということです。大隈重信が、来年国会を開けという上奏文を出して、それでとうとう参議を首にされたと先に述べましたが、そのとき、大隈の案の原稿を書いたのは、実は交詢社の矢野文雄という人でした。

立志社は、土佐の自由党関係者の憲法原案を出しました。また、植木枝盛は、立志社の連中の中で一番若く、口八丁手八丁の秀才でした。彼の憲法草案もあります。彼の案は、日本国を連邦にしようというものでした。各県ごとに全部独立国にし、その県が連邦を作るということで日本国を成立させるという案でした。また、彼は、非常に激しい自由民権論者でしたから、彼が作った国憲案は、至るところに勇ましいことが書いてあります。その勇ましいところをいくつか挙げます。

「日本ノ人民ハ自ラ好ンデ之ヲ脱スルカ及自ラ諾スルニ非ザレバ日本人タルコトヲ削ガル、コトナシ」。自分が勝手に日本人であることをやめることは認めるけれども、そうでない限りは日本人であるという権利を持っているということです。「日本人民ハ拷問ヲ加ヘラル、コトナシ」。「日本人民ハ思想ノ自由ヲ有ス」。「日本人民ハ如何ナル宗教ヲ信ズルモ自由ナリ」。「日本人民ハ自由ニ集會スルノ權ヲ有ス」。「日本人民ハ自由ニ結社スルノ權ヲ有ス」。「日本人民ハ法律ノ正序ニ據ラズシテ屋内ヲ探検セラレ器物ヲ開視セラル、コトナシ」。これは建物に勝手に入ってくることは、法律で決めた場合以外は許されないということです。

「日本人民ハ日本國ヲ辞スルコト自由トス」。「日本人ハ凡ソ無法ニ抵抗スルコトヲ得」。法にかなわないものに抵抗する権利があるということです。わざわざそれを書くところが植木らしい。「日本人民ハ諸財産ヲ自由ニスルノ權アリ」。「日本人民ハ何等ノ罪アリト雖ドモ其私有ヲ沒収セラル、コトナシ」。また、一番すごいところは、「政府國憲ニ違背スルトキハ日本人民ハ之ニ従ハザルコトヲ得」、つまり、政府が憲法違反をやったならば、これに従わないことができるというくだりです。「政府官吏壓制ヲ爲ストキハ日本人民ハ之ヲ排斥スルヲ得」。政府が圧政をなすときはこれを排斥することができる。「政府威力ヲ以テ擅恣暴虐ヲ逞フスルトキハ日本人民ハ兵器ヲ以テ之ニ抗スルコトヲ得」。これは抵抗権というのでしょうか、兵器を持って政府に反抗することを認めるということです。

植木という人は、このように勇ましい自由民権論者であり、こういうものを作ったのです。現在でも、当時の民権運動を評価する人たちは、それらを発掘し研究しています。

今挙げた植木枝盛の憲法案はフランス型の民約憲法です。民約憲法というのは、国民が集まり議会を開いて、憲法を国民だけで決めてしまおうというものです。

それに対し、イギリス型の国約憲法、議院内閣制を考えたのは、慶應系の交詢社、大隈重信が作った立憲改進党です。議院内閣制では、現在の日本国憲法がまさにそうですけれども、総理大臣は国会議員でなければいけませんし、内閣の閣員も大部分は議員でなければいけない。そうでない人が入ってもいいのですけれども、それは例外である。

これに対し、当時の政府が考えていたのは立憲帝政であり、それによる憲法案を作ろうということになっていました。あらゆる政治の権力は天皇の下に集中される。憲法は、あらかじめ国民に示して、その議論を経て決めるというのではなく、天皇が作り、これを国民に下賜するという形でした。欽定憲法と言われるものです。

伊藤はヨーロッパに行き、憲法の研究をするのですが、フランス型あるいはイギリス型は、最初から明治政府のお気に召さない。当然のことながら立憲帝政で、しかも欽定憲法でなければいけない。そういう憲法を持っている国は、ドイツとオーストリアで、伊藤が勉強に行ったのも、それら二ヵ国でした。当時、オーストリアにシュタインという大変有名な国法学の先生がいて、その人と並び称せられたのがグナイストでした。伊藤はこの二人の講義を聴き、グナイストの弟子のモッセが、さらに詳しいことをいろいろと伊藤に教えてくれました。ドイツ系の憲法を作ることを、伊藤は日本を発つ前から決めていました。岩倉具視は、当時まだ右大臣でしたが、立憲帝政でなければいけないと強く言っており、伊藤もそのつもりになっていました。

そういう立憲帝政の憲法について当時の日本で一番よく勉強していたのは、井上毅でした。井上はその時分から憲法草案のようなものを作って、参考のために、ということで伊藤などに見せていました。

このころは伊藤博文だけではなく、例えば伏見宮貞愛《さだなる》親王というような皇族などもヨーロッパに出かけ、みんなそれぞれに大学者の講義を聞き、憲法の勉強をしていました。そういう中、伏見宮がグナイストの講義を聞きました。そのとき、多分、宮様のお付きの人がノートを作ったのでしょうけれども、それが民間に漏れて講義内容が秘密出版され、政治好きの人たちの間に回っていったというような話もあります。それには『西哲夢物語』という題が付いていたという話で、どんな憲法ができるのだろうかとみんなが注目していたのです。

そういう中、伊藤博文は日本に帰ってきますと、いろいろな用事で大変忙しかったのですが、憲法の仕事は、井上、伊東、金子というような人たちを助手にして着々と始められました。金沢八景の夏島に伊藤の別荘があって、明治一九年、伊藤以下四人が集まり、密かに原稿を作ったとされており、これは「夏島の原案」と言われています。

こうした原案は、もちろん秘密に作るのですけれども、実は明治憲法に比べさらに保守的な原案が最初作られ、後になって多少変化が起こったと言われています。この時、日本にドイツの法律家、ロエスレルとモッセがいましたが、この二人は井上毅をはじめこのグループと組んで憲法の原案を作るのに随分尽力しました。明治憲法はそうしてだんだん準備されていったわけで、そのころ、憲法を作る手続が問題になりました。伊藤以下のグループの原案は、原案のまた原案ということになっていました。

明治憲法の「第四章　国務大臣及枢密顧問」に、「第五六条　枢密顧問ハ枢密院官制ノ定ムル所ニ依リ天皇ノ諮詢ニ応ヘ重要ノ国務ヲ審議ス」とあります。つまり、枢密院とは憲法の中で後に規定されたのであって、憲法ができる前にすでに枢密院自体は作られていました。この時集められた人たちは、維新以来、政府にあって、重要な役割を果たした人たちでした。薩摩や長州の昔からの代表者などが主でしたが、政府から放り出された大隈重信も枢密院の顧問官になりました。それから、当時は伊藤内閣でしたから、伊藤内閣の大臣も全部、枢密顧問官の資格でこの会議に出ていました。

明治二一年（一八八八年）の夏前ぐらいから審議が始まって、伊藤博文が枢密院議長という資格でこの会議を取り仕切りました。当時、総理大臣は薩摩の黒田清隆に代っていて、伊藤はもっぱら憲法の制定、枢密院議長という地位で憲法を作る仕事に尽力しました。当時、憲法原案については繰り返し検討がなされていたようで、枢密院で一通り議論され、その後、もう一遍、伊藤博文以下の四人が集まっていろいろと細かい所を手直しをし、さらに明治二一年年末ぐらいに、枢密院の会議で、もう一遍全部見直すということをやりました。憲法発布の実に半月前ぐらいまで手直しをしていたということです。

結局、憲法が発布されたのは、明治二二年二月一一日です。現在では建国記念日になっていますが、その昔は紀元節と言って、神武天皇が即位の式を挙げたのがこの日であったということでした。

稲田正次という学者がいて、三〇年をかけて『明治憲法成立史　上・下』（上巻・一九六〇年、下巻・一九六二年、有斐閣）という大きな本を書きました。これは非常によくまとまった立派な研究であると思います。それを読んでみますと、そういう細かい会議の経過がほとんど全部載っています。その当時の枢密院でどんな議論が出たかというような速記録も現在では公開されています。

明治憲法の中ではどういう所が問題だったのでしょうか。最初に「告文」があります。これは天皇が、天皇のご先祖、皇祖皇宗に、こういう憲法を作りましたと告げる文章です。次が「憲法発布勅語」です。国民に対する憲法発布についてのお言葉ということになります。

「第一章　天皇」では「第一条　大日本帝国ハ万世一系ノ天皇之ヲ統治ス」。外国人の顧問たちは、万世一系という言葉に引っ掛かって、万世一系などということはあり得ない、神武天皇の子孫であるぐらいにしておいたらどうだと言ったらしいのですが、やはり万世一系でなければいけないというようなことで、これは動かない言葉となりました。

「第二条　皇位ハ皇室典範ノ定ムル所ニ依リ皇男子孫之ヲ継承ス」。この文章は、一見何でもないようですけれども、皇男子孫の「男」という字は後で入りました。その前に女帝の可能性とかいろいろな議論があったと思います。

「第三条　天皇ハ神聖ニシテ侵スヘカラス」。これはどういうことかというと、法律の専門家たちによりますと、天皇は法律的な裁判にはかけられないというだけのことらしい。

「第四条　天皇ハ国ノ元首ニシテ統治権ヲ総攬シ此ノ憲法ノ条規ニ依リ之ヲ行フ」。この第四条が、立憲帝政を謳っています。天皇は何をしてもいいのではなく、「此ノ憲法ノ条規ニ依リ之ヲ行フ」と書いてあるのですから、明治憲法が天皇のやっていいことに枠をはめているわけです。

「第四章　国務大臣及枢密顧問」では「第五五条　国務各大臣ハ天皇ヲ輔弼シ其ノ責ニ任ス」。これが内閣の大臣というものの役割で、天皇を補佐するということでしょうけれども、同時に「其ノ責ニ任ス」とあります。こういうふうになさいまし、と大臣が天皇に申し上げた場合、それは大臣の責任である。何かの政策を採った時、責任は大臣にあり、天皇の責任ではないと言っています。「凡テ法律勅令其ノ他国務ニ関ル詔勅ハ国務大臣ノ副署ヲ要ス」。法律や勅令を出す時は、天皇がご自分でサインをなさるだけではいけない。大臣が、それにつけ加えて署名しなければいけない。責任は、この大臣にあります、ということになる。天皇は統治権があるのですが、その統治権は、大臣の補佐によって行うのであって、天皇は自分で責任を取らないということです。こういうふうにしておかないと、万世一系はとても難しい。何があっても天皇の責任ではないということにしておかないといけないのだろうと思います。

太平洋戦争が終わった時、戦争の責任が昭和天皇にあるかないかが議論になりましたけれども、明治憲法の建前からいって責任はないということになります。実際には宣戦の詔勅などは天皇のサインが付いて出ているわけですから、責任がないとは普通では言いにくいのですが、この憲法の建前でしたら、そういうことになります。内閣が、戦争をしましょう、と言ってきたら、天皇はノーとは言えないということで、開戦の時も昭和天皇には責任がない、となるわけです。

もとに戻って「第五条　天皇ハ帝国議会ノ協賛ヲ以テ立法権ヲ行フ」。「第六条　天皇ハ法律ヲ裁可シ其ノ公布及執行ヲ命ス」。帝国議会で法律が通ると、それを天皇のところに持っていき、裁可するのです。よろしい、ということで、実際にその公布及び執行を行わせる。

「第七条　天皇ハ帝国議会ヲ召集シ其ノ開会閉会停会及衆議院ノ解散ヲ命ス」。天皇の権力は巨大なもので、帝国議会の召集、開会、閉会、停会、及び衆議院の解散が全部天皇の権限です。

「第八条　天皇ハ公共ノ安全ヲ保持シ又ハ其ノ災厄ヲ避クル為緊急ノ必要ニ由リ帝国議会閉会ノ場合ニ於テ法律ニ代ルヘキ勅令ヲ発ス」。これは緊急勅令と言って、帝国議会が閉会している時、重要な問題が起こったら、法律に代わる命令を出してもいいということです。ただし、こういう勅令は、帝国議会に後で出して、そこで否決されたら、消滅するということが書いてあります。そういう意味で、帝国議会の権限はあるわけです。

「第九条　天皇ハ法律ヲ執行スル為ニ又ハ公共ノ安寧秩序ヲ保持シ及臣民ノ幸福ヲ増進スル為ニ必要ナル命令ヲ発シ又ハ発セシム。但シ命令ヲ以テ法律ヲ変更スルコトヲ得ス」。天皇は、法律より格が低い命令というものを発することができるというわけです。これは天皇の権限であり、勅令と言われるものです。現在の政府の政令に当たります。

「第一〇条　天皇ハ行政各部ノ官制及文武官ノ俸給ヲ定メ及文武官ヲ任免ス但シ此ノ憲法又ハ他ノ法律ニ特例ヲ掲ケタルモノハ各々其ノ条項ニ依ル」。

「第一一条　天皇ハ陸海軍ヲ統帥ス」。統帥とは、軍隊を指揮命令することであり、主に作戦関係です。

「第一二条　天皇ハ陸海軍ノ編制及常備兵額ヲ定ム」。軍隊のことを第一一条と第一二条と二つに書き分けてあり、統帥について述べているのは第一一条の方であり、軍隊の大きさ、兵隊の数、軍艦の数などを決めるのは第一二条の方です。この辺が後になって大騒ぎが起こる所、つまり、第一一条は陸海軍の統帥権で、これは内閣の関係ではない、ただし、一二条の軍の編制及常備兵額は内閣の仕事だ、というように書き分けられていました。

「第一三条　天皇ハ戦ヲ宣シ和ヲ講シ及諸般ノ条約ヲ締結ス」。戦争をやったり講和をしたり、条約を結んだりするのは天皇の権限であるということです。

このように、天皇の権力は巨大であって、天皇の名前で国のあらゆることが行われると書かれています。

「第二章　臣民権利義務」とありますが、ここの所はかなりよく調べていて、外国で一般国民に認められているいろいろな権利が全部認められています。一方では、義務として、第二〇条が兵役の義務、第二一条が納税の義務があり、第二二条が居住及び移転の自由と続きます。「第二三条　日本臣民ハ法律ニ依ルニ非スシテ逮捕監禁審問処罰ヲ受クルコトナシ」。「第二四条　日本臣民ハ法律ニ定メタル裁判官ノ裁判ヲ受クルノ権ヲ奪ハル、コトナシ」。

そのほか、信書の秘密、所有権の確認、信教の自由、言論・著作・集会・結社の自由など、外国で認められている国民の権利を明治憲法はちゃんと認めていると言っていい。

もっとも、第三一条にはただし書きがあります。「第三一条　本章ニ掲ケタル条規ハ戦時又ハ国家事変ノ場合ニ於テ天皇大権ノ施行ヲ妨クルコトナシ」。これは非常大権と言われる権限でして、何か大事件が起こった場合には、以上に書いてある臣民の権利というものは否定されることもあると謳われています。ただし、結局、この第三一条の非常大権は、太平洋戦争の時といえども一遍も発動されたことはありませんでした。

「第三章　帝国議会」。ここでは、貴族院と衆議院という二つの院で国会を作り、衆議院は国民の選挙によって選ばれた議員から成ることが定められています。初期の帝国議会の選挙については結局、具体的には選挙法という法律ができて、これによって選挙が行われたのですが、直接国税一五円以上を納める者でないと選挙権がないということになっていました。当時の一五円は相当な金額で、それだけ税金を納める人はめったにない。したがって、選挙権のある人は大変少なく、一つの選挙区で何百人という単位に過ぎなかったようです。地方の相当の名士とか財産家とかでない限り選挙権はありませんでした。

その後の選挙の歴史は、選挙権をだんだん拡張していく方向になります。まず直接国税一五円以上を三三年に一〇円以上に緩め、大正八年（一九一九年）には国税三円以上という所まで下がりました。そして、大正一四年の選挙法改正で、国税を幾ら納めるというような条件を外し、二五歳以上の男子であれば、みんなが選挙権を持つ普通選挙となっていったのです。

貴族院については第三四条に「皇族華族及勅任セラレタル議員ヲ以テ組織ス」とあります。皇族は、成年に達しますと全部貴族院議員になりますけれども、これは一切政治には関わらない。次に華族ですが、日本の華族には五階級があります。公爵・侯爵・伯爵・子爵・男爵であって、当然のことながら上の方は数が少ない、下の方へ来ると数が多くなる。最初は伯爵クラスだった伊藤博文は公爵、大隈重信は侯爵にまでなりました。子爵と男爵は明治時代には随分乱発されて、いろいろな人が子爵または男爵級の爵位を持っていたようです。伯爵・子爵・男爵は、全員が貴族院議員になれるわけではなく、伯爵ならば伯爵同士で選挙し、一定の人数を議員にする。そうなると、みんな議員になりたいものですから、同じ爵位の中でいろいろと選挙運動をして一定の数を決めていった。

もう一つに勅選議員があって、これにはさらに二種類がありました。一つは以前お役人であって功績があった人、もう一つは多額納税者でした。地方の各県で税金をたくさん納めている人間を一定の数だけ集め、その中から多額納税議員を選ぶ。これも勅選議員ということになっていましたが、実際には多額納税議員は多額納税者の互選で選ぶ。勅選議員は政府が任命することになっていたようです。

なお、帝国議会は、議員の三分の一以上の出席がなければ、議事を開いて議決することができませんでした。

そのほか重要なのは、次の条文です。「第三八条　両議院ハ政府ノ提出スル法律案ヲ議決シ及各々法律案ヲ提出スルコトヲ得」。これは当たり前のことのようですけれども、実は伊藤博文の作った原案には最後まで「政府の提出する議案を議決することができる」としか書いていなかったので、議案を提出する権利はぎりぎりまで認められていませんでした。これが枢密院の最後のころの会議で、国民でも政府に何か建議することは可能である、ところが、議会の方で建議だけしかできず、法律案を提案できないのはおかしいということになり、やっと法律案を議会の方から提案することが認められた憲法になりました。

次に、「第六章　会計」です。毎年、政府は予算を提出しなければならない。その予算は、国会の議決を経ないとこれを行うことができないとなっています。「第六四条　国家ノ歳出歳入ハ毎年予算ヲ以テ帝国議会ノ協賛ヲ経ヘシ」。「第六五条　予算ハ前ニ衆議院ニ提出スヘシ」。衆議院、貴族院と二つがあるが、先に衆議院に提出しなければいけないということで、ここだけが衆議院を重く見ています。予算については、明治憲法は予防線を張っておりました。前もって決まっている支出は、議会で政府の同意がなければ削ってはいけないという第六七条です。

一番問題なのが第七一条です。「第七一条　帝国議会ニ於テ予算ヲ議定セス又ハ予算成立ニ至ラサルトキハ政府ハ前年度ノ予算ヲ施行スヘシ」。これは政府と議会が対立して予算が通らない時に、お金がなくては困るから、政府は必ず前年度の予算をそのまま実行していいということを決めておき、政府が何とかやっていけるようにするというものです。これは今の日本国憲法にはありません。

明治憲法とは一言で言いますと、臣民の権利義務とか、帝国議会に法律案の提出の権利を認めたとか、国民に随分気を遣って作られた憲法で、その一方、政府があまり困らないよう、あちこちに配慮してあります。だから、太平洋戦争が終わった時、当時の憲法学者の美濃部達吉は、新憲法は作る必要はない、明治憲法をうまく運用すれば、それで十分民主的な社会ができると言ったことがあります。明治憲法の持っている民主的な性格を考えて、そう言ったわけです。もちろん戦争に負けた時には明治憲法は悪い憲法だということになっていましたから、そんな議論は問題にならなくて、結局、現在の憲法が作られることになったのです。それから第七三条に、憲法改正の発議は勅命によると書いてあります。つまり、国民の方から、この憲法を改正しようと言い出してはいけないとなっていました。こういう所が明治憲法の古臭い点だということになるのでしょうか。

憲法発布が行われたのは明治二二年（一八八九年）二月一一日でした。このことは前もって知らされていて、宮中で儀式が行われ、その日の昼間のうちにこの憲法の文章が発表されました。新聞その他にそれが掲載されて、大変なお祭り騒ぎが行われたという話です。ただし、当時の日本人のことですから、憲法と言っても何だかわかりませんので、「絹の法被《はっぴ》を賜る」という話があったようです。

中江兆民は、最も先鋭な自由主義者でありましたから、憲法の条文を一読して、「ふん」と言ったきり何にも言わなかった。後に、いよいよ議会が開かれ、兆民は初めに衆議院議員に選ばれましたが、そのとき彼が主張したのは、憲法を点検しようということでした。議会において、憲法の一条一条について議論をしよう、場合によったら将来修正を、ということであったのでしょう。とにかく欽定憲法ですから、そんなことはできるわけがない。したがって、結局、兆民は、そう言っただけで終わりましたけれども、彼にとってはこの憲法は随分おもしろくない憲法であったのでしょう。

二　明治二〇年（一八八七年）――政党勢力の再興

明治二〇年、あと二、三年で議会がいよいよ開設される、その前に憲法が発布されるところで、自由党を初めとする昔の民権運動の連中が元気になってきました。そういう中、二〇年五月に板垣退助は次のように演説しました。友達には三つある。竹馬の友とは子供の時からの親しい友達、同想の友とは、前々から政治関係で一緒に仕事をしてきた友達である。しかし、世の中には異想の友というのもある。これまで全く関係なかったが、物の考え方においてお互いに一致している友達である。世の中で一番大切なのは、この異想の友である。こういう演説をしまして、政治活動に乗り出そうという姿勢を示した。ただし、板垣は、大阪まで出てこの演説をやったのですが、また高知県に帰ってしまいました。

ところが、明治一七年に華族令が出されて、公侯伯子男の爵位が制定されました。明治二年の版籍奉還の後にすでに華族だった皇族と昔の公家、それから大名たちだけではなく維新の時に功績があった者にも爵位を賜ることになり、たとえば三条実美は昔からの公家ですから公爵になりました。他方、伊藤博文、井上馨、黒田清隆とかいうような、ただの侍だった連中でも維新の時の功労に対して、華族令が出されてすぐあとで一番偉い者には伯爵を賜りました。そのほか、功績に応じて、子爵、男爵ということになりました。

板垣は、維新の時に働いたこともありますし、伊藤や井上に比べれば、板垣の方が維新の初めには格はずっと上だったわけですから、当然、伯爵ということになり、明治二〇年（一八八七年）に大隈重信、後藤象二郎が伯爵をもらうと同時に板垣にも伯爵を賜ることになりました。しかし、板垣は、この時大分困ったと思います。つまり、板垣は、自由党を率いて民権運動をやっているのですから、伯爵になるのは具合が悪い。二度、手紙でもって辞退したが、三度目に、どうしても受けろという天皇の命令があって、板垣は、結局、伯爵になりました。このとき、板垣を伯爵にするとあまり暴れられないだろうという考えもあったのではないかと思います。

そういう中、第Ⅱ部第4章でお話ししましたように、政府は条約改正問題で失敗しました。そのころ民権運動が再びどんどん盛り上がっていきますが、その時、民権運動のリーダー格になったのが、土佐の後藤象二郎でした。

後藤象二郎は大変な陰謀家だったようですが、後で大臣になって、ころっと変わります。板垣に比べれば融通が利き過ぎる人であったと言っていいのかもしれません。しかし、板垣が高知県に引っ込んでいるものですから、彼が中心になり、自由党の昔のメンバーと改進党のメンバーを集めて、宴会を開き、一緒になって政治運動をやろうじゃないかということで、大同団結運動を始めました。この時に後藤は両方の政党の主立った人に手紙を出し、宴会をやるといって招いた。

後藤は、続いて全国を演説して歩くことになり、そのうち、もとの自由党の連中が三大事件建白運動をやり始めました。三大事件の第一は減税、地租軽減です。当時は物価が安くなっており、農村では土地にかかる税金の金額が一定ですから、物価が安くなると税金が重くなるわけです。ですから、減税といえば農村ではみんな賛成する。二つ目は、言論集会の自由です。当時は、演説会などをやると、警官が入ってきて、聞いているのです。不穏な政府攻撃になるようなことを言うと、「中止」と言って演説会を中止させてしまう。ひどいのになると、演説の内容が政府を侮辱したとか、官吏を侮辱したとかいうことにされて、捕まって留置される。もっとひどいと、裁判にかけられて有罪判決を受けるというようなことがしばしばあったようです。実際、自由党のリーダーであった星亨でも、新潟県に来て演説会をやって、大したことをしゃべってもいないのに、「中止」を食らって、その後、警察署と争った結果、とうとう禁固の刑を受けて、しばらくの間牢屋に入りました。そんなことが現にあるわけですから、言論集会の自由は、当時とすればかなり重要な要求でした。三大事件の三つ目が、条約改正の問題で、不平等条約の改正です。

また、建白とは、太政官に自分たちの要求内容を書いた手紙を持って行って、こういうふうにしてほしい、と建白書を出す。自由党の連中は、こういうのをみんなの相談の上でやりました。太政官の前にどっと並んで、みんな一人一人、建白書を持って政府に出す。これを読んで、何とか返事をしてくれというようなことを言うのです。これもデモンストレーションの一種だったのでしょう。

こうして、民権運動がどんどん盛り上がっていったのですが、そういう中で保安条例というものが出て、結局、名指しで三〇〇名ぐらいの者が、東京から三里より遠くまで移れという命令を受けました。この時、外務大臣が山県有朋、警視総監が三島通庸でした。この三島の案ですと、福沢諭吉まで帝都の外三里以外に追っ払ってしまえという話だったようですが、さすがにそこまではいきませんでした。

憲法が発布されたのが明治二二年（一八八九年）二月ですけれども、当時の黒田清隆総理大臣は、地方の県知事を集めて有名な超然演説を行いました。今回、憲法が発布されるが、政府は決して政党のような運動をしないで、政党の外に超然として立ち、不偏不党でもって政治をやらなくてはいけないと知事たちに告げました。それが当時の藩閥政府の姿勢でした。自分たちは正しい道を歩んでいるということが当時の藩閥政府の考え方ですから、その正しい道を歩むについては、政党活動等とは一切離れて、超然としていなくてはいけないと言ったのです。

三　第一回総選挙

そして、いよいよ第一回総選挙となります。明治二〇年代初めにはいろいろな法律が発布されて、府県制度とか民法典とかが相次いでできました。

選挙の仕方は、先ほど述べたように、国税一五円以上を納める二五歳以上の男子でなければ選挙権はないとなっていました。それから、知事は内務省で勝手に選ぶ。ただし、一定の税金を納める者の中から府県会議員を選び、府県会というものを開く。こうして日本は急激に法治国家の格好をつけていきました。

そこに第一回総選挙が行われます。ところが、選挙をやってみると、衆議院の定数は三〇〇名でしたが、政府に賛成する者は一〇〇名程度で、反政府グループ、すなわち自由党系と改進党系が圧倒的に多いという結果になってしまいました。この体制は、日清戦争まで四年ぐらい変わらない。そうすると、議会が開かれると、議会の方は政府の出してくる予算案を必ず削ってしまう。特に当時は軍備拡張が問題になっていましたが、軍事予算をどんどん削ってしまいました。これは、海軍を拡張する必要は我々も認めるけれども、今の政府は信用が置けないから、軍備拡張をやらせるわけにはいかないというような理屈でした。政府と議会はぶつかり合い、大もめが続いていくことになります。

9　初期議会

一　第一、第二議会

第四議会、第五議会ぐらいまでは、衆議院の中心は自由党あるいは改進党という自由民権論のグループが中心になっていました。彼らは明治政府にそれまでさんざん攻撃をかけて、そのたびに痛い目に遭い、いろいろな人が捕まって牢屋に入れられたりするような経験をしてきている。そして、やっと議会が開けたというので、藩閥政府を攻撃して倒そうという姿勢が非常に強かったのです。藩閥政府の方も、もちろんこれにやられるわけにはいきませんから、正面衝突ないしそれに近いことが繰り返されていました。

ただし、日清戦争で国を挙げて戦争をやることになったのをきっかけに、野党の方も、いつまでもこうやって藩閥政府と対立しているだけでは何もできないということがだんだんわかってきました。強硬な野党と藩閥政府との間に話し合いができていきます。簡単にいえば日清戦争から後は、政党勢力と藩閥勢力の妥協の時代が始まっていくわけです。

明治二三年（一八九〇年）末に開かれた第一議会では、総選挙の結果、従来の自由民権グループの勢力が大きくなり、政府を支えようとする与党の勢力は小さく、総理大臣は山県有朋に代わっていました。この山県内閣が議会を開く前、以前に自由党だったいろいろなグループが小さい政党をあちこちに作っていましたが、それらが一緒になって立憲自由党という政党ができた。党首はもちろん板垣退助になりました。一方、大隈重信を中心にする立憲改進党もある。そのほかに、これらの党に属さないけれども、民権運動をやっていた連中がいました。こうした政党勢力が山県内閣と対立する議会が開かれたわけです。

この第一議会が開かれる直前の明治二三年一〇月末、教育勅語が明治天皇から下された。明治天皇という方は、思想の上ではかなり保守的といいますか、儒教の教えを非常に強くお考えになる方で、民権運動をはじめとするヨーロッパ的な自由主義はお気に召さない。学校教育でも、ちゃんと儒教に基づいてやらなければいけないと考えておられたのです。それで、元田永孚という天皇の侍講の意見も聞かれて、教育というものはちゃんと昔からの筋を通してやれということになりました。山県内閣が成立した時、芳川顕正が文部大臣になりました。彼は元内務官僚でしたが、彼が明治天皇の前に出ました時、特に道徳教育をしっかりやれというお言葉が明治天皇からあって、これは大変なことになった、その問題をまずやらなければいけない、ということになり、そして結局、明治憲法を書いた井上毅あたりの意見を取り入れ、教育勅語の原案を作りました。

教育勅語を私は小学校から中学校まで、何かあるたびに聞かされていました。「朕惟ふに、我が皇祖皇宗国を肇むること宏遠に……」から始まって、「斯の道は実に我が皇祖皇宗の遺訓にして、子孫臣民の倶《とも》に遵守すべき所、これを古今に通じて謬らず、これを中外に施して悖らず……」と続くわけですが、子孫とは天皇の子孫であり、臣民は一般国民です。これが天皇の名前で発布される。文部省は、これをすぐにリプリントして、各種の学校に配る。式典の際にはそれを必ず朗読しろと申しつけたのです。それ以後太平洋戦争が終わるまで、この勅語が至るところで読まれるということになりました。

明治初年には、教育とはヨーロッパ式で自由主義の教育をやることでしたし、その後も教科書はかなり自由で、いろいろなものが使われたのですが、結局この時代以後は教育勅語に基づいた教育が行われるようになりました。

すでに明治一五年（一八八二年）には有名な軍人勅諭が、明治天皇の名前で軍隊に対して下賜されています。これを軍隊教育の基礎とすることが決められ、明治の初めの自由な空気がだんだん薄れていって、この辺から教育などの面でかなり画一的な統一が行われるようになっていきました。そういう明治天皇の考えを受け継いで、これを維持する立場に立ったのが、山県有朋に代表されるような保守的な政治家のグループであったと言っていいと思います。

ただし、全部一遍にそうなったわけではなく、自由主義というような思想はこの後も強くなっていきます。小学校では道徳についてかなりやかましく言われるのですが、中学あるいは高校では教育の内容もそれとは随分変わっていき、自由な教育が明治の終わり、大正期と展開されていったらしい。しかし、明治国家の体質というものがこの時代に決まっていったとは言えるでしょう。

さて、第一議会で一番問題になったのは軍事費の予算でした。明治一五年（一八八二年）、壬午の変が朝鮮で起こったわけですけれども、それ以来、清国との間でいろいろな摩擦が起こるようになりました。そこで、政府は、陸海軍、特に海軍の増強を企て、その予算の請求をするようになりました。ところが、明治憲法では、予算は帝国議会が承認しなければいけないとなっていますから、議会がこの予算を削りにかかるのです。軍事費を削ることが当時の議会の最大の焦点でした。

議会側の論法はこういうものでした。軍事費の増強の必要は認めるけれども、現在の藩閥政府にやらせておくわけにはいかない、我々が政権を取ったら軍備拡張をやるが、今の政府には任せられない、だから、軍事費を思い切って削る。そこで、正面衝突が起こるわけです。

現在は自民党が多数を占めている国会ですから、予算が削られたことはほとんどありません。予算は、国会に提出される前に、自民党と政府との間で話し合いがついていて、出てきた予算は、いろいろ議論はあるにしても、政府が出した通りの案がそのまま通る。これが慣行になっています。

ところが、この時分は野党の方が政府勢力よりも大きいのですから、予算を削るわけです。政府として、削られることに耐えられなければ、自分たちが総辞職をして新政府を選ぶか、それとも議会を解散して新しい衆議院議員を選ぶかのいずれかになる。ところが、地方の政治については、自由党なり改進党なりの地盤というものがこの時分にはもうできていました。特に、選挙をする人は税金をたくさん納めていますから、ある一つの選挙区で選挙権を持っているのは数百人程度なので、あの人は何党、この人は何党だとわかっているのです。だから、選挙をやれば、自由党が通るのか、改進党が通るのか、そういうことはすでにわかっていて、解散してみても、実はあまり大した変化は起こりませんでした。

そこでいろいろな裏工作が行われ、第一議会の際には、自由党の土佐の出身者が二九名、自由党から脱党して、彼らが政府予算に賛成することになりました。この時、政府は、出した予算の一部を削った修正案を作っていましたが、その修正案と、もっと削ろうという野党の案とが対立していました。そこに二九名が寝返りを打ったのですから、それで政府の修正案が通って第一議会は終わりを告げたといういきさつになりました。この時分から、政府と議会の間には、表で堂々と演説をやって議論をするほかに、裏の方でいろいろと闇取引が行われるという関係がすでに成立していました。

山県内閣は、その後潰れて、明治二四年（一八九一年）五月、薩摩出身の松方正義が総理大臣になりました。松方は財政のベテランですが、政治家としてはいろいろと気を遣ったようです。伊藤博文や山県有朋ほど自由にはいかないという事情があって、松方内閣の時分には、明治天皇のおっしゃることを何でもお伺いして、細かいことまで全部天皇にお伺いを立ててから政治をやることが多かったようです。

明治憲法の原則では、天皇は責任を取らず、あらゆることの責任は大臣が取るということでしたが、松方の時分には、全部天皇のところへお伺いを立ててから政治をやるというようなことであって、天皇がご自分で表に出て、とかく意見を述べられるというようなことになっていました。

この松方内閣のとき、降ってわいたような事件が起こりました。それが大津事件と言われるものです。ロシアのニコライ皇太子がシベリアの方に来られて、それから日本を回って帰られることになりました。皇太子が神戸に上陸し、それから京都あたりを見物し、琵琶湖の方の大津まで行った時、警備をしていた巡査、津田三蔵がいきなりサーベルを抜いて、皇太子に斬りつけた。皇太子は大怪我をし、馬車から落ちました。その時はもちろん、周りの者が津田に飛びかかり取り押さえて、その場は済んだわけですけれども、ロシアの皇太子にこういうことをしたとなると、当然、ロシアに何と言って謝るかという問題が起こりました。このとき、皇太子は旅行を中止し、神戸に停泊していたロシアの軍艦に乗って帰られました。

これは当時とすれば大事件で、ロシアと戦争をするようなことにでもなったら一大事である。明治天皇は、みずから大変心配されて、列車に乗って神戸まで行き、軍艦を訪ねて慰問をされるというようなことにまでなりました。怪我は命にかかわるようなことではなかったのですけれども、大騒ぎになりました。

一番問題になったのは、津田三蔵という犯人をどう処分するかということでした。当時、伊藤博文、山県有朋、西郷従道といった人たちが全部集まり相談をしました。この時、日本の刑法の上では、皇族に対してそういう傷害を行ったような者は死刑あるいは無期懲役でした。ところが、ロシアの皇太子は日本の皇族ではありませんから、これは一般の人間に対する罪を科するより仕方がない。そうすると、当然のことながら、殺していませんから、一番重くても無期懲役か、それより下の刑ということになります。その時、議論が沸騰しました。ロシアを怒らせてしまって、もし戦争にでもなったら日本の国は滅びるかもしれない。それならば、法律を曲げてでも津田三蔵を死刑にすべきだというのが当時の元老たちの意見でした。これに対して、大審院の院長であった児島惟謙《いけん》が、法律は曲げられない、当然のことなから死刑というわけにはいかない、無期懲役だ、と言ったのです。これが大津事件と言われるものです。

元老たちの言い分に対して、大審院は言うことを聞きませんでした。普通の傷害事件のようなものであれば、現在で言う地方裁判所、あるいは高等裁判所、さらに最高裁と行くわけです。ですから、このときも、本当は一番下の裁判所で裁判にかけるべきものを、大審院という、今で言う最高裁にいきなりかけたということになったので、本来、裁判所の管轄からいってもおかしかったのです。大審院にかけて、皇族に対する罪ということにして津田を死刑にしてしまおうという計略だったのですが、大審院は断固として、これは日本の皇族について規定されているのであって、外国の皇族は一般の普通の人間と同じだと主張し、とうとう死刑にすることなく終わりました。

この大津事件は、日本の司法の歴史の上で非常に重い事件として記憶されています。明治憲法ができ、その中で三権分立が言われました。法律を作るのは議会、行政を司るのは政府、司法権をあずかるのが裁判所であるということですが、日本の場合、とかく司法権というものは、それまで行政権と一緒に考えられていたようなところがあって、はっきりしていませんでした。しかし、このとき、大審院は、法律の正しい解釈を示し、政治的にこの事件を解決しようとした政府の意向を通さなかった。これは非常に重要なことでした。

これから、司法権が独立した権力であることが日本においても認められるようになっていきます。それは、政治的に裁判が動くようになってはいけないということにもなるわけです。

ともあれ大津事件をきっかけとして、三権分立が日本でもだんだん確立していきました。なお、児島大審院長は司法権を守り通したわけですけれども、この後、政府に睨まれ、しっぺ返しを食って大審院長を辞めさせられました。大審院の裁判官がみんなで集まって花札をやっていたということを種にして裁判官連中が辞めさせられたのです。児島は、それから後は大きな仕事では名前はあまり出てきません。

明治二四年（一八九一年）年末から第二議会が開かれました。第一議会の時に政府を攻撃した、いわゆる民党は、少しも勢力を衰えさせることなく、藩閥政府にますます強く当たり、相変わらず藩閥の予算の削減を図ることになりました。

この時、薩摩の出身で樺山資紀《かばやますけのり》という海軍大臣がいました。大変な薩摩隼人、一徹な男でして、議会で盛んに攻撃を受けるものですから、かんかんに怒って、テーブルを叩いて大演説をぶった。諸君は薩長政府とか何とか言うけれども、明治維新以後の日本を作ったのは一体誰だ、全部、薩長藩閥の我々である、君らがそんなことを言ったって、藩閥の力なくして現代の日本があるかどうか考えてみろ、と言わんばかりのものでした。これでまた国会が大もめになってしまいました。これが有名な蛮勇演説と言われるものです。当時の政府も、維新の時に血の雨をくぐってきたような連中ですから、気も荒かったのだろうと思います。

議会の方はまた予算の大削減をやりました。この予算削減に関係して明治二四年一二月に、第二議会で最初の解散が行われました。その時の内務大臣が品川弥二郎という、長州の人でした。

この時分の内閣は、薩摩と長州の人間が半分ずつ入っていました。総理大臣も、一番最初が伊藤で、次が黒田、その次が山県、今度は松方ですから、長州が二人、薩摩が二人というように総理大臣も交代でバランスがとれているし、内閣の大臣の数もバランスがとれている。そのように薩長中心の政府でした。

さて、品川は長州出身の人物でしたが、内務大臣として、民権派を落としてしまわなければいけないと考えました。内務大臣は警察を握っていますから、警察に連絡して選挙に干渉し、そして政府党の候補者が勝つようにしろという命令を送りました。実際、それから後も、表向きではないのですけれども、戦前の警察は必ず政府党に有利になるように選挙の時には取り締まりをやったのです。ずっと後になって、政友会と民政党の二大政党が対立しますが、政友会が政権を握ると、警察は、政友会の選挙違反を見逃し、民政党の選挙違反を摘発する。民政党が政権をとると、今度は民政党の方は見逃し、政友会の選挙違反を摘発する。そういうふうに警察が時の政府に役に立つように行動することが後々まで続きました。それを初めて公然とやったのが、この最初の解散の時だったようです。

ところが、この時分、地方へ行くと、大きな家には刀とか鉄砲とかがあり、それを持ってみんなが集まり防衛しました。壮士と言われる、政党にくっついている若い者が集合して、政府党がこの村へ入ってこようとするのを防ごうとする。また、買収計画を立てて、夜、こっそり入ってくるやつを捕まえる。場合によっては殴ったり刀で斬ったりして怪我をさせるようなことがあって、そういう事件が後から後から起こりました。

特に、警察が公然と干渉をするのですから、明治二五年（一八九二年）二月の第二回総選挙の時には大変なことになりました。しかし、結果は自由党と改進党が勝ちました。自由党が九四、改進党が三八、無所属の候補者を入れると、やはり野党の方が勝ったに違いないのですけれども、死者二五人、負傷者三八八人が出ました。これらの数はもっと多かったのではないかと言われています。というのは、これは警察が調べた結果で、警察の側とすれば、あまり数を多くしたくないでしょう。結局、多くの死傷者が出るほどの大干渉が行われたのです。

当時、選挙干渉で切り合いをやっている絵が錦絵で売られていたようです。とにかく、これは歴史に残る大干渉でした。政府の閣員、大臣であった人の中にも、松方内閣、特に品川内務大臣のこういうやり方に対しては反対をする者が多く、実際に選挙が終わってから、品川は大臣の職を去らなくてはならなくなりました。

いずれにしても、松方内閣は多くの事件にぶつかりました。津田三蔵の大津事件もあったし、議会の解散をやれば、これだけの大事件を引き起こしてしまったのです。しかし、それにもかかわらず、野党の方がはるかに数が多く、政府の政策がうまく通らない結果になりました。伊藤博文は、これではどうにもならない、第一・第二議会で政府の与党であった大成会を中心に自分が党首となって政党を作る、そして、これをもっと拡張させ、政府の言うことを聞くような政党を作らない限り議会の運営はうまくいかないだろう、と考え、その意見を明治天皇にも申し上げました。藩閥の有力者たちにもその意見を言い、ひとつ自分が枢密院議長を辞め、このような政党の党首になることを認めてくれという相談をかけました。

ところが、これに対して、明治天皇は反対、伊藤の仲間である山県有朋も反対しました。要するに、政党などというものはけしからん、自分たちの仲間である伊藤が中心になって政党を作るなどとんでもないことだということで潰されたのです。

藩閥の指導者たちの一部は、政党の勢力などがあっても、政府はそういうものに対して超然として自分たちの政治を行えばいいのだという考えがまだ抜け切っていない。ところが、実際に超然主義をとり続けようとすると、予算が通らず、議会側と妥協せざるを得ないというようなことになって、うまくいきませんでした。

松方内閣は長くは続かず、第二次伊藤博文内閣が明治二五年（一八九二年）八月に誕生しました。これが非常に重要な内閣で、明治の歴史の中でも記録に残る内閣となります。この内閣の特徴は、元勲内閣と言って、元老になるような有力者たちが全部この内閣に動員された。伊藤博文は、君たちが我が内閣に入ってくれなければ自分は総理大臣を引き受けないと言ったものですから、有力者たちが渋々ながら大臣として中に入った。

例えば山県有朋は、司法大臣を引き受ける。松方はこの時は辞めて、大蔵大臣は渡辺国武という若い人でした。しかし、この内閣で一番重要なことは、陸奥宗光が外務大臣になったことでした。陸奥は藩閥の勢力から外れた人であって、生まれは紀州和歌山。和歌山藩の相当偉い人の息子でしたが、藩内の勢力争いから、陸奥の親父さんもとうとう免職され謹慎させられることになった。その息子であった陸奥も、一緒に謹慎していなければいけなかったのですが、彼は藩を離れ、それまでの名前伊達陽之助を改めました。名字まで勝手に自分で作り陸奥宗光とし、維新の風雲の中に入っていきます。その時、陸奥が師事したのは坂本竜馬でした。彼は海援隊という坂本のグループに入って、維新の際に活躍した。明治になってから、今度は神奈川県の知事とか元老院の議員とかのポストを歴任しましたし、その間に地租改正の原案も作っています。

陸奥は、藩閥グループの外の人間であったけれども、その割には明治政府によく用いられました。しかし、陸奥にすれば、それでもおもしろくない。抜群に頭のいい人で、仕事がよくできる人ですけれども、薩長の連中がみんな馬鹿に見えるので、彼らが自分の上に立つのが愉快ではなかったのでしょう。そこで、西南戦争の時、土佐派の林有造と組んで、密かに兵を挙げる計画を立てた。その計画が漏れて、陸奥は牢屋に入れられ、五年間監獄の生活をすることになってしまいました。非常に波瀾万丈の生涯だったわけですが、そこは陸奥は頭がいいといいますか、計算が確かであるということになるのでしょうか、やがて明治一六年、牢屋から出てきました。出てきたところで、彼は自由民権運動の方に行くと思われたのですけれども、黙って外国へ行って一年ぐらい勉強してきて、帰ってくると政府に仕える。その後はアメリカの公使などになり、アメリカで外交官生活をしばらくやって、帰ってくると、今度は農商務大臣のポストに就く。そして、伊藤内閣のとき外務大臣に抜擢されました。

陸奥は、これから先、大変多くの仕事をやるのですけれども、その中の一つが条約改正です。これまでいろいろな外務大臣がみんな失敗してきた条約改正に成功しました。もう一つは、日清戦争とその後始末の外交で、そこでも手腕を発揮しました。

二　アジアと日本

この時代のアジアで日本の相手になるのは朝鮮と清国でした。ほかの地域は大体全部植民地だったからです。例外はタイです。当時、シャムといっており、独立国でしたけれども、その時代にはほとんど問題が起こりませんでした。

第Ⅱ部第2章でみたように、明治一五年（一八八二年）、朝鮮で壬午事変が起こりました。そこで、これからはアジアにおけるお互いの勢力争いがますます激しくなるだろうということで、当時は松方デフレーションの最中でしたが、軍備拡張に金を使うことにして、予算を陸軍に一五〇万円、海軍に三〇〇万円追加し、わずかでも軍艦を作ることにしました。考えてみると、一五〇万円とか三〇〇万円とかいうのは、今の我々の一年分の収入ぐらいにしかなりませんけれども、この時分のお金としては大変な額だったのでしょう。太政大臣の月給八〇〇円が破格の給料でした。宿屋に泊まって二〇銭とか二五銭ぐらいのものだったようです。米が一石一〇円足らずという時代ですから、そこで一五〇万円とか三〇〇万円とかは大変なお金でした。

ところが、その後、朝鮮で、清国の勢力が強くなってきたことに対し、反対するグループが出てきました。金玉均とか朴泳孝とかいう人たちでしたが、この人たちが、清国にべったりの保守派のグループを宴会の席で突然襲撃し、彼らを殺してしまいました。これが明治一七年（一八八四年）の甲申《こうしん》事変です。この事変では、親日派グループが、軍隊によって鎮圧されて、日本に逃げてくるという結果に終わりました。やはり清国の勢力の方が依然として強い状態であったわけです。この時は井上馨が大使となり、朝鮮に行って、この事件で日本に損害が生じたから朝鮮側が賠償金を払い、謝罪をするということでけりがつきました。しかし、朝鮮を舞台にして、こういう事件がまた起こりそうだという心配が強くなってきました。朝鮮というところは場所からいって清国、ロシア、日本の三ヵ国の勢力がぶつかり合う地域になっており、日本側は絶えずそれに神経をとがらせていたのです。

一方、当時の自由党の連中は、群馬事件、加波山事件、秩父事件といろいろな事件を国内で起こして、こういう運動は全部鎮圧されてしまったのですが、その中で、大井憲太郎という人物がいました。彼は、我々のやっているような自由主義の政治運動を朝鮮に持ち込んでやらせようじゃないか、ついでに日本の勢力を朝鮮に植えつけてしまおうではないかというような案を立てました。そこで、当時、血の気の多い、壮士と言われるような連中が大阪に集まって、同時に兵器や弾薬を朝鮮に運ぼうとしました。しかし、これは実際に事が行われる前に警察の方が気が付き、大井以下の壮士たちは全部捕えられ、兵器や弾薬も没収されてしまうことになりました。

このことについて触れておきたいのは、当時の自由党の連中の物の考え方に関連して、この事件が大変印象的だからです。

自由党は、自由主義の政治をやる、藩閥を打倒する、こういう看板で政治的主張をしていましたが、同時に、この点が大事なのですが、国家主義、つまり日本の勢力を外に向かって大いに拡張するという考え方は、自由党の連中といえども反対ではなく、大いに賛成であったのです。日本の自由党の思想も、国家主義プラス自由主義というようなものだったと考えていただきたい。

こういう考え方の伝統は、その後もずっと続いていきます。自由主義は、自分の方はこれだけの領分だといって、その範囲内で縮こまっているというような考え方ではなくて、ほかの国の独立を援助するようなことまで含んでいたのです。

そのころ、日本の海軍の拡張計画が、だんだん本格的になってきます。明治一五年（一八八二年）当時、清国には、有名な定遠と鎮遠という大きな軍艦がありました。これらの軍艦は、その時分とすれば画期的に大きい。外国から輸入した軍艦で七〇〇〇トン以上あって、三〇センチ砲という、大きな弾の出る軍艦でした。日本はこれに匹敵するような軍艦がない。ですから、清国の海軍に対して、日本は非常な恐怖感がありました。清国の海軍は、それを見越したように明治一九年にも二四年にも日本に遠洋航海でやってきて、大砲を持った大艦を見せつけることをしていました。そこで、日本の海軍は、海軍拡張計画を作るわけです。

日本には、三景鑑という軍艦がありました。日本三景とは松島、厳島、天橋立でして、これらの名前のついた軍艦を造って持っていました。しかし、これらの軍艦は小さいものですから、三二センチ砲を一門だけ乗せ、あとは全部小さい速射砲などを乗せていたようです。しかし、その程度のものでは全く世界に対抗してはいけません。当時、イギリスを中心として一万トンを超えるような軍艦が造られつつありました。そこで、政府は、一万トンの軍艦を含めて、五万トンしかない軍艦を一二万トンにするという大拡張計画を立てたのです。それが国会で否決されるのですから、政府は危機感を一層強くしました。

　また、そのころ、朝鮮で米、大豆、麦などの穀物が足りなくなり、輸出禁止令を出します。当時、日本の農業は生産がそれほど十分ではありませんので、米をはじめとする穀物を輸入しないと具合が悪い。しかし、朝鮮では輸出禁止令が出されたので、明治二二年から二六年ごろまで非常にもめました。結局、最後は賠償金を幾らか取って、けりがついたのですけれども、その間、防穀令などを朝鮮がむやみに出すのはけしからん、朝鮮を攻めてしまえ、というような勇ましい意見まで飛び出すような状況になりました。

三　日清戦争前夜

　民党の力が強くなって、政府の政策がうまく行われなくなりました。これは明治憲法ができて実際に働き出し、非常に大きな意味を持つようになったからです。藩閥の力は大変強いから、政府が万能であって、帝国議会は飾りもののようなものだったという議論をする人がありますが、それは間違いで、明治憲法ができたことは、憲法の範囲内で議会がきちんと働くようになったということです。予算で妥協したにしても、議会はとにかく政府のやることを制限する。同意できる範囲に政府の活動を制限する力を議会は持つことになりました。

したがって、政府は非常に不満であって、議会を何とか抑えなければいけないと考え、憲法は失敗だったから、停止した方がいいというような議論まで藩閥のリーダーたちの間では行われていたようです。しかし、一遍作った憲法を停止するなどということは、もちろんそう簡単にはできませんでした。一方、特に民党の代議士たちはどうであったかと言いますと、彼らは地方から選出されて出てきているのですから、その地方の利益が当然頭にあります。

一つ例を紹介します。東海道線をはじめとする鉄道が太平洋側には敷かれますけれども、山梨県は、文字どおり山の中であって、トンネルを掘らないと鉄道は敷けませんから、なかなかできない。地元の連中にすれば、鉄道を敷くことは悲願であって、代議士も選挙区に帰れば、我々の力でもって鉄道を山梨県に敷いてみせる、ということを言っていました。しかし、東京に出てくると、今度は、政府反対、予算反対、とやるのです。そうすると、代議士にとっては矛盾があるわけです。政府から予算を取らなければ中央線は作れないですし、軍備は反対ですから予算は否決しなければいけない。予算否決となれば、政府が出してきた鉄道予算も一緒に否決しなければならない。代議士にすれば、自分の希望することまで否定しないと、政府と対決できないということになってきました。

超然主義の議会と民党とが対立して、話し合いで何とか妥協ができるかと思われましたが、実際にはそうではなく、対立に次ぐ対立であって、予算だけは何とか話し合いで通していくけれども、政府のそれ以外の政策は通りませんでした。政府にしても軍備拡張をはじめとして大事な政策が通らない。民党の連中も、自分が希望する鉄道・港・道路などの建設という地方にとって利益になることが予算問題と一緒くたになり、全部だめになってしまう。ですから、政府にとっても代議士にとっても、こうした対立関係は非常に困った状態で、お互いに困りながら突っ張り合っていたというのが初期議会の政治的様相でした。

解散の後の第四議会で、政府はまた軍事予算を出しましたが、議会は軍事予算八八〇万円を削減しました。政府は、これに対して休会を命ずる。議会の方で、政府に反省の期間を与えるといって休会にしたのですが、そうすると、今度は政府が停会にする。これは議会を開いてはいけないということで、場合によったら解散するぞ、という脅かしです。そうなると、内閣弾劾の上奏案が可決される。すると、伊藤内閣は嫌でもまた解散をせざるを得ない状態になっていきました。

しかし、解散される代議士だって決してうれしくはありません。解散されたら、またこの次、代議士に出られるかどうかもわからないし、当選するにしてもカネがかかる。したがって、解散は望むところではないのですが、勢いでそこまで行くというのがその時分の議会だったようです。

そのとき、明治天皇の詔書が下りました。これは伊藤博文の作戦だったようです。内廷費、宮廷の費用を六年間毎年三〇万円節約し、官吏は俸給一割を拠出して製艦費の補助とせよ、というのが詔書の趣旨でした。宮廷も官吏も努力するから、議会も何とかしろ、ということで、結局、製艦費を二〇〇万円削減して、二月二二日に予算が通り、解散が避けられる結果になりました。これで日本の海軍の拡張が初めて軌道に乗り、イギリスあたりでつくられている一万トンクラスの大戦艦が発注できることになったのです。

その年の六月、今度は陸奥宗光外務大臣の考えでもって、条約改正の交渉方針なるものを政府が決めました。条約改正の時の陸奥の考え方は非常に賢明なやり方で、外国人を裁判官に採用する話をやると必ずもめるので、それをやめ、その代わりに「内地雑居」を実施しました。それまで外国人は決められた居留地にしか住めませんでした。横浜でもそうですし、神戸へ行ってもそうですけれども、旧居留地と言われる地域が港の近くにあって、外国人はその場所にしか住んではいけませんでした。しかし、これをやめて自由に住めるようにし、経済活動を外国人が日本のどこへ行ってやってもよろしいということにする。そして、その代わりに領事裁判権を廃止し、さらにもう一つ、関税率を高めるということにする。

陸奥は、こういう方針で外国と交渉しようとしました。これまで井上や大隈が交渉してしくじったのは、外国人を裁判官に採用することだったのですから、それをやめるという画期的な方針を陸奥は考えたのでした。そして、交渉の担当者として、これまでも外務大臣をやってきた青木周蔵に任せました。彼はドイツ公使でしたが、兼任でイギリス公使もやらせたのです。つまり、外交官として抜群の力を持っている青木をドイツとイギリスの公使にして、とりあえずイギリスとの間で条約改正交渉をさせた。これまでは、イギリス以外の国と条約改正の話をしても、イギリスが反対してみんなつぶされていました。ですから、最初にイギリスを相手に交渉することにしたのです。明治二六年（一八九三年）のことでした。

当時、自由主義ではない国民主義の方の対外硬派といわれた政党グループは、外国人を困らせようとして、不平等条約をわざときちんとやかましく守らせようと主張しました。そうすると、外国人は旅行もできなくなるし、むやみに日本の国内に入ってこられなくなって向こうが困るだろう、そういう条約励行論が盛んに行われるようになっていった。

これが日清戦争前夜のことです。そして実際、明治二七年七月一六日に日英通商航海条約が調印されました。ここで内地雑居、領事裁判権放棄、関税率の一部改正を内容とする条約改正が陸奥外務大臣の手で成功しました。日清戦争の始まる前夜だったわけで、際どいところで滑り込みセーフとなりました。

10　明治を支えた人物たち

一　西郷・大久保・木戸

西郷隆盛、大久保利通、木戸孝允の三人は有名な人物で、維新の三傑と言われています。彼らは、いずれも明治一〇年（一八七七年）ないし一一年に死んでいます。

西郷は、明治六年に征韓論を唱え、参議を辞め鹿児島に引きこもり、私学校を作り西南戦争をやり、結局、城山で戦死する。ただ、西郷は、どういう人であったのか一番わからない人物です。例えば、彼が最後に征韓論を唱え、城山で、ああいう死に方をしたのはなぜなのか、いまだに私にはよくわかりません。西郷は、非常に頭も切れるし政治家として判断もすぐれていたと言われています。

薩摩藩の時代、島津斉彬という殿様がいました。彼は、黒船が来て、井伊直弼が大老になる時期までは生きていて、軍隊を率いて鹿児島から上京し、井伊に対して政策上での意見をしようと考えたと言われています。斉彬は、先に西郷を京都・大坂に送って、その下準備をしている途中で死んでしまったため、この計画は全部破棄されたと言われていますが、西郷は、それだけいろいろと面倒くさいことを一人で取り仕切る力を持っていたのです。

明治四年（一八七一年）、廃藩置県が行われました。前からその考えはあったのでしょうけれども、それをやろうとはなかなか言い出せなかった。しかし、長州藩出身の若い役人が、やろうと言い出し、木戸、井上というような人たちを動かし、最後に薩摩の出身者である西郷の所まで話を持っていった。薩摩は、当時としては強力な軍隊を率いてましたが、廃藩置県の話を西郷に聞かせたところ、「私の方はよろしい」と言って一言で賛成してしまったという話があります。あとは反対する者はいない。もし藩を廃する時に、どこかの藩が反抗したら自分が鎮圧します、と西郷は明言したと言われています。

西郷とは、こういう所から見ると、政治家としては大変腹が座った、度胸がいい人物であったと思われます。ところが、その後、彼は征韓論を唱え、自分が朝鮮に大使として出かけ、自分が殺されたら朝鮮を征服しなさい、と言いました。それに対する反論があって、結局、西郷はそこで参議を辞めて鹿児島へ引っ込みます。

引っ込んだ後の西郷は、自分の持っているお金などを使い私学校を作り、若い者を養成する。しかし、それをやらせるのは、自分の昔からの弟子または部下の桐野利秋や篠原国幹というような人々で、自分はもっぱら犬をつれて山で狩りをして暮らしていた。そういう状態の中、中央と鹿児島の関係が悪くなり、最後にとうとう私学校の生徒が火薬庫を襲い、兵器や弾薬を取り出してしまうことになった。その時、西郷はあきらめ、こうなったら仕方がない、自分の一身はあなた方に差し上げよう、と言って、結局、西南戦争を起こします。

この過程が私にはいまだにわからないのです。特に、若い時あれだけ切れた人が、なぜ私学校の若者たちを抑えることができなかったのか。また、私学校の生徒が火薬庫を襲撃してしまった後、彼はすぐにあきらめてしまい、結局、戦争に突入し、最後は城山で戦死します。これはどう解釈していいのかわかりません。司馬遼太郎の『翔ぶが如く』という小説があります。この本を読んでいても、結局、西郷はどうして最後の西南戦争まで行ってしまったのかよくわかりません。

それにもかかわらず、鹿児島に行くと、西郷の人気は今だに高い。東京の小学校の子供でも、西郷さんは知っていると思います。それに比べ、大久保利通についてはほとんど知る人はありません。西郷さんのことでお金を集めて事業をすることになると、鹿児島では必ず予定以上の金が集まると言われています。反対に、大久保利通で何かやるということになると、絶対に予定のお金が集まらないそうです。人気がないのです。

それでは、その大久保はどういう人であったか。彼は、西郷と生まれた家も近いし、ともに格の低い武士の家に生まれましたが、大久保は非常に緻密で計画的な人であったらしい。にもかかわらず、西郷にとっては一番親しい、弟分ということになるのでしょうか。その二人が組んで、大政奉還の後、ひっくり返って、徳川家を朝敵ということにして、官軍が東海道を下ってくるわけですが、その筋書きを書いたのは、まさに西郷と大久保であった。大久保が大変なやり手であったのは事実だろうと思います。

ただ、廃藩置県のところまでは、西郷と大久保は本当に息が合って、うまくいっていたと思われるのですけれども、征韓論で立場がまさに反対になってしまった。西郷は参議を辞めた後、大久保は参議として残りました。大久保の上に、三条太政大臣、あるいは岩倉右大臣があったのですが、実際に政治を取り仕切るのは大久保であった。そこで歴史家たちは、明治六年（一八七三年）以後、大久保が殺される明治一一年までの明治政府のことを大久保政権と呼んでいます。大久保は内務卿にすぎなかったわけで、だれも上の人のことは言わず、大久保政権と言っているのは、大久保が一人で当時の政治を切って回していたからです。大久保は非常に冷静沈着な人であったようですが、一度引き受けてしまったことは絶対に変更することがなかったと言われています。西郷と比べると、沈着であって、情というものを表に出さない人であったと思われます。

これも有名なことですけれども、大久保は、明治一一年（一八七八年）五月、馬車に乗って内閣に出勤するその朝に紀尾井町のあたりで金沢の士族に襲撃され殺されてしまいます。その日の朝、たまたまある県の県知事が大久保の屋敷を訪ねたところ、大久保が、今日は少し時間があるから話を聞いてくれと言いました。その時大久保が語ったのはこういうことです。

明治の建設は三〇年と考えている。最初の一〇年は兵馬騒擾の時代であって、この時代は終わった。次の一〇年は、いろいろな制度を建設していく時代である。この一〇年は自分が責任を持って、これからやるつもりである。その後は、建設したものを土台にして発展する時代であるけれども、これは後進の者に任せたいと思っている。

このような話を聞かせられた人は、大久保がその後すぐ殺されたと聞いて、よっぽど印象が強かったものと見え、そういう話をきちんと残しています。あと一〇年、これからの建設をやろうというつもりでいる時に殺されてしまったのです。

もう一人が木戸孝允ですが、不思議な人で、どうもよくわからない。西郷がわからないとは別の意味でよくわからない人です。彼は、言ってみれば理屈っぽい人であったのではないでしょうか。彼は、若い時は維新の修羅場に出入して、殺されそうになったり、慌てて脱出したりというようなことを繰り返していました。そして最後に、長州藩を引っ張って、西郷と組み明治維新の運動をやりました。そこまでは大変な行動力を発揮した人のように思われますが、明治政府ができてからは、あちらこちらに非常に気を遣って、実行力という点にやや欠けていた。そして、何かというと不平やぐちを言うようなことが多くなっていきました。

西郷が征韓論で引っ込んでしまった後、木戸孝允は参議にいったんはなるのですけれども、すぐに面白くなくなり辞めてしまう。ですから、大久保は非常に困りました。辞めてしまった参議の中で大物だったのは、木戸孝允と、高知出身の板垣退助であったので、この二人を大阪に呼び出し、大久保も東京から大阪まで出向いてきて三人で話し合いをしました。これが明治八年の初めのことで、大阪会議と言われています。この大阪会議の時、板垣は、民撰議院設立の建白を政府に出したぐらいの人ですから、当然、議院を作ることをやってもらいたいと言うし、木戸もその考えに賛成であった。大久保は、この二人を引き入れないと明治政府がしっかりしないということで、その意向を飲み込み、明治八年四月、民間の意見を取り入れて政治をやっていくようにしようという内容を天皇の詔勅の形で出します。

しかし、その民間の意見というのは相当あいまいです。例えば中央政府だけで物を決めないで、県知事の会議を開き、その意見を聞いて政治をしようということになり、その会議の議長に木戸が選ばれます。ところが、県知事などというのは明治政府の下にいた人たちですから、民間の意見でもありませんし、議論はうまくいかない。木戸は、その議長をしばらくやっていましたが、やがておもしろくなくて、また辞めてしまいますし、板垣も、自分の意見が通らないというので、しばらく経つとまた辞表を出し国に帰ってしまう。

木戸は、その後、体の調子が悪く、結局、中央政府にはあまり出てくることができない。そのうち西郷が西南戦争を起こしますが、その件で、またますます心配して体の具合が悪くなって、西郷が戦死する前に木戸は病気で死んでしまう。木戸孝允は、晩年は精彩がなかった。その木戸がかわいがったのが伊藤博文でした。

板垣は、民撰議院を作らなければいけないと、土佐の立志社に担がれて、最後は自由党のリーダーになって長くやっていく。

大隈重信は抜群に頭のいい人で、彼も大久保に信用され、大蔵省を任せられました。ところが、大隈は、大久保が殺されてしまって孤立したということもありましたし、その後、民撰議院をどうするかが問題になった時、福沢諭吉とその弟子たちの意見を聞いて、急進的な議会開設論を述べたために、一度明治政府を追い出されてしまいます。そして、立憲改進党を作った。ところが、その後、内閣制度ができ、外務大臣になれと言われると、またすぐに引き受ける。そういうようなところがあって、政治家としては、よく言えば、非常に柔軟であるし、悪く言えば、何を考えているのかわからないところがあった人のようです。

二　伊藤博文と山県有朋

次に、伊藤博文は足軽の家に生まれ、最初はまとまった勉強もできないような立場でしたが、やがて松下村塾に加わり吉田松陰の影響を受けました。伊藤は、若い時から大変頭の切れる秀才であって、それがみんなによく知られていましたので、幕末・維新の志士の活動をしているころから、仲間うちではかなり目立つ存在であったと言われています。しかし、最初のころは尊皇攘夷論にも相当加わり、高杉晋作や井上馨などと一緒に、東京・品川のイギリスの公使館として当てられていた御殿山を襲撃することもやりました。このように、最初のころは維新の志士らしい行動をしていました。

ところが、そのうちに能力を買われ、伊藤と井上馨は幕末にロンドンに内緒で留学して、英語もその時に少し覚えました。そうなって伊藤は攘夷から目が覚めたように思われます。四カ国の軍艦が下関を攻撃すると聞き、ロンドンから帰り、今度は、攘夷などとんでもない、開国をやり外国の文化を取り入れなければいけないということで転換する。そういう能力を持っていたようです。

明治政府ができると、最初は県知事から出発しますが、間もなく大蔵少輔、租税の頭《かみ》となり、それから工部大輔になっていく。能力があるから、どんどん偉くなっていくわけです。伊藤は大久保にかわいがられたので、大久保が殺された後、彼の後継ぎにならざるを得なくなった。本人も、他には人はいない、後継ぎはおれだ、と思っていたのかもしれませんが、伊藤は、そういうふうにして明治政府の中心人物に成り上がっていきます。

伊藤は非常に傲慢で、自分ほど偉いものはいないと思っているところがありました。それから、偉大の「偉」の字が好きで、何かというと「偉」の字を使ってしゃべっていたようです。ある意味では傲慢、ある意味では無邪気な男であったと思われます。そういう人物ですから、明治天皇の信頼も非常に厚く、何かというと伊藤に命令をする。伊藤は、明治天皇の信用を得ているということがわかっていますから、我がままを言うのですけれども、結局、明治天皇の言葉に従い仕事をしていました。ですから、一生のうちに総理大臣を四回やりました。総理大臣を辞めて、明治三〇年代に自分で政友会という政党を作って、その総裁になりました。それから、日露戦争の後、韓国を保護国にし、その時に韓国統監となり、事実上、韓国の皇帝の指導者という立場になりました。そのために韓国の人に恨まれ、最後は暗殺されます。

明治の政治家として一番重要な人物といえば、伊藤であったと言わざるを得ないでしょうし、彼は大変有能な人であって、世界的にもその名前がよく通っています。イェール大学から名誉博士号をもらったこともありました。

伊藤に対抗したのが、山県有朋です。彼も身分の大変低い、足軽の家に生まれた人ですが、高杉晋作と組んで、幕末に奇兵隊ができた時、その幹部になりました。そして、事実上は奇兵隊の指導者ということで、軍人としての経歴を歩むようになっていきます。

山県という人は非常に慎重な人でした。例えばこういう話があります。山県は長州出身です。下関はフグの産地で、あの辺の人はみんなフグで酒を飲みます。ところが、山県は、フグは嫌いだ、と言って絶対にフグを食べず、鯛を食べてつき合っていたということです。

山県と伊藤は、同じ長州藩の出身ですが、二人は性質が大分違っていました。伊藤は自分の能力に自信を持っていたがゆえに、子分をあまり作らなかった。自分の秘書官のような者は何人かいたに違いありませんけれども、子分を持たないで、自分の力で何でも取り仕切っていくようなところがありました。だから、伊藤と一時、非常に親しかった人であっても、彼から離れてしまうことも多かったようです。ところが、山県の場合、そうではない。彼は軍人ですから、まず陸軍なのですけれども、その陸軍の中には、当然山県の息のかかった直系の子分とでも言うべき者がいました。そういう直系の子分で最有力者が、後に総理大臣になる桂太郎です。それから、山県は軍人であったけれども、内務大臣あるいは司法大臣というような、非常に重要な大臣のポストに就きました。そうすると、内務省の中では、山県に引き立てられた山県閥という人脈ができ上がりますし、司法省にも山県閥と言われるような集団ができて、そういう山県閥の人間、例えば桂は陸軍の大臣になって、陸軍省を押さえる。あるいは内務省、司法省というような別の役所においても、それぞれ山県が引き立てた人々が中心になって、やがて次官になり大臣になって、それぞれの役所を率いていく。その上に山県が乗っているというような形になりましたから、特に伊藤が暗殺された後、山県が持っていた政治的勢力は途方もなく大きいものになっていきました。そして、その山県が作った勢力に、政府の中にあって対抗したのが原敬です。

三　松方正義と井上馨

次に、松方正義と井上馨についてです。松方は、薩摩藩出身で、下の方の武士の出です。薩摩藩から抜擢されて明治政府に入りましたが、井上や山県のように超特急でいきなり偉くなったのではなく、しばらく県知事のようなことをして、あちこちの地方を回っていました。松方は、そういう意味では後からだんだん偉くなっていった人物です。

それと同時に、非常に地味に正確に仕事をやるタイプの人物だったようで、よく切れる才気煥発というようなタイプではなかったようです。したがって、大久保に最初に引き立てられた伊藤や大隈に比べると、松方は大変地味でした。

彼は、フランスに留学して、経済学や財政学を勉強しました。当時、フランスにレオン・セーという経済学者がいて、彼の言うことを学び、それを日本で忠実に実行しようとしました。それは、公債を出してはいけない、政府はできるだけお金を使わないようにして財政支出を小さく抑えていく。しかも、財政の収入と支出がバランスし、収入の方が支出より多いぐらいにしておかなければならない、という考え方でした。セーの教えによれば、均衡財政になりますし、それから、できるだけ財政支出を膨張させないような小さい政府が望ましいということでした。これらは昔からの財政の考え方ですけれども、そういう考え方を松方は実行しようとして、それに力を尽くしました。

明治一三年（一八八〇年）にインフレがひどかった時、大隈は財政を膨らますことを考えていた。どういうことかと言えば、例えば鉄道を作りたい、軍備も拡張しなければいけないと、いろいろなことを考えれば、政府としてお金の使い道はあちこちにあるわけです。大隈は、そういう仕事を政府としてはやるべきだ、だから、場合によったら外国から五〇〇〇万円を借りてきて、国内を銀本位制度に変えてでも、財政の支出を減らすようなことはしたくない、という考え方を持っていた。このように、大隈と松方は考え方がかなり違っていました。

しかし、結局、大隈が辞めて松方が大蔵卿になった後、地租を年二回納めさせるというようなことまでやって、財政引き締めをやり、松方デフレーションを実行した。昔からの財政学の教科書には、松方という人は大変偉い人で、財政の指導者としてこんな立派な人はないと言わんばかりに書いてあります。ただ、私は今でも、それほど偉かったのかどうかわからないと思います。「手術は成功したが、患者は死んだ」という言葉があります。外科医が思い切って大手術をし、悪いところは取り切ったけれども、あまり強引にやったので、患者の方は体がもたなくなって死んだという意味です。松方財政は、そういうところがあるような気がします。その意味では、松方は正直であったけれども、あれほど国内を不景気にしなくてもよかったのではないかという気がしてなりません。実際には、その後、景気が良くなったけれども、それは円が安くなったことの結果として景気が良くなったのであって、松方がそういうことをしたから、後で景気が良くなったわけではありません。しかし、これは今だから言えることで、その時分はそういう理屈が一般にわかっていませんでしたから、松方は偉かったということになっています。

薩摩のリーダーとしては、黒田清隆と西郷従道がいて、ナンバー３ぐらいが松方だったと思いますけれども、実際には、松方は、伊藤、黒田、山県という三人が総理大臣になった後、四番目の総理大臣になっています。その後も元老という地位にあって、薩摩を代表する政治家ということになりました。

松方は明治の男ですから、とかく女性との関係が多かった。それで、明治天皇の前に出ました時、天皇から「松方、おまえは子供は何人おるか」と質問された時、松方はぐっと詰まりまして、「調査の上、お答え申し上げます」と言ったという話があります。つまり、そのぐらいいろいろなところで女性関係があったので、勘定ができなかったようです。しかし、その後も松方は、特に財政の問題についてはうるさくて、これからもいろいろと話が出てくるわけです。

松方に対抗するような地位にあったのが、井上馨です。彼は伊藤のパートナーでしたが、その仕事の中心は大蔵省関係でした。外務卿も一時やりましたけれども、どちらかといえば財政のことが多かったようです。

井上は、当時の経済界、特に財閥の三井や、大阪の鴻池との関係が非常に深く、三井に財産管理の立て直しをやれ、と盛んに言って、三井の最高顧問のような地位に就いていました。そういう関係は比較的若いころからあったようで、財閥との関係が非常に深い人であったと言われています。

彼は、大蔵大臣まではやりましたが、とうとう総理大臣にはならなかった。しかし、財界あるいは政界において、非常に大きな勢力を後々まで振るった人物でした。

井上はお金持ちとの関係が非常に深かったのですが、彼も、年をとると、ほかの人と同じようにお茶をやりたがるようになったようです。お茶というのは、茶碗だとか、床の間の掛け物だとか、いろいろなものに凝るわけで、いいものをそろえてお茶会をやろうとします。井上は、いろいろなところのお茶会に招かれて行きましたけれども、気に入った茶碗などがあると、ちょっとこれを貸せと言って持っていくわけです。しかし、持っていかれたら最後絶対に返ってこない。人のものだか自分のものだかわからないようなことで、我がまま一杯を押し通した人だったという話です。ですから、井上がお客で来るということになると、だれもが警戒をして、道具なども決していいものは出さず、持っていかれるのを免れるようにしていたようです。

大阪の鴻池という金持ちは、不思議なことにいいものを出し、持っていかれても平気でした。ところが、やがて井上が亡くなったら、鴻池の大番頭だった人が井上の家に参りまして、後継ぎの井上勝之助に会い、実はご先代にお預けしておきました鴻池の宝物の一覧表はこれでございますということで、ご保管料といたしましてと言って一〇万円を出したそうです。その時分の一〇万円ですから、今の一〇万円の比ではありません。勝之助は、気持ちはよくなかったけれども、とにかくその品物を全部返したという話が残っています。その時分の財界の金持ちと明治の政治家との関係には、そのようなことも含まれていました。

四　明治の青春

明治時代の若い人たちのことを述べたいと思います。植木枝盛、馬場辰猪、星亨の三人は自由民権運動に関わった人たちで、自由党の活動家でした。彼らは、自由党で活躍して反政府的な行動をとっている時に名前が出た人物たちです。まず、植木枝盛は高知の生まれでして、子供のときから大変な秀才で、漢文、漢学がとてもよくできたようです。ただし、彼は、東京に出て来た時、つまらないことから牢屋に入れられ、それでますます反政府的になり高知に帰りました。

彼は文章の非常に上手な人で、憲法ができる前、国憲案を作りました。この中には、人民には政府に抵抗する権利があるという条文まで書き込むというような、非常に激しい民権論者でした。それがまた一方から言いますと、口は達者だけれども、政治的能力はないとか、新聞記者的な才能はあるけれども、政治家としての才能はどうかというところもあったのかもしれません。しかし、彼の書いたものは非常に勇ましく、今でもデモクラシーということを強く言う人たちの間では植木枝盛は大変高く評価されています。岩波文庫の『植木枝盛選集』などを読むと、彼は非常にシャープな頭を持っていて、何でも立ちどころに書けるというような、ジャーナリスティックな秀才であったことがわかります。

と同時に、植木は、自分で悩むということがない人だったようです。後から後から自分の意見を攻撃的に相手にぶつけていって、それで済むような人であった。一方、婦人解放論なども盛んに言うわけですけれども、そのくせ遊廓に行って遊ぶのは平気だったようです。そういう点では、融通がきき過ぎるところがあったと思われる人物でもあります。

もう一つ、そういう人でしたから、何か書かせるなら植木がいいということがありましたが、実際に政治的に土佐派を引っ張っていくような人物ではなかったと言われています。植木の晩年、第一議会が開かれた時、土佐派の裏切りということがあって、土佐派が明治政府に買収されました。自由党を抜けて予算に賛成してしまったのですが、その時にも植木は中に入っていました。そういう意味では、植木はよくわからない人物ですが、明治の歴史に名が残った人です。

馬場辰猪も高知の人ですが、馬場は植木枝盛とはタイプの違う人です。イギリスに土佐藩から留学して法律の勉強をしました。ところが、廃藩置県の後、帰ってこい、と言われ帰国したのですが、馬場はもう一遍選ばれて、また留学しました。馬場は、帰ってきますと、高知県の出身ということもあったでしょうが、自由民権運動に参加して、政府に対して激しい反対の行動をとる。それも、もっぱら物を書いて、そういう運動を展開するというふうに変わっていきました。自由党がやがてできて『自由新聞』が出され、彼はその編集長、主筆になっています。

有名な話ですが、明治政府と板垣との間で密談があって、明治政府から旅行費を出すから、ヨーロッパを一遍見てこないかというので、板垣がヨーロッパに出かけることになりました。明治一六年（一八八三年）ぐらいのことです。民権運動で自由党が盛んに活動しているが、党首である板垣を外国に送ってしまえば、この運動も元気がなくなるだろうという考えだったわけですが、そのお金は、実は政府が三井財閥に話をして、三井がお金を渡したことが現在ではわかっています。ただし、当時それはもちろん秘密でした。しかし、とにかくあのお金の出所がおかしいということで、馬場は板垣の外国行きに反対しました。それで『自由新聞』の主筆を辞めさせられてしまいます。

このように馬場は、非常に純粋な自由民権論者であり、自分の党の首領である板垣といえども容赦しないことがあった。それだけ一本気な所があったために、人と殴り合うようなことがあって、それで、馬場は傷害を起こしたというので、いったん刑を受ける結果となったようです。

そうしたことがあって、日本にいるのが難しくなり、馬場は日本を離れアメリカに行きました。英語は非常に達者なわけですから、アメリカで日本についての演説をしたり、本を書いたりして暮らしているうち、前から結核だったのでしょうが、それがどんどん重くなって、とうとうアメリカで病死しました。非常に気の毒な自由民権論者であったと言われています。自由民権運動をやるといっても、植木とはタイプが違う、正反対のようなところがあったと思われます。

次に、星亨です。彼も非常に特色ある人です。星は政府とは関係なく、江戸の左官の親方の息子です。そして、横浜あたりで書生みたいなことをしていましたが、とても頭のいい人であったため、英語がかなり達者になりました。そういうことから留学の費用を出してくれる人があって、イギリスに出かけていきました。そこで法律の勉強をし、日本人で初めて弁護士（バリスター）の資格を取りました。当時は、法律を勉強することが、学問の中で一番人気があったのは事実だったようで、特にイギリスあたりで弁護士の資格を取り日本に帰れば、大変なものであったようです。

星は、貧しい家から身を起こし、留学し帰ってきて、弁護士を開業しました。その時代でも難しい裁判はたくさんありますし、お金持ちが絡む裁判もありますから、彼は、弁護士として大変な金持ちになりました。これがまた植木や馬場とは違う出世の仕方でしたが、そういうふうにして弁護士として第一人者になった星亨は、明治一五年、自由党に関係しました。当時の自由党はお金がありませんでした。板垣も大して金持ちではありませんでしたけれども、彼が自分の財産をはたいて自由党を支えているような状態でした。そういうところに、有力な弁護士で、しかも財産家である星亨が加わったということになりますと、当然、星の地位は非常に高いものになっていきました。

『自由新聞』は難しい新聞で、学問のない者が読んでもよくわからない。そこで、『自由燈』という、誰が読んでもわかるような新聞を発行したのですが、そのための費用はみんな星が出すということで自由党の活動を助けました。

星亨は、明治一七年、新潟へ演説に出かけ、演説を始めた途端、警察官にそれを中止させられました。政府を侮辱した言葉があった、けしからん、ということだったのです。そして、牢屋に一年ぐらい入れられました。当時の政府は非常に乱暴で、自由党は政府から目の敵にされており、何かやるとたちまち攻撃されました。星も、そういう目に遭ったのです。

福島事件を引き起こした三島通庸が、火付け強盗と自由党は福島県には入れないという宣言をしたという話があるぐらいで、政府にとって自由党と火付け強盗は一緒だったわけです。後になりますと、共産党などが、同じように政府に嫌われましたが、明治の初めの自由党と昭和初めの共産党とは、政府から見ると、同じようなけしからんものと見えたのだろうと思います。

星は、牢屋から出てきて、運動を再開しました。三大事件建白など、民権運動の再建につとめます。彼は、実際にヨーロッパに行って、新しい政治の動向を見てくる。そして、第一回の総選挙には立候補しないで、二回目の総選挙、松方内閣が選挙干渉をやった時ですが、その際初めて栃木県から立候補し、代議士になりました。

代議士になると、自由党は衆議院で第一党ですから、たちまち衆議院議長になり、権力を振るうようになりました。そのやり方があまりに強引なものですから、議長不信任ということで不信任案が通ったのですけれども、自分の椅子からなかなか下りないので、衆議院議員を除名されました。

そういうふうにして星が威張っていられたのは、実は自由党の壮士、特に三多摩の壮士などという人々が横浜から八王子の方にかけてたくさんいたのでしょうけれども、そういう連中を彼が手足のように使っていられたからでしょう。これは星が大変なお金を持っていたからできたことです。そういうことで星の力は非常に強かった。したがって、星は、そういう壮士たちを自分の子分のようにして、「野郎ども」というような、ぞんざいな口を聞いて彼らを指揮していたと言われています。

しかし、星は、その一方、外務大臣の陸奥宗光と非常に関係が深く、陸奥が何か言えば星がすぐ引き受けるというように、陸奥の子分みたいなところもあったのでしょう。これから先、自由党が政府に接近し、やがて政権に近づいていく、そのコースを進むために星は非常な力を発揮した。また、そのためには汚い金もこしらえたようですし、最後には暗殺されることになります。

星亭は、明治の政治家の中では非常に大きな人物でありますが、自由民権運動に加わった植木や馬場に比べれば、一番長く生きましたし、また、やったことも多彩であったと言っていいと思います。

最後に、明治は若い文学者がたくさん出てくる時代でしたが、そういう中、森鷗外をまず挙げておきたいと思います。森は、島根県津和野の医者の息子です。代々お医者さんだったのでしょうが、津和野から一家を挙げて東京に来て、東京大学医学部に進みました。鷗外はものすごく頭がよく、語学が非常によくできる人でした。語学だけではなく、あらゆるものがよくできたらしいのです。私は長いこと大学の教師をしていて、そういう大秀才という人をたまに見たことがあります。そばにも寄れないほど頭がいい人間というのがまれにいるものです。鷗外という人は、恐らくそのタイプの人だったのでしょう。語学をどんどん吸収し、ドイツ語は二〇歳ぐらいのとき完全に読めるようになっていたのではないかと思います。文学や哲学でもそうだったろうし、あらゆるものについてどんどん勉強する能力を持っていたと思われます。もう一つ、彼は、遊んでいたのではなく、朝から夕方までずっと専門書を読み続けて、夜遅くなって小説や文学の本を読むというふうにして、勉強ばかりしていたのだろうと思います。

森は大学を出て、陸軍で軍医になり、それからドイツに留学しました。その時ドイツの女性とロマンスがありましたけれども、その話が、後で日本に帰ってから、高等学校の教科書にもよく載っている『舞姫』という小説になったのです。

留学から帰った後、彼はあらゆるところで活動を始めました。もちろん彼は軍医ですから、軍医の仕事は当然やるわけですが、それ以外に、例えば当時の早稲田の坪内逍遥という人と論争をする。『めさまし草』という雑誌を作って文学の評論をやる。そうかと思うと、今度は医学の世界で、科学的な研究はどのようにやるのかということで、科学的な研究についての議論を展開する。このように多くの方面で活動をしました。これが鷗外という人の神童ぶりだったのでしょう。

そういう中、主にドイツ語だと思いますが、ヨーロッパの詩の翻訳をします。井上通泰とか落合直文とかいうような人を集め外国の詩を翻訳し、それでいろいろな作品を集めて『水沫集《みなわ》』を出します。それから、アンデルセンの書いた『即興詩人』の翻訳を出します。そういうふうにして、文学の世界でも非常に有名になっていきます。

軍医としては、鷗外は第一師団の軍医部長を長くやりました。その後、陸軍軍医総監となり、そして軍医局長になることが彼の望みでありましたが、その一歩手前で、彼は、軍医局長であった小池正直に睨まれて、小倉の師団の軍医部長に左遷されました。こういうこともありましたが、鷗外はあらゆる面で活躍した人でした。ただし、鷗外でも絶対にわからなかったことが一つありました。それは脚気という病気です。これは足が腫れたり、ひどくなると心臓が悪くなり死ぬ病気です。ビタミンBが足りないと、その病気になるのです。しかし、鷗外は、当時のドイツでコレラ菌とかペスト菌とかを勉強し、病気の主なものは黴菌《ばい》で起こる、脚気も黴菌だと信じ切っていました。そのため、鷗外は長いこと、日本の兵隊の脚気は伝染病だと思い込んでいました。ところが、やがてビタミンB欠乏によることがわかってきます。鷗外が、そのことを知らなかったため、脚気によってたくさんの軍人をなくしたというようなこともあったのです。

幸田露伴は、幕府のお茶坊主の家に生まれました。ほとんど学歴がなかったのですが、漢学の塾に通い、漢学がものすごくよくできるようになりました。そういう経歴のもとで文学作品を後から後から書いていきます。最初に書いたものは『露団々』、そして『風流仏』です。それから『五重塔』という小説を書き、非常に有名になります。

最後に、樋口一葉、彼女は明治時代の代表的な女流作家です。一葉は貧しい家に生まれました。その時分、和歌の塾があって、そこに入り日本の国文学の勉強をしました。国文学をやって、歌の先生になるというコースを考えていたのでしょうけれども、当時、文学雑誌がどんどんできてくる中、小説を書くようになっていきます。最初のうちは才女であるという評判が高かったのでしょうが、『闇桜』から始まって、代表的な作品としては『たけくらべ』『にごりえ』があります。一葉は、吉原の遊廓の近所で子供相手の駄菓子屋を開き、母親と妹と三人で暮らしていました。『たけくらべ』は、その周りの子供たち、男の子、女の子の様子を活写したものです。花魁《おいらん》である姉がいて、その妹で、また花魁になる運命にある美登利《みどり》という女の子と、お寺の子供で、やがては坊さんになるべき信如《しんにょ》という少年との間のロマンスを書いたものです。当時、『たけくらべ』は非常に評判になりました。実際、リアルで生き生きしています。しかし、一葉は、その名声がどんどん高くなっていく中、肺結核が重くなり死んでしまいました。この時分から、都会では肺結核が非常にはやり、たくさんの人が若いうちに肺結核で死んでいくようになったのです。

ら 行

わ 行

な 行

は 行

さ 行

た 行

か 行

索 引

あ 行

著者略歴
1925年，東京に生まれる．1952年，東京大学経済学部卒業．東京大学教授，お茶の水女子大学教授，東洋英和女学院大学教授を歴任，東京大学名誉教授．2013年逝去．

主要著書
『戦前期日本経済成長の分析』（岩波書店，1971年），『金融政策』（『昭和財政史』第12巻，東洋経済新報社，1976年），『日本経済――その成長と構造』（東京大学出版会，1978年，第2版，1980年，第3版，1993年），『明治大正期の経済』（東京大学出版会，1985年），『昭和経済史』（岩波書店，1986年），『昭和史 1926-1945　I・II』（東洋経済新報社，1993年，大佛次郎賞受賞，文庫版上・下，2012年），*A History of Showa Japan 1926-1989*（University of Tokyo Press, 1998年，学士院賞受賞（2004年））

明治大正史　上

2015年 9月10日　初　版
2015年12月21日　第5刷

［検印廃止］

著　者　中村隆英《なかむらたかふさ》

編　者　原《はら》 朗《あきら》・阿部武司《あべたけし》

発行所　一般財団法人　東京大学出版会

代表者　古田元夫

153-0041 東京都目黒区駒場4-5-29
http://www.utp.or.jp/
電話　03-6407-1069　Fax 03-6407-1991
振替　00160-6-59964

組　版　有限会社プログレス
印刷所　株式会社ヒライ
製本所　牧製本印刷株式会社

ISBN 978-4-13-023069-8　Printed in Japan